Filosofía: una guía
para principiantes

Humanidades

Jenny Teichman
y Katherine C. Evans

Filosofía: una guía para principiantes

El libro de bolsillo
Filosofía
Alianza Editorial

Título original: *Philosophy: A Beginner's Guide.* 3rd. Edition
Esta obra ha sido publicada originalmente en inglés por Blackwell
Publishing Limited y la edición española se publica con su acuerdo.
Traducción: Teresa Rocha Barco

Primera edición en «El Libro de Bolsillo»: 1994
Segunda edición (revisada y ampliada) en «El Libro de Bolsillo»: 1996
Tercera edición (nuevamente revisada y ampliada), primera en «Área de
conocimiento: Humanidades»: 2010

Diseño de cubierta: Alianza Editorial
Ilustración de cubierta: Ángel Uriarte

© 1991, 1995, 1999 by Jenny Teichman and Katherine C. Evans,
© de la traducción: Teresa Rocha Barco
© Alianza Editorial, S. A., Madrid, 1994, 1996, 2010
    Calle Juan Ignacio Luca de Tena, 15
    28027 Madrid; teléfono 91 393 88 88
    www.alianzaeditorial.es
    ISBN: 978-84-206-6903-8
    Depósito legal: M. 12.323-2010
    Compuesto e impreso en Fernández Ciudad, S. L.
    Coto de Doñana, 10. 28320 Pinto (Madrid)
    Printed in Spain

SI QUIERE RECIBIR INFORMACIÓN PERIÓDICA SOBRE LAS NOVEDADES DE
ALIANZA EDITORIAL, ENVÍE UN CORREO ELECTRÓNICO A LA DIRECCIÓN:
alianzaeditorial@anaya.es

Prefacio a la segunda edición

Este libro ha sido escrito tanto para el lector en general como para los estudiantes de primer curso de universidad y *college*. Es fruto de una idea de Katherine Evans, una licenciada por Cambridge que vio la necesidad de una obra que introdujese a los lectores en la mayor parte o en muchos de los temas de filosofía que se estudian en los principales *colleges* y universidades, que presentase estos temas sucintamente en secciones y capítulos independientes, y que estuviese libre de jerga técnica.

Pocas, por no decir ninguna de las introducciones existentes, satisfacían todas estas condiciones. Los textos introductorios tradicionales tienden a concentrarse en dos o tres áreas, normalmente en la metafísica y la ética, y no todos ellos logran un lenguaje excesivamente especializado. Esta *Filosofía: una guía para principiantes* empieza con secciones dedicadas a la metafísica y a la ética, pero contiene además material referente a la filosofía de la ciencia, la teoría política, el feminismo, la lógica y el sentido de la vida. Algunos de sus temas se han tomado del programa de estudios de filosofía de Cambridge, pero están tratados de tal forma que las ideas se hacen accesibles también a los lectores que no hayan teni-

do ningún tipo de contacto previo con la filosofía. No se
aborda la historia de la filosofía como tal, pero los problemas
y sus propuestas de solución están en su mayor parte directa
o indirectamente localizados en un contexto histórico. Además, los apéndices sobre los más destacados filósofos ofrecen
una visión general de la historia de esta materia.

El texto de la presente edición ha sido corregido y puesto
al día y se han añadido dos capítulos más, con lo que suman
veinticinco en total. Uno de esos nuevos capítulos, «La vida y
la muerte», trata de cuestiones de ética práctica, y otro,
«Marx y el marxismo», da un interesante repaso a la teoría
política de Marx.

Este libro, de relativa amplitud y libre de jerga técnica,
será útil no sólo para los estudiantes de filosofía sino también para la gente interesada en la política, la teoría social, la
ciencia y la tecnología.

JENNY TEICHMAN
KATHERINE C. EVANS

Prefacio a la tercera edición

La primera y segunda ediciones de *Filosofía: una guía para principiantes* han sido traducidas al español, polaco y ruso, y en 1999 se tradujo también en Georgia, república que formaba inicialmente parte de la Unión Soviética.

Esta tercera edición en su versión inglesa corrige errores menores, introduce más ejemplos, actualiza la bibliografía e incorpora un nuevo capítulo, el 7, titulado «Viejo y nuevo escepticismo».

JENNY TEICHMAN
KATHERINE C. EVANS

Introducción: ¿Qué es la filosofía?

La filosofía es un estudio de problemas esenciales, abstractos y muy generales, los cuales se refieren a la naturaleza de la existencia, del conocimiento, de la moralidad, de la razón y de los fines humanos.

Las ramas de la filosofía

La filosofía académica divide la totalidad de la materia en diferentes ramas. Tradicionalmente, las principales ramas son la metafísica, la ética, la filosofía política, la filosofía de la ciencia y la lógica. En este libro las trataremos todas. He aquí, para empezar, algunas explicaciones preliminares.

Metafísica: el estudio del ser y del conocimiento

La palabra «metafísica» es el nombre que dio un editor antiguo, Andrónico, a varios tratados escritos por Aristóteles; el propio Aristóteles había llamado a estos tratados «filosofía primera». Con «primera» quería decir fundamental, básica, lo más importante. Los temas de esta «filosofía primera» son la naturaleza del ser, la naturaleza de la causalidad (o de lo que llegará a ser) y la naturaleza del conocimiento.

El título *Metafísica* fue unido a «filosofía primera» más o menos por casualidad. Cuando Andrónico editó las obras de Aristóteles, reunió en el mismo volumen los tratados de «filosofía primera» con un tratado llamado *Física,* el cual colocó al comienzo de la obra. Y como la palabra griega *meta* significa «después de», Andrónico llamó a la segunda parte del libro *Metafísica*, queriendo expresar con ello que era «la parte que viene después de la *Física*».

La «filosofía primera» o metafísica puede definirse como un compuesto de *ontología* –que es el estudio de la naturaleza de la existencia y del advenimiento a ella–, y de *epistemología*, que es la teoría del conocimiento. Pero también plantea cuestiones acerca de la mente y el cuerpo, de Dios, del tiempo y el espacio, así como del libre albedrío. Y esto se debe a que una investigación sobre la naturaleza general del ser y del conocer conduce inevitablemente a muchas otras cuestiones relacionadas con dicha investigación. Por ejemplo, la pregunta «¿qué es la existencia?» nos lleva también a plantearnos «¿qué es la sustancia?, ¿qué es la materia?, ¿qué es el espacio?, ¿qué puede decirse acerca de la no existencia?» Preguntar «¿qué es el conocimiento?» lleva a preguntar «¿tuvo el mundo un principio en el tiempo?, ¿tuvo una causa?, ¿qué es el tiempo?, ¿existe un Dios?». Preguntar «¿qué es el conocimiento?» conduce a cuestiones como

«¿es posible el conocimiento?, ¿es un tipo de creencia?, ¿es un estado mental?, ¿existe un conocimiento inconsciente?».

Ética: el estudio de los valores

La palabra «ética» procede de una palabra griega que significaba «costumbres», pero desde el siglo XVII significa el estudio o ciencia de la moral o, en un sentido más amplio, la ciencia de las obligaciones humanas de todo tipo, incluidas las morales, legales y políticas.

En los tiempos modernos, el término «ética» tiene dos significados distintos. En primer lugar, el estudio de las teorías acerca del origen intelectual y la justificación de los códigos morales y de la moralidad en general. Y en segundo lugar, se puede referir a los códigos particulares de conducta adoptados por individuos o grupos profesionales. Así, en este segundo sentido se habla de ética del trabajo, ética médica, ética de los negocios, etc. Nosotros nos ocuparemos principalmente de la ética en su primera acepción.

La ética, también llamada filosofía moral, se plantea, entre otros temas, su propia condición de investigación objetiva. También se muestra muy preocupada por el tema de la motivación, sobre todo por el altruismo y el egoísmo. La ética plantea preguntas acerca de los principios morales, y acerca de la felicidad, la justicia, el valor y, de un modo general, acerca de cualquier estado y rasgo humano que sea considerado valioso y deseable o, por el contrario, que carezca de valor y se considere indeseable.

Filosofía política: el estudio del ciudadano y del Estado

La filosofía política tiene que ver con cuestiones relativas al gobierno, el ciudadano y el Estado. Pero no se preocupa mucho de los detalles o pormenores de gobiernos particulares o formas de gobernar. Más bien trata de responder preguntas más generales, como las siguientes: ¿Por qué ha de obedecerse al gobierno del Estado en que se vive? ¿Hay algún motivo para la obediencia aparte del miedo? ¿Necesitamos que existan Estados, o estaríamos mejor sin ellos? ¿Qué es la libertad? ¿Cuánta libertad pueden tener los ciudadanos, y cuánta deberían tener? ¿Qué es la igualdad?, ¿es deseable?

Durante la primera mitad del siglo xx, los filósofos parecieron perder interés por estas cuestiones relativas al Estado y al ciudadano. Así que tal vez merezca la pena anotar que hasta entonces este tema había sido siempre una parte importante de la filosofía. Desde los tiempos de Platón, casi todos los que merecen ser recordados como pensadores filosóficos importantes han escrito sobre cuestiones políticas. El propio Platón es el autor de dos extensas obras políticas: *La República* y *Las leyes*; Aristóteles escribió un libro llamado *Política*; San Agustín escribió *La ciudad de Dios*; Santo Tomás de Aquino habló de los derechos y deberes de los gobernantes y de sus súbditos; la obra más importante de Thomas Hobbes trata del Estado (al que él llamó el Leviatán); la extensa producción de John Locke incluye sus *Tratados sobre el gobierno civil*, de enorme influencia; David Hume escribió sobre historia y política, y ya en épocas más recientes podemos mencionar a Hegel, Bentham, John Stuart Mill y, por supuesto, a Karl Marx.

Tras un interregno de tres o cuatro décadas, los temas políticos regresaron a la agenda filosófica con dos grandes obras procedentes de Norteamérica: *Teoría de la justicia* (1971), de John Rawls, y *Anarquía, estado y utopía* (1974), de Robert Nozick.

La filosofía de la ciencia

La idea de que hay problemas filosóficos que son propios de las ciencias sistemáticas es bastante reciente. Hasta el siglo XIX, la que ahora se llama filosofía de la ciencia formaba parte de la teoría general del conocimiento. Algunos autores decimonónicos, como, por ejemplo, John Stuart Mill, la trataron como una rama de la lógica (la «lógica inductiva»).

Hoy en día se considera la filosofía de la ciencia como una rama particular del esfuerzo filosófico, y como tal se enseña en muchas universidades, algunas veces a estudiantes de ciencias, otras a estudiantes de filosofía y otras a ambos. A menudo se estudia junto a la historia de la ciencia. Un número significativo de los que enseñan filosofía de la ciencia comenzó su vida académica como estudiante de ciencias y luego se cambió a la filosofía.

Los problemas filosóficos asociados a la ciencia incluyen cuestiones ontológicas, es decir, preguntas acerca de la realidad de entidades teóricas tales como la gravedad, la fuerza magnética, los electrones y la antimateria. Examina, asimismo, las relaciones entre las diversas ciencias particulares y teoriza acerca de la posibilidad de reducir todas las ciencias a un estudio principal, que normalmente se considera que es la física. La filosofía de la ciencia se ocupa también de cuestiones metodológicas relacionadas con el razonamiento inductivo –que va de efectos a causas y viceversa–, y con el razonamiento científico en general.

La lógica: la filosofía de la inferencia y del argumento

La palabra «lógica» procede del griego *logos*, que quiere decir «pensamiento», «razón» o «palabra»; es posiblemente por ello por lo que la lógica ha sido definida algunas veces como *el estudio de las leyes del pensamiento*.

Sin embargo, Aristóteles –de quien puede decirse que fue su inventor– describió la lógica como el estudio de la demostración.

Ahora bien, no todo razonamiento pretende demostrar algo en sentido estricto; muchos aspiran simplemente a mostrar que ese algo es probable o posible. La fiabilidad o cualquier otro tipo de razonamiento con que se pretenda confirmar las probabilidades no es parte formal de la lógica, que estudia únicamente la estricta demostración, a veces llamada demostración deductiva. Desde que se encuentran demostraciones estrictas en las matemáticas, son muchos –de una manera consciente o no– los que se muestran familiarizados con algunos ejemplos de tales demostraciones, porque han estudiado algo de matemáticas.

La lógica puede definirse mejor como *el estudio de aquel aspecto de la demostración estricta o deductiva que tiene que ver con su validez (o no validez)*.

Algunos filósofos han sostenido que la lógica debería estudiar la verdad, del mismo modo que la validez. Pero la verdad es un tema mucho más amplio que la validez. Es posible idear unas reglas generales para comprobar la validez de algo, pero no existen reglas «generales» para averiguar qué es verdad, porque los diferentes tipos de investigación tienen modos distintos de averiguar la verdad. Por ejemplo, las diferentes ciencias tienen sus propias técnicas de observación y experimentación. Por tanto, es posible, y útil, estudiar la validez o la no validez sin tener en cuenta las cuestiones de verdad o falsedad. ¿Cómo estudia la lógica esta cuestión? Básicamente, disponiendo reglas generales para comprobar la validez. Lo explicaremos con más detalle en la Parte V.

Las otras ramas de la filosofía

Este libro pretende ser lo más amplio posible, pero hay algunas ramas de la filosofía que excluye. Así, no tratamos de la filosofía de las matemáticas, ni de la filosofía del lenguaje, de la filosofía de las leyes (jurisprudencia) o de la filosofía del arte (estética). La razón de ello es que estas «filosofías» no son adecuadas para un texto introductorio. Son relativamente difíciles porque presuponen que el lector ya posee algunos conocimientos de matemáticas, de leyes, de lingüística, de gramática...

Diferentes aproximaciones a la filosofía

Hablando en términos generales, la filosofía puede estudiarse de una u otra de estas dos maneras: o bien el filósofo trata de definir y analizar conceptos abstractos e investigar el mayor número de interpretaciones posibles a preguntas que incluyan tales conceptos; o bien trata de construir una teoría muy general y, si es posible, totalmente coherente, que explique de alguna manera las ideas abstractas (como la de existencia o la de conocimiento) que constituyen el interés principal de la filosofía.

En la actualidad, estas dos maneras de hacer filosofía se designan como «analítica» y «continental», respectivamente, aunque debemos indicar que estas calificaciones no son especialmente precisas. En cualquier caso, uno u otro de estas dos formas de aproximación a la filosofía están presentes en la mayor parte de las universidades del mundo moderno.

La aproximación «analítica» la encontramos principalmente en las universidades de los países anglófonos y de Escandinavia. Se llama así, en primer lugar, porque implica analizar, definir y, por así decirlo, separar los distintos elementos o partes de preguntas complejas; y en segundo lugar, porque, por lo general, procede teniendo en cuenta todas las distintas interpretaciones posibles de los conceptos abstractos y todas las preguntas complejas que pueden plantearse sobre ellos. La aproximación «analítica» no es nueva: ha llegado a nosotros procedente de Sócrates, de Aristóteles y de Santo Tomás de Aquino. Sócrates, por ejemplo, comenzaba a menudo sus discursos pidiendo definiciones (análisis) de las ideas sobre las que quería hablar; Aristóteles procedía con mucha frecuencia enumerando y discutiendo gran número de posibles teorías e interpretaciones alternativas; el método de

Santo Tomás de Aquino consistía en distinguir las diferentes «partes» de una pregunta antes de contestarla. Más recientemente, la filosofía analítica se ha asociado a nombres de filósofos británicos del siglo XX, tales como Gilbert Ryle, J. L. Austin y G. E. M. Anscombe, y de filósofos americanos como Donald Davidson, Hilary Putnam y Saul Kripke[1].

La aproximación «continental» es más evidente en las universidades de la Europa continental, de Sudamérica y de algunas partes de los Estados Unidos. Se asocia a los nombres de los grandes constructores de sistemas filosóficos, en especial a Hegel, Schopenhauer, Marx y Heidegger y, más recientemente, a nombres como Sartre, Habermas y Derrida.

En este libro adoptaremos la aproximación analítica.

---

1. La mayor parte de los filósofos y de los libros mencionados en el texto están descritos en los apéndices, en la bibliografía, o en ambos.

Parte I
Metafísica: la filosofía del ser y del conocimiento

1. Algunos enigmas acerca de la existencia

Una de las preguntas más importantes que se hace la metafísica es: ¿qué cosas existen?, ¿cuál es el «mobiliario del mundo»?

El mobiliario del mundo: las partes y el todo

Existen enigmas antiguos acerca de la existencia de las partes y el todo.

El sentido común nos dice que los árboles y las montañas, las estrellas y los granos de arena, la gente y animales como los gatos, los perros y los caballos, existen realmente. Sin embargo, de acuerdo con la física, los árboles y las montañas, y los perros y los gatos, no son fundamentalmente más que un montón de moléculas (moléculas, por supuesto, compuestas de átomos y átomos compuestos de partículas subatómicas).

La física enseña que las partículas subatómicas son una realidad auténtica. ¿Pero son la única realidad? En otras palabras, si estamos de acuerdo en que los átomos y las partículas subatómicas existen realmente, ¿nos vemos entonces forzados a decir que las sillas y las montañas no existen? Después de todo, seguramente no sería razonable creer que existen las sillas y las mesas, *y también* los átomos y las moléculas. Sería como insistir en que existen los ejércitos y también los generales, los oficiales, los suboficiales y los soldados rasos. El mundo contendría demasiado mobiliario si esto fuese verdad.

Pensemos en montones de arena. Los objetos materiales son, en cierto modo, algo parecido a montones de arena; éstos no son más que acumulaciones rudimentarias y no complicadas de granos de arena fáciles de separar, mientras que los objetos materiales son acumulaciones extremadamente complicadas de partículas atómicas difíciles de separar.

¿Existen los montones de arena, o solamente los granos de arena? Podemos afirmar con seguridad que un montón de arena existe precisamente porque existen los granos que lo componen. La existencia del montón es exactamente lo mismo que la existencia de los granos en determinados lugares (es decir, próximos unos de otros) al mismo tiempo.

Por analogía podemos decir que los árboles y las montañas, los hombres y las mujeres, los perros y los gatos, existen precisamente *porque* existen las partículas que los componen. La existencia de un diamante, pongamos por caso, es exactamente lo mismo que la existencia de ciertas partículas subatómicas unidas de modos complejos y que existen al mismo tiempo y (más o menos) en el mismo lugar. Sin las partículas no habría ningún diamante, pero, dado que hay partículas, se deriva que hay un diamante. La existencia de un ser vivo, como por ejemplo un árbol o un cerdo, es algo distinta, porque consiste en la existencia de series de partículas que cambian constantemente a medida que el árbol o el cerdo crecen y se alimentan. Pero, con todo, sin esas partículas no habría cerdo y, por otra parte, para que el cerdo exista, se tiene que dar el tipo correcto de partículas en el orden adecuado.

Así, los ejércitos existen porque existen los soldados, las ciudades existen porque existen las casas y las carreteras, el paisaje existe porque existen las montañas, los árboles y los ríos. En una palabra, la existencia del mundo necesita de la existencia de sus partes. Pero las partes tienen que estar ordenadas de acuerdo con ciertas reglas fijas.

Hablando en general, las partes de un todo tienen que estar juntas en el espacio y el tiempo para que el todo exista *como* un todo. El ejército de Napoleón no sería en absoluto un ejército si sus soldados existieran en siglos diferentes o estuviesen dispersos por toda la galaxia. Por tanto, parece que un todo no es meramente la misma cosa que sus partes. Es, en cierto sentido, algo «superior» a sus partes, es una *combinación* espacial y temporal, una disposición de partes o elementos en el tiempo y el espacio.

Esto plantea nuevas cuestiones metafísicas, a saber: ¿Existen las combinaciones espaciales y temporales? ¿Existen los lugares? ¿Existen los tiempos?

El mobiliario del mundo:
lugares, tiempos, cualidades, sucesos

Supongamos que una astrónoma, de nombre Linda Sparke, y que lleva puesto un vestido amarillo, está observando un eclipse de sol a través de un telescopio situado en un observatorio cerca del ecuador.

La propia Linda, y todo el mundo, estaría de acuerdo en que ella existe, el vestido existe, el sol existe y el telescopio existe. Esto es sólo sentido común. Pero, ¿qué nos dice, si es que nos dice algo, el sentido común acerca de la existencia de la amarillez (del vestido), de la existencia del eclipse, de la existencia del ecuador y de la existencia de los estados mentales de Linda asociados a su observación del eclipse?

Algunos filósofos han sostenido que las cualidades, como el color amarillo, y los sucesos, como los eclipses, son cosas u objetos especiales que existen un poco a la manera en que existen las cosas ordinarias, como las mesas. Pero ésta no es una teoría muy de sentido común, ni nos ayuda realmente a comprender los enigmas de la existencia.

Un tipo diferente de respuesta puede encontrarse en la obra de Aristóteles, que fue un filósofo eminentemente de sentido común.

Aristóteles sostuvo que la realidad está compuesta por diez categorías de «cosas». Estas categorías son:

1. *Sustancias:* con ellas se refería Aristóteles a objetos como casas, caballos, hombres, montañas, árboles y estatuas.

2. *Cualidades* (atributos): por ejemplo, verde, macizo, valiente, sabio...
3. *Cantidades:* por ejemplo, un metro, una tonelada.
4. *Relaciones:* como la mitad de, mayor que...
5. *Lugares:* como en el mercado...
6. *Tiempos:* como el año pasado, ayer...
7. *Posiciones* (posturas): sentado, de pie...
8. *Estados:* estar calzado, llevar un abrigo...
9. *Acciones:* golpear, cortar, lanzar...
10. *Afecciones* (cosas que les ocurren a las sustancias): por ejemplo, ser quemada, ser estrangulada...

Aristóteles razonó que las cosas pertenecientes a categorías distintas existen de modos diferentes, dependiente o independientemente.

Las cualidades, las cantidades y las relaciones desde luego que existen, pero sólo existen en la medida en que las sustancias son amarillas o verdes, o altas, bajas o pesadas, o una al lado de la otra, o más joven una que otra, y así sucesivamente. Las cualidades, las cantidades y las relaciones son dependientes de las sustancias.

Las acciones, como observar un eclipse, por ejemplo, existen siempre que las sustancias actúan. También las acciones son dependientes de las sustancias.

Los sucesos, como caerse, existen siempre que le sucede algo a una sustancia; en este caso, siempre que una cosa se cae.

La reproducción existe, es el advenir-al-ser de las sustancias.

La descomposición existe, es el dejar-de-ser de las sustancias.

Las posiciones y los estados existen cuando una sustancia está en una posición o en un estado, según el caso.

En resumen, el ser, o la realidad, es múltiple, pero la forma última o más importante de existencia, de la que dependen las otras formas, es el ser o la existencia de las sustancias.

¿Qué quería decir Aristóteles con «sustancia»? Básicamente, las sustancias aristotélicas son precisamente los objetos ordinarios, como los árboles, las sillas, los perros, etcétera.

Podría considerarse que la teoría de las categorías implica que la palabra «es» tiene diez significados diferentes. Si usted dice «Pavarotti es alto», está usando el «es» de cantidad. Si dice «Pavarotti está en Fiji», está usando el «es» de lugar. Si dice «Pavarotti está andando con los hombros caídos», está usando el «es» de posición (postura). Y si usted dice «Pavarotti es un hombre», está usando el «es» más importante de todos: el «es» de sustancia. Los lectores pueden, sin duda, inventar sus propios ejemplos de los otros seis tipos de «es»*.

La lista de categorías de Aristóteles es útil, pero no satisfactoria al cien por cien.

En primer lugar, algunas de las categorías parecen redundantes. Por ejemplo, la categoría de la posición/postura parece ser redundante porque puede reducirse fácilmente a las categorías de lugar y relación. La posición o postura de un cuerpo no es nada más que las relaciones espaciales entre sus partes.

---

* Recuérdese que el verbo inglés *to be* significa en castellano igualmente «ser», «estar» o incluso «haber». (*N. de la T.*)

De modo similar, podría argumentarse que en realidad no necesitamos la categoría del estar-afectado-de (afecciones), porque una afección es sólo una acción observada desde el otro extremo (por así decirlo).

Estos problemas, sin embargo, son meras cuestiones de detalle. Hay una pregunta más difícil que tiene que ver con los lugares y los tiempos. Es ésta: ¿Pueden existir los lugares y los tiempos independientemente de las sustancias, o no? Si pueden, entonces, ¿son de alguna manera fundamentales, como las propias sustancias? Los físicos, igual que los filósofos, se han devanado los sesos con esta cuestión y, como éstos, han sostenido distintas teorías sobre el tema. No pretendemos responder aquí a esta pregunta, sino que dejamos a nuestros lectores que piensen en ella por sí mismos.

Otra difícil cuestión es la siguiente: ¿A qué categoría pertenecen las criaturas ficticias, como los unicornios? ¿Son sustancias los unicornios? Si no es así, ¿qué son?

Por último, la doctrina de las categorías no logra establecer algunas distinciones bastante importantes, que trataremos en la siguiente sección. Entretanto, hay que señalar que la ausencia de ciertas distinciones importantes en la doctrina de las categorías no significa que el propio Aristóteles no hablara de ellas en otra parte.

El mobiliario del mundo: predicación y existencia

La teoría de las categorías enumera diez diferentes tipos de «cosas» y, por ello, puede interpretarse que distingue diez significados diferentes de la palabra «es». Pero, si bien la lista de categorías enumera tipos de cosas que existen, no nos proporciona un modo de *decir* que existen.

Pongamos algún ejemplo:

1. Usando las categorías de Aristóteles podríamos decir (al menos) diez tipos de cosas acerca de Katherine Evans:

> Katherine Evans es una mujer (sustancia)
> Katherine Evans es delgada (cualidad)
> Katherine Evans pesa 70 kilos (cantidad)
> Katherine Evans está en Inglaterra (lugar)
> Katherine Evans escribe cartas (acción)
> (y así sucesivamente).

Todas estas afirmaciones presuponen que realmente hay algo en el mundo llamado Katherine Evans, que Katherine Evans, sea ella, ello, o lo que sea, realmente existe. Los distintos «es» son utilizados para predicar diferentes cosas de este individuo que se supone que existe.

2. Consideremos ahora una pregunta y una respuesta: ¿*Hay* tal persona como Katherine Evans? Sí, *la hay*.

En la pregunta no *se supone* que la señora Evans existe; más bien se pregunta *si* existe. En la respuesta no *se supone* que existe, más bien *se afirma* que existe.

Estos ejemplos ilustran una diferencia que no puede ser incluida dentro de la lista de categorías: la diferencia entre el «es» de predicación y el «es» de existencia. La lista de categorías es una lista de diferentes tipos de predicación, y el «es» de existencia trasciende esa lista.

Esta distinción es de alguna importancia en la historia de la filosofía, entre otras razones, porque una famosa prueba de la existencia de Dios, el llamado «argumento ontológico», se considera que descansa sobre una confusión entre esos dos tipos fundamentalmente diferentes de «es».

El argumento ontológico será tratado en el próximo capítulo. Primero echaremos una ojeada a la no existencia.

El mobiliario del mundo: el inexistente rey de Francia

El sentido común nos dice que los unicornios, los elfos, Papá Noel o el actual rey de Francia no existen. En primer lugar, sabemos que Francia en la actualidad es una república, luego por definición no puede tener un rey. En cuanto a los unicornios y los elfos, no somos capaces de encontrarlos por muy intensamente que los busquemos; tampoco podemos encontrar huesos de unicornio o fósiles de elfos.

Sin embargo, desde tiempos antiguos algunos filósofos han creído que, si se puede pensar en alguna cosa, entonces esa cosa debe existir *en algún sentido*. Argumentan que si una cosa no existiese en absoluto no se podría pensar en ella. No se puede pensar en nada, sólo en algo; y si una cosa es algo, entonces debe *existir de alguna manera*. Así, el actual rey de Francia, los elfos y los unicornios deben existir, todos, *en algún sentido*; de otro modo no se podría pensar en ellos.

Pero, ciertamente, la idea de que las cosas inexistentes existen es muy paradójica.

Un modo común de intentar evitar la paradoja es decir que las cosas inexistentes existen sólo en la mente. Esta solución propuesta es un poco vaga tal y como están las cosas. ¿Qué tipo de existencia es la existencia-en-la-mente?

Bertrand Russell, al discutir la cuestión de las «entidades inexistentes», advierte a sus lectores que se mantengan bien asidos a una «robusta sensación de realidad». La aproximación moderna al problema, ejemplificada en la obra del propio Russell, es tratarlo como una cuestión que puede ser resuelta mediante una correcta comprensión de la lógica y del lenguaje.

Comencemos con el inexistente rey actual de Francia. Russell sostenía que todo enunciado con sentido debe ser, o bien verdadero, o bien falso. Un enunciado con sentido y no ambiguo no puede ser *ambas cosas*, verdadero *y* falso; tampoco puede ser *ni* verdadero *ni* falso.

Russell pensó en el posible enunciado «el actual rey de Francia es calvo» y se preguntó: ¿es esto verdadero o falso? Si es verdadero, entonces el rey ciertamente es calvo, no melenudo. Si es falso, entonces el rey es melenudo, no calvo. Pero ¿cómo decidir la cuestión? Es imposible examinar el cuero cabelludo del actual rey de Francia.

La solución de Russell forma parte de su «teoría de las descripciones». Consiste en analizar afirmaciones, dentro de las cuales él supuso que estaban sus constituyentes ocultos.

Según Russell, el enunciado «el actual rey de Francia es calvo», aunque parece bastante simple, es realmente complejo. No contiene sólo un «es», sino cuatro y, lo que es más importante, tres de los cuatro son «es» de

existencia. «El actual rey de Francia es calvo» son tres
enunciados envueltos en uno:

1. HAY al menos un rey de Francia.
2. HAY como mucho un rey de Francia.
3. No HAY nada que SEA rey de Francia y no calvo.

Cuando el enunciado original ha sido analizado de
este modo, puede verse que es falso porque su primer
constituyente (1) es falso, y dicho constituyente (1) es
falso porque el rey no existe. Todo el enunciado es falso, no porque el rey no sea calvo, sino porque no existe
en absoluto.

¿Y qué ocurre con «el actual rey de Francia no es calvo»? ¿Es cierto este enunciado? No. Es también falso, ya
que su análisis será:

1. Hay al menos un rey de Francia.
2. Hay como mucho un rey de Francia.
3. No hay nada que sea rey de Francia y calvo.

De nuevo es falso el primer constituyente, y en consecuencia todo el enunciado original es falso.

El resultado, por supuesto, es que «El rey de Francia
es calvo» y «El rey de Francia no es calvo» son ambos
enunciados falsos.

La explicación de Russell sobre cómo entender mejor los enunciados sobre cosas que no existen no es
aceptada por todo el mundo. Por ejemplo, Peter Strawson ha argumentado que los enunciados acerca de cosas inexistentes, como el actual rey de Francia, no son
falsos, sino ni verdaderos ni falsos. Los filósofos están

aún divididos respecto a si es Russell o es Strawson quien ofrece la mejor respuesta.

Esto completa nuestra discusión sobre la existencia. En el próximo capítulo examinaremos algunos de los problemas en torno a las pruebas tradicionales de la existencia de Dios.

2. La existencia de Dios

El judaísmo y el cristianismo conciben a Dios como un Ser eterno, infinito y no creado que ha hecho el universo y todo lo que hay en él. Este Ser se presenta ante la raza humana no sólo como su Creador, sino también, en algún sentido, como una persona, como un verdadero Padre que recompensa y castiga a sus hijos humanos, bien en esta vida, bien en la existencia posterior, o en ambas. El islamismo, el tercero de los principales monoteísmos, comparte con las religiones más antiguas parte de esta concepción de Dios, aunque (oficialmente) no considera a Dios como un Padre, sino más bien como un Ser no personal. A pesar de esto, Alá, el Dios del islamismo, se refiere en el Corán a sí mismo como a «él» y castiga y recompensa exactamente igual que el Dios de los hebreos y de los cristianos.

La idea de los dioses es, por supuesto, más antigua que cualquiera de estas confesiones, y parece que este concepto ha existido en prácticamente todas las comunidades humanas conocidas por la historia. Nuestra época es excepcional a este respecto.

En cuanto a los filósofos, también han tenido presente a Dios en sus reflexiones durante siglos. Su interés se ha centrado con frecuencia en la idea de la demostración: ¿Puede demostrarse la existencia de Dios? ¿O sólo puede ser admitida como una cuestión de fe?

Las pruebas o intentos de prueba de la existencia de Dios más importantes son: los argumentos de la Revelación, el argumento de los milagros, el argumento de la primera causa, el argumento ontológico y el argumento del diseño.

Los argumentos de la Revelación

Las tres religiones monoteístas principales afirman que a veces Dios se revela a determinados hombres y mujeres. Así, las tres enseñan que Dios se reveló a Moisés en el monte Sinaí, dándole los Diez Mandamientos, las tablas de la Ley. Además, los cristianos creen que el Nuevo Testamento es un relato de cómo Dios reveló una nueva ley a sus hijos humanos a través de Jesucristo, mientras que el islamismo enseña que Alá habló al profeta Mahoma, al que dio diversas instrucciones y promesas para los fieles.

De vez en cuando, además, algunos creyentes han afirmado haber tenido revelaciones personales de la existencia de Dios, unas veces en forma de sueños, visiones o voces interiores, y otras en forma de experiencias extraordinarias y milagrosas.

Los no creyentes, sin embargo, sostienen que estas experiencias personales que parecen indicar la existencia de una divinidad deben de tener otras explicaciones más prosaicas. Los sueños y las visiones nos cuentan todo tipo de cosas que sabemos perfectamente que son falsas; por ejemplo, podríamos soñar con elfos o con unicornios, pero esto no prueba que tales criaturas existan realmente. Los sueños y las visiones no son pruebas seguras, y unas experiencias personales que no se consideran pruebas de la existencia de elfos y duendes no pueden, por sí mismas, ser admitidas como pruebas satisfactorias de la existencia de Dios, incluso aunque sean muy convincentes para la persona que las tiene.

El argumento de los milagros

¿Qué son los milagros? La idea más común sugiere que un milagro es un acontecimiento extraordinario en el contexto humano, normalmente beneficioso para alguna persona buena o desafortunada, y provocado por la intervención directa de Dios, o bien por profetas y santos con la ayuda divina. Los milagros van con frecuencia, o siempre, en contra de las leyes de la naturaleza; así, cuando la gente muere, por lo general permanece muerta, pero, si Dios así lo desea, Él o sus santos pueden resucitarla para vivir de nuevo.

Sin embargo, este modo de relatar los milagros *presupone* que Dios existe y, por tanto, no puede usarse como premisa en una *prueba* de su existencia. Se necesita una definición neutral de los milagros, es decir, una definición que no presuponga nada acerca de la existencia de Dios. He aquí una posible definición de este tipo:

Los milagros son acontecimientos extraordinarios que no pueden ser explicados por la ciencia, que benefician a seres humanos particulares y que se asemejan a intervenciones útiles realizadas por gente caritativa.

No obstante, para los filósofos materialistas con una mentalidad científica ni siquiera los acontecimientos más extraordinarios lo son tanto como para que carezcan de una causa material. El fuego siempre arde, el hielo está siempre frío, todos los objetos físicos obedecen a la ley de la gravedad, el verano siempre sigue a la primavera y todos los animales acaban por morir. Es evidente que el mundo está gobernado por las leyes de causa y efecto, y las aparentes excepciones pueden explicarse, en principio, en función de tales leyes. Si bien hoy no logramos explicar las excepciones y las aberraciones existentes, podemos confiar en que los científicos del futuro lo consigan.

David Hume (1711-1776), que es el responsable de muchos argumentos antirreligiosos —incluidos la mayor parte de los que hoy son frecuentes en los círculos de incrédulos—, afirma que siempre debe haber una presunción contra la existencia de un milagro. La prueba de un milagro, dice Hume, siempre será más débil que la prueba de cualquier otra hipótesis, y esto es así porque hay muchas pruebas a favor de las leyes de la naturaleza —la ley de la gravedad, por ejemplo— y muchas menos a favor del milagro que viola tales leyes. Y lo que es más, Hume arguye que es bien sabido que la gente dice mentiras y comete errores. Siempre la probabilidad de que alguien haya mentido o haya cometido un error es mayor que la de que las leyes de la naturaleza se hayan trastornado.

Hay cuatro preguntas aquí que necesitan ser desenmarañadas unas de otras.

La primera es: ¿Suceden alguna vez acontecimientos extraordinarios y aparentemente inexplicables en la vida humana? A pesar de Hume, la respuesta a esto seguramente debe de ser: sí.

La segunda pregunta es: ¿Podemos estar seguros de que la ciencia finalmente explicará todos estos acontecimientos extraordinarios en términos científicos ordinarios? La respuesta a esto debe ser: no, no podemos estar seguros. Y es que ningún ser humano, ni siquiera los científicos, ni tan siquiera los científicos del futuro, son omniscientes. No es imposible que algunos interrogantes puedan permanecer por siempre oscuros para nosotros.

La tercera pregunta es: La existencia de preguntas sin respuesta, preguntas que, tal vez, ningún ser humano pueda responder, ¿prueba que existe un Dios? La respuesta a esto debe ser: no. La existencia de preguntas humanamente imposibles de responder sólo puede probar que la raza humana no es tan inteligente como cree, que no somos omniscientes; lo cual ya lo sabíamos. Pero esto no prueba que haya alguien más que *sea* omnisciente, es decir, que exista Dios.

La cuarta pregunta es: El hecho de que aparezcan algunos sucesos aparentemente inexplicables para ayudar a determinados individuos en momentos cruciales de su vida, ¿prueba que existe un Dios personal benévolo que vela por nosotros? La respuesta a esto debe ser: no lo *prueba*. Pero, por otra parte, si es verdad que algunos acontecimientos inexplicables tienen un carácter marcadamente beneficioso, si es cierto, en efecto, que algunos de los sucesos extraños que ocurren de manera ocasional ayudan realmente a individuos buenos o desafortunados en puntos cruciales de sus vidas, entonces éste es, tal vez, el aspecto más importante del argumento de los milagros. El carácter aparentemente beneficioso de algunos milagros constituye seguramente una razón para creer, pues es más poderosa psicológicamente que el hecho, mucho menos asombroso, de que algunas cosas sean sencillamente inexplicables; y una razón más poderosa, también, que las reclamaciones de un conocimiento superior realizadas por instituciones humanas.

El argumento de la primera causa

La versión más importante del argumento de la primera causa nos viene de la teología medieval. Este argumento dice así: Todo lo que sucede tiene una causa, y esta causa, por su parte, tiene una causa, y esta causa también tiene una causa, y así sucesivamente, remontándonos al pasado en una serie que debe ser, o bien finita, o bien infinita. Si la serie es finita, ha debido tener un punto de partida, que podemos llamar la primera causa. Esta primera causa es Dios.

   ¿Y qué sucede si la serie es infinita? Santo Tomás de Aquino, después de examinar la cuestión, finalmente rechaza la posibilidad de que el mundo sea infinitamente viejo y no tenga un comienzo en el tiempo. Ciertamente, la idea del tiempo extendiéndose sin fin hacia atrás, hacia el pasado, es difícil de comprender para la mente humana. Una infinitud que se extiende hacia delante en el futuro es un poco más fácil de concebir para nosotros los mortales. Con todo, podemos apuntar aquí que Aristóteles no encontró dificultad alguna en la idea anterior. Él sostenía que el mundo ha existido siempre. La opinión de Aristóteles, si es correcta, invalida el argumento de la primera causa.

Otra dificultad radica en el hecho de que el argumento depende de nuestra concepción humana de la causalidad. ¿Podemos estar seguros de que nuestros razonamientos acerca de la causa y el efecto son infalibles? ¿No es posible, incluso, que el nexo causa-efecto no sea nada en sí mismo, sino sólo una idea inventada por la mente humana?

Hay otros problemas que se refieren a la naturaleza de la causa en sí. Supongamos que hay una primera causa, ¿podemos saber que esta causa es un Dios personal? Supongamos que la primera causa es un Dios personal, ¿debemos concluir que ha existido siempre?, ¿o tuvo un comienzo en el tiempo?

Si Santo Tomás de Aquino está en lo cierto al decidir que es imposible concebir que el mundo haya existido siempre, tenemos que preguntar si, y por qué, es acaso más fácil concebir que el creador del mundo haya existido siempre.

Hay un dilema:

Si Dios ha existido eternamente, entonces no hay dificultad en la idea de la existencia eterna como tal. Aristóteles debe de estar en lo cierto: el universo en sí debe de haber existido siempre.

Al contrario, si Dios no ha existido eternamente, entonces parece que él también debe tener una causa, y entonces esta causa necesitará una causa y así sucesivamente.

Algunos filósofos describen a Dios como la causa autocausada. Pero la noción de una causa autocausada parece más difícil incluso que la idea de la eternidad. ¿Cómo puede un ser que no existe hacerse existir a sí mismo?

El argumento ontológico

El argumento ontológico fue formulado por San Anselmo (1033-1109), que fue arzobispo de Canterbury durante los reinados de Guillermo II Rufo y Enrique I. Siglos más tarde, René Descartes (1596-1650) hizo una versión más simple del mismo.

San Anselmo comienza citando la Sagrada Escritura: «El necio dijo en su corazón: no hay Dios». Arguye que hasta los ateos deben tener una idea de Dios, de otro modo no serían capaces de comprender sus propias palabras, las palabras «no hay Dios». Ahora bien, ¿en qué consiste exactamente esta idea que incluso el necio tiene en su corazón? La idea de Dios, dice San Anselmo, es la idea de «un ser mayor, del cual nada puede pensarse». Con ello quiere decir que no podemos concebir o imaginar algo mayor que Dios, porque la misma idea de Dios es la idea de un ser omnisciente, todopoderoso, eterno y completamente perfecto. Ésta, entonces, es la idea de Dios.

Hasta ahora es solamente una idea, y no se ha demostrado que exista algo en la realidad que se oponga a dicha idea.

San Anselmo afirma seguidamente que hay dos tipos diferentes de existencia: la existencia en la mente y la existencia en la realidad. Sabemos que Dios existe en las mentes humanas como una idea, pero: ¿existe también en la realidad?

En su opinión, la existencia en la mente es un tipo de existencia menos perfecto que la existencia en la realidad. (Hay que admitir que este punto es ciertamente plausible.) A continuación, San Anselmo razona como sigue: si Dios existiese sólo en la mente, sería menos perfecto –es decir, menor– que si existiese en la realidad. Si Dios existiese sólo en la mente, entonces seríamos capaces de concebir un ser mayor que Dios, a saber, un ser que, igual que existe en la mente, existiese también en la realidad. Este ser mayor, que existe en la mente y en la realidad, sería el auténtico Dios, porque el primer Dios en que pensamos, el que existía sólo en la mente, no sería, después de todo, un ser mayor que cualquier ser que pudiera pensarse.

Para concluir, señala que el ser mayor que podemos concebir existe en la realidad igual que en la mente: por tanto Dios existe en la realidad.

San Anselmo, además, combina la idea de Dios con la idea de necesidad: si Dios existiese accidentalmente, sería menor que si su existencia fuese necesaria. Como Dios es un ser mayor sobre el que nada puede pensarse, debe existir necesariamente y no accidentalmente. Por tanto, es cierto que Dios existe y es cierto que ha existido siempre y que siempre existirá, pues esto es lo que significa una existencia necesaria.

La versión de Descartes del argumento ontológico es algo más simple; reza como sigue:

Nuestra idea de Dios es la idea de un ser perfecto.

Un ser perfecto debe tener todas las perfecciones.

Es mejor existir que no existir.

Es mejor existir en la realidad que existir meramente en la mente de alguien.

Luego la existencia, es decir, la existencia en la realidad, es una perfección.

Por tanto, nuestra idea de un ser perfecto es una idea de un ser que existe en la realidad.

Por tanto, el Ser Perfecto (Dios) existe en la realidad.

El argumento ontológico ha tenido muchas críticas. Un contemporáneo de San Anselmo, el monje Gaunilo, escribió una réplica que él denominó «En defensa del necio», en referencia al necio que «dijo en su corazón: no hay Dios».

Gaunilo afirma que el argumento de San Anselmo conduciría a conclusiones que calificaríamos de ridículas si fuera aplicado en otros campos. Se podría usar ese argumento para «probar» la existencia de una isla perfecta, por ejemplo, afirmando que dicha isla perfecta es «una isla mejor que cualquiera otra que pueda pensarse».

San Anselmo basa su réplica en su afirmación de que la existencia de Dios no es sólo cierta, sino también necesaria. Una isla perfecta, incluso si existiese en la realidad, no tendría una existencia necesaria en la eternidad, sino sólo una existencia accidental en el tiempo.

¿Es la existencia una propiedad?

Más recientemente, los filósofos se han opuesto al argumento ontológico pretextando que la existencia no es la perfección. La perfección es un tipo especial de propiedad (por ejemplo, la completa bondad), pero la existencia no es en absoluto una propiedad.

La objeción puede resumirse en la frase «la existencia no es una propiedad». Puede confirmarse la verdad de esta frase examinando el lenguaje, comparando la palabra «existe» con otras palabras.

La palabra «existe» no se comporta ni como una palabra de acción, ni como una palabra de cualidad, ni tampoco como las palabras que nombran tiempos, lugares y relaciones.

Tomemos una palabra de acción, por ejemplo la palabra «rugir», y consideremos los siguientes ejemplos:

1a. Ningún tigre ruge.   Esto es, sin duda, falso, pero no es absurdo.

2a. Todos los tigres rugen.   Tampoco es absurdo.

3a. La mayor parte de los tigres rugen, pero hay algunos que no.

                                 Tampoco es absurdo y probablemente sea verdad.

Ahora comparemos con la palabra «existe»:

1b. Ningún tigre existe.

2b. Todos los tigres existen.

3b. La mayor parte de los tigres existen, pero hay algunos que no.

«Ningún tigre existe» tiene sentido, pero ocurre que es falso. Es algo similar a «no existen los dodos ahora», que también tiene sentido y ocurre que es verdadero.

Pero «todos los tigres existen» está vacío, no proporciona ninguna información.

Y «la mayor parte de los tigres existen, pero hay algunos que no» no tiene ningún sentido.

En igualdad de razonamientos, puede mostrarse que «existe» es diferente de las palabras de cualidad y, por tanto, diferente de términos como «sublime», «completamente sabio», «infinito y eterno», que se refieren a perfecciones.

Consideremos:

1c. Ningún profesor es completamente sabio.
2c. Todos los profesores son completamente sabios.
3c. La mayor parte de los profesores son completamente sabios, pero hay algunos que no lo son.

Sean verdaderas o falsas, todas estas oraciones tienen sentido. Pero comparémoslas de nuevo con «existe»:

1d. No existe ningún profesor.
2d. Todos los profesores existen.
3d. La mayor parte de los profesores existen, pero hay algunos que no.

De nuevo, la primera oración («No existe ningún profesor»), aunque es falsa, tiene sentido. La segunda oración («Todos los profesores existen») está vacía de significado. Y la tercera («La mayor parte de los profesores existen, pero hay algnos que no») es, sin duda, absurda. La palabra «existe» no funciona como la expresión «completamente sabio».

Podemos concluir, pues, que la existencia no es una acción (no es como «rugir») ni tampoco es una perfección (no es como la perfecta sabiduría).

El argumento del diseño

Éste es posiblemente el más eficaz de los argumentos filosóficos a favor de la existencia de Dios. En resumen, afirma que el universo y todo lo que hay en él está maravillosamente organizado, justo como si fuese la obra de un soberbio diseñador. Todo lo que observamos parece demostrarlo, desde el movimiento de los planetas hasta la extraordinaria construcción del cerebro. Nada es aleatorio, todo parece seguir un plan o diseño.

Semejante universo no podría haber llegado a existir por casualidad y sin pensarlo. En algunos aspectos, nuestro mundo es como un maravilloso artefacto. William Paley (1743-1805) lo comparó con un reloj. Si encontráramos un reloj en un desierto de arena, nunca supondríamos que su existencia y estructura fuese producto de la casualidad, incluso aunque nunca antes hubiésemos visto un reloj. En lugar de ello deduciríamos en seguida que había sido hecho deliberadamente por algún ser inteligente. Dios es, así, comparado con un relojero.

David Hume es el principal crítico del argumento del diseño. En su opinión, incluso si pudiésemos probar que el universo tiene un diseñador inteligente, esto no demostraría que el diseñador fuera una persona, un sabio, o Dios. No nos diría cuál de las religiones en pugna es la verdadera.

También dice que el universo no es en realidad muy parecido a un artefacto humano, a pesar de las afirmaciones de que sí lo es. En su opinión, es mucho más parecido a un inmenso animal o a un vegetal enorme que a un reloj. Los animales y los vegetales, al contrario que los relojes, no surgen por un diseño inteligente, sino por reproducción natural.

Por último, Hume afirma que el universo ha de tener por fuerza la apariencia de haber sido diseñado. Nuestro universo es relativamente estable, y las partes de un universo estable tienen que estar adaptadas unas a otras. Por ejemplo, los diversos animales del mundo tienen que estar adaptados para sobrevivir, pues de otro modo no habría animales.

Sin embargo, esto plantea la siguiente pregunta: ¿Podría haber universo alguno sin un diseñador? A esto responde Hume que la estabilidad, por definición, dura más que la inestabilidad o el caos. Si el universo comenzó como un caos sin diseñar y alcanzó la estabilidad accidentalmente o por casualidad, el estado de estabilidad permanecerá, al menos por un tiempo.

Para terminar nuestra relación de algunos de los argumentos filosóficos principales a favor y en contra de la existencia de Dios lo haremos con una breve referencia a la obra de Immanuel Kant (1724-1804).

Kant sostenía que es imposible probar la existencia de Dios, aunque sin embargo arguye que necesitamos creer en Dios. La idea de Dios y la idea de la libertad (del libre albedrío), a las que Kant llama «ideas de la razón», son presuposiciones necesarias en la vida humana, y dicha necesidad no es psicológica o social, sino algo mucho más profundo. La vida de la razón, la vida de los seres humanos como criaturas dotadas de razón, sería imposible sin estas dos ideas. En opinión de Kant, nuestras teorías científicas y filosóficas no tendrían sentido sin la idea de Dios, y la habitual cooperación en la vida práctica de la humanidad caería en el caos sin la idea del libre albedrío.

3. La existencia e identidad de las personas

Los filósofos han tenido durante mucho tiempo la impresión de que hay algún misterio en la naturaleza de las personas, un misterio relacionado con la conciencia, la memoria y la vida mental.

Comencemos atendiendo a tres preguntas interrelacionadas.

En primer lugar, ¿cuándo podemos decir que una persona es diferente de otra o que dos personas son la misma? Por ejemplo, ¿cómo sabemos que la persona A, a la que conocimos el lunes, es idéntica, o distinta, de la persona B, a la que conocimos el viernes?

La siguiente pregunta es: ¿Cómo sabe uno que es la misma persona que era ayer o el año pasado?

Estas dos preguntas tienen que ver con las condiciones de identidad, y probablemente no seremos capaces de responderlas, a menos que respondamos también a la tercera cuestión: ¿Qué es exactamente una persona?

La identidad según John Locke

La discusión filosófica actual acerca de la identidad personal está aún muy influida por la obra de John Locke (1632-1704).

Locke comienza su estudio de la identidad distinguiendo diferentes tipos de cosas y sugiriendo luego condiciones de identidad para cada tipo.

En primer lugar, se refiere a los objetos inanimados, tomando como ejemplo un diamante. Sólo hay, dice, una condición de identidad para un diamante, y es que debe tener los mismos átomos o «partículas diminutas». En otras palabras, el diamante que uno ve el lunes es exactamente el mismo diamante que el que uno ve el miércoles si, y sólo si, tiene los mismos átomos. Si los átomos han cambiado, se tiene un diamante nuevo y diferente.

Pero hasta las cosas hechas de un material muy duro pierden unos cuantos átomos con el tiempo. Hoy en día, además, sabemos que los materiales radiactivos pierden, expelen o emiten «partículas diminutas» continuamente. Locke, por supuesto, no sabía nada de la radiactividad, pero admitía que todas las sustancias materiales pueden experimentar una pérdida gradual de partículas, y por esta razón sugiere que incluso un diamante puede no tener una identidad absolutamente perfecta con el paso del tiempo.

Con todo, un diamante parece ser más estable que las cosas que crecen y se descomponen. Locke vio con bastante sentido común las diferencias entre los minerales y los seres vivos. Él dice que, aunque la identidad pura y absoluta requiere que una materia no cambie, en la práctica debemos pensar por fuerza en la identidad de un ser vivo de modo diferente.

¿Cuáles son, pues, las condiciones de identidad de un roble, por ejemplo? Desde luego, no consisten en tener siempre los mismos átomos, pues un árbol crece, se despoja de sus hojas, se le caen sus ramas en las tormentas, etcétera, y sin embargo sigue siendo el mismo árbol.

Locke concluye que la condición de identidad para un árbol vivo es *una vida continua* que siga el ciclo normal de este tipo de árbol.

Que la vida de un árbol tiene que ser continua se demuestra por el hecho de que cuando el árbol es cortado y arde en forma de leña, por ejemplo, esto supone entonces que ningún árbol puede ser exactamente el mismo que el antiguo. En otras palabras, los árboles no experimentan una reencarnación.

Podríamos hacer objeciones aquí refiriéndonos a las ramas injertadas, a los árboles que nacen de esquejes, etcétera. ¿Tiene un árbol que nace del esqueje de un antiguo árbol ahora muerto y quemado la misma vida continua que el antiguo? ¿O es un árbol nuevo? Tal vez no es tan diferente de un árbol nuevo nacido de una semilla: los esquejes en los árboles funcionan de un modo muy parecido a las semillas. Podría decirse, pues, que el árbol nuevo es el hijo del antiguo.

Hay un problema especial referente al olivo, pues el olivo, en cierto sentido, nunca muere. Se va regenerando una y otra vez de las raíces originales. Por tanto, parece que hubiera un número relativamente pequeño de olivos en el universo, todos los cuales han vivido más o menos siempre.

La relación de Locke, si se interpreta acertadamente, puede incluir casos que parecen complicados, pues los árboles nos sorprenden no comportándose como los animales. Tienen, no obstante, sus propias leyes de vida y de muerte, y Locke logra basar en esas leyes su definición de las condiciones de identidad para los vegetales. Cada tipo de árbol tiene su propio ciclo vital, y la reproducción por injerto y a partir de esquejes, así como la regeneración del olivo, son, para los árboles, hechos normales de la vida. El olivo es una versión vegetal del papagayo: ambos son muy longevos.

Locke pasa seguidamente a las condiciones de identidad de los animales. La condición de identidad básica de un animal, digamos un gato, resulta no ser diferente de la condición de identidad de un árbol, a saber, la misma vida continua. El gato crece continuamente hasta que alcanza la edad adulta, y durante ese tiempo sus células constituyentes, los átomos que lo conforman, cambian varias veces, aunque de manera gradual. Pero siempre que su vida no sea interrumpida por la muerte, sigue siendo el mismo gato. Los gatos, en este sentido, no pueden reencarnarse, porque la muerte de un animal acaba con su condición de identidad. Ningún gato nacido después de la muerte de Tibbles será el mismo Tibbles.

Por último, Locke piensa en las condiciones de identidad de las personas. Y comienza esta parte de su pensamiento observando que los seres humanos tienen una doble naturaleza: son animales y son también personas. Según Locke, una persona no es un tipo especial de animal, sino algo completamente diferente.

Los seres humanos y las personas

La opinión de Locke de que las personas no son simplemente animales humanos ha sido aceptada de una u otra forma por casi todos los filósofos del siglo XX que escriben sobre el tema, incluidos muchos que no comparten ninguna de sus otras teorías. Pero nosotros sentimos tener que diferir de él, y de ellos.

El estudio de Locke sobre la identidad personal la distingue, pues, de la identidad humana, es decir, de la animal. Se basa únicamente en la vida mental y más concretamente en la memoria. Si alguien por casualidad recordase haber hecho todas las cosas que hizo Sócrates en Atenas hace dos mil quinientos años, entonces, según Locke, ese alguien es exactamente la misma *persona* que Sócrates, aunque sea un *ser humano* diferente. Esto tiene perfectamente sentido en la teoría de Locke, por mucho que nos suene raro, pues su teoría no admite que las personas sean simplemente animales humanos; los seres humanos pueden ser personas, pero ser persona no es lo mismo que ser animal y no tiene nada que ver con las características físicas. Los seres humanos son personas sólo en la medida en que tienen conciencia y memoria.

Puede que encontremos la teoría un poco menos rara si ponemos en un ejemplo.

Bertie Wooster puede ser dos cosas: licenciado y heredero. Ser un licenciado no es lo mismo que ser un heredero. Bertie podría ser un heredero en virtud del testamento de su tía, pero es un licenciado en virtud de haber estudiado en Oxford y haber obtenido allí una licenciatura. En virtud del hecho de haberse licenciado,

Bertie sigue siendo un licenciado toda su vida y es siempre el mismo licenciado. Sin embargo, podría fácilmente dejar de ser un heredero si su tía decidiese desheredarle.

En este ejemplo, ser un graduado concreto puede considerarse semejante a ser una persona específica, y ser el heredero de alguien puede considerarse semejante a ser un ser humano específico, un animal humano específico.

Cuando Sócrates murió, dejó de existir como hombre. Pero la posibilidad de que continuase existiendo como persona permaneció abierta. Si (siguiendo el cuentecillo de Locke) «el actual comandante de Queensborough» tuviera todos los recuerdos de Sócrates, él (el comandante) sería Sócrates: la persona de Sócrates, es decir, no el hombre.

El recuerdo y el falso recuerdo

La teoría de Locke parece a primera vista ser válida para responder a la segunda de nuestras tres preguntas originales: ¿Cómo sabe alguien, día a día, que él (o ella) es la misma persona que ayer? Locke da la siguiente respuesta: desde su propio punto de vista, son los recuerdos los que a uno le hacen ser la misma persona o una persona distinta. Uno sólo sabe que es la misma persona que ayer porque sus recuerdos de hoy son en gran parte los mismos de ayer.

La respuesta, sin embargo, levanta el espectro del falso recuerdo, un espectro destinado a echar por tierra enteramente la teoría de Locke.

No puedo depender de que mi memoria me diga si soy la misma persona (lockeana), porque siempre cabe la posibilidad de que mis recuerdos sean falsos recuerdos. De manera que necesito un modo de asegurarme de que mis recuerdos son auténticos. Pero esto significaría depender de un segundo recuerdo que me diga si mis primeros recuerdos son auténticos. Y entonces necesitaría un tercer recuerdo para que me dijese si el segundo recuerdo es auténtico... y así, sucesivamente, infinitas veces.

Como Wittgenstein observó en otro contexto, uno no puede comprobar la exactitud del periódico de hoy comprando una segunda copia de él (o una tercera, o una cuarta...).

¿Hay algún modo de comprobar si los propios recuerdos o los de otras personas son auténticos? Sí, pero el propio método presupone que las condiciones de identidad personal son las mismas que las condiciones de identidad humana (animal), lo cual echa por tierra la teoría de Locke.

¿Qué es un recuerdo falso? Esencialmente, es un recuerdo que a uno le dice que su cuerpo estuvo en un lugar determinado en un momento determinado, cuando puede probarse que su cuerpo de hecho estaba en cualquier otro sitio.

Supongamos, por ejemplo, que alguien cree que recuerda haber sido Winston Churchill. Recuerda haber sido nombrado primer ministro de Gran Bretaña, haber pronunciado muchos discursos en la Cámara de los Comunes y ante la nación, e incluso haber estado casado con Clementine Churchill.

¿Cómo sabrá él, y otras personas, que sus afirmaciones son verdaderas o falsas? ¿Qué condiciones de identidad se usarán para establecer su verdadera identidad?

Su verdadera identidad solamente se podrá descubrir averiguando dónde ha estado su cuerpo durante el tiempo de vida de Churchill. Se descubrirá sólo después de que hayan sido respondidas las siguientes preguntas: ¿Es este cuerpo particular el mismo cuerpo que el cuerpo de Churchill? ¿Comparte este cuerpo particular con el cuerpo de Churchill la misma vida continua? ¿Estuvo este cuerpo particular en todos los mismos lugares y en todos los mismos momentos que el cuerpo de Churchill?

A menos que la respuesta a estas preguntas sea afirmativa en todos los casos, las afirmaciones de la memoria serán falsas, pues un recuerdo falso, como ya hemos afirmado, es esencialmente un recuerdo que le dice a alguien que su cuerpo estuvo en algún lugar determinado en algún momento determinado, cuando de hecho estuvo en cualquier otro sitio.

Supongamos que se ha demostrado por todos los indicios disponibles que su cuerpo y el cuerpo de Churchill no coinciden. ¿No estaría él todavía convencido de ser Churchill? ¿No seguiría pareciéndole que sus recuerdos son los de él? Sí, podría suceder esto. Pero seguirían siendo igualmente recuerdos falsos. Las propias convicciones de uno acerca de su identidad no son siempre correctas. Es posible sufrir de amnesia y hasta perder cualquier sentido de la identidad. Sin embargo, incluso entonces uno sigue siendo el mismo animal humano original que era antes de perder su memoria y, por tanto, siempre será posible para otras personas identificarle como un ser humano concreto.

La teoría de Locke en los tiempos modernos

La teoría de Locke sobre la identidad personal aún persiste y los filósofos modernos siguen insistiendo en que los seres humanos no son la misma cosa que las personas. En estos tiempos, esta teoría ha desarrollado desafortunados paralelos con las «teorías» del racismo, el sexismo y el senilismo[1].

Resulta interesante comprobar que los estudiantes de filosofía utilizan los términos «persona» y «ser humano» indistintamente hasta que los profesores de filosofía les enseñan a no hacerlo. ¿Significa esto que los profesores de filosofía conocen un montón de datos fisiológicos ocultos acerca de las personas y de los seres humanos que los estudiantes desconocen? Por supuesto que no. Los filósofos no son fisiólogos y, en cualquier caso, los datos *relevantes* son conocidos por todo el mundo. ¿Saben, entonces, los profesores de filosofía mejor que los estudiantes lo que significan las palabras «persona» y «ser humano»? No. Por lo que se refiere al lenguaje, el uso ordinario y el diccionario respaldan al estudiante, no al profesor.

Normalmente el profesor nunca da razones para su distinción, sino que simplemente la estipula. Así, el profesor Michael Tooley, en un documento en defensa del infanticidio, escribe: «*Trataré* el concepto de persona como un concepto puramente moral [...], despojado de todo contenido descriptivo [...], sinónimo de "tiene un verdadero derecho moral de vivir"» (la cursiva es nuestra).

---

1. Discriminación por la edad. *[N. de la T.]*

Ahora bien, la estipulación es libre, por lo que Tooley podría haber dicho también: «Trataré el concepto de persona como un concepto puramente entomológico, sinónimo de "escarabajo"...»

La principal consecuencia a largo plazo de la distinción de Locke entre seres humanos y personas (y de la cual, por supuesto, él no es el responsable) ha sido que los filósofos han dividido la raza humana en dos tipos de seres: los que tienen derecho a vivir y los que no lo tienen. Es esta distinción, redactada por Tooley y otros, la que constituye el paralelo antes mencionado con el racismo, el sexismo y el senilismo. Las «teorías» racistas, sexistas y discriminatorias por razón de la edad dividen, pues, la raza humana en dos tipos: los que tienen o merecen derechos morales y aquellos que (supuestamente) no los tienen.

Las personas humanas

¿Qué es, entonces, una persona? ¿Y qué hace a una persona ser la misma persona que era ayer? Nos gustaría sugerir la idea de que las personas de este planeta no son nada más ni nada menos que animales humanos (blancos o negros, masculinos o femeninos, niños o adultos, según el caso). De ello se deriva que las condiciones de identidad para una persona son simplemente las condiciones de identidad para un ser humano.

Esto no significa que el animal humano no sea un tipo muy especial de animal. Los seres humanos están dotados de conciencia y de pensamiento, y pueden recordar cosas. Peter Strawson escribe: «Las personas son individuos de un tipo determinado y único tal que a cada individuo de este tipo deben atribuírsele o serle atribuibles *ambas cosas*: estados de conciencia *y* características corporales». Esto parece que es más o menos correcto, aunque habría que añadir que una persona que esté durmiendo, o que esté inconsciente, sigue siendo una persona. Los estados de conciencia a los que se alude en la definición de Strawson no tienen que estar presentes continuamente: pueden ser potenciales lo mismo que actuales. El concepto de potencialidad proporciona una razón no estipulativa para sostener (*contra* Tooley y otros) que los seres humanos infantiles, igual que los adultos, son personas. También la sociedad reconoce la importancia de la potencialidad, por ejemplo incorporando a los niños como personas en el sistema legal.

No tenemos por qué sacar la conclusión precipitada de que los seres humanos son los únicos animales especiales del universo. En algún lugar allí afuera, en las vastas regiones del espacio, debe de haber especies de animales no humanos que, como nosotros, puedan pensar y recordar, y tengan complejos estados de conciencia. Si fuesen animales especiales de la misma manera en que lo son los seres humanos, entonces ellos también serían personas.

Por último, no tenemos que apresurarnos a sacar la conclusión de que no podría haber personas puramente espirituales, dioses y ángeles, etcétera. Puede ser una posibilidad lógica. Con todo, sabemos con seguridad que nosotros, los seres humanos, no somos puramente espirituales. Sabemos con seguridad que somos animales humanos, y que, en este planeta, una persona no es nada más que eso.

4. El problema del libre albedrío

El problema del libre albedrío tiene que ver con preguntas acerca de la causa y el efecto, y con cuestiones de filosofía de la religión y de filosofía moral.

En líneas generales, libertad de voluntad quiere decir libertad para hacer elecciones. La negación del libre albedrío es el determinismo, la teoría de que ningún individuo tiene control alguno sobre sus propias acciones.

Según los deterministas, todo lo que la gente hace es provocado por factores sobre los cuales no tiene ningún control. Las acciones humanas no resultan de elecciones libres, sino del proyecto genético original del individuo, del instinto, de las experiencias de la niñez o de los condicionamientos sociales. La férrea ley de la causalidad significa que de alguna manera el futuro está ya escrito y no puede ser alterado.

Es una experiencia común el hecho de que sintamos que podemos elegir. Por otro lado, vemos el dominio de la causa-efecto en la totalidad de la naturaleza y sabemos que nosotros, por nuestra parte, formamos parte de ella.

Debido a que la cuestión toca preguntas sobre la responsabilidad moral, mucha gente se ha visto forzada a pensar en ello en un momento u otro, y así, preguntan: «¿Pueden los criminales evitar hacer lo que hacen?» Esto significa que sólo puede haber una moralidad genuina si podemos actuar libremente. Si no somos libres, no podemos ser considerados responsables de nuestros actos y no deberíamos ser ni acusados ni elogiados por ellos.

Algunos filósofos han insistido en la existencia del libre albedrío, en parte porque piensan que negarlo tendría «efectos nocivos» sobre la moralidad.

Causa versus casualidad

Supongamos, por consideración al argumento, que las acciones humanas son una excepción a la regla de la causalidad. ¿No significaría esto que suceden por azar?, pues, seguramente, la ausencia de causalidad es exactamente lo mismo que la casualidad o el azar. Ahora bien, ¿es una persona, cuyas acciones son hechas al azar, más libre que otra cuyas acciones están determinadas? Parece que no.

Para defender la doctrina de que la voluntad humana es libre, no basta simplemente con negar el determinismo, pues la libertad de la voluntad no es lo mismo que una mera ausencia de causalidad, ni es lo mismo que la casualidad o el azar.

Hay un dilema aquí que tendrá que ser resuelto. Es el siguiente:

Si las acciones humanas son incausadas, si son producto de la casualidad, entonces el individuo no es libre. Una persona que actúa por azar no es libre, sino que está loca. En cualquier caso, las acciones que son escogidas no lo son por azar. Si yo *escojo* visitar Bognor, difícilmente puedo decir que fui allí por pura casualidad.

Por otra parte, si todas las acciones humanas son causadas, entonces nos encontramos nuevamente con que el individuo no es libre, pues entonces su elección también debe ser causada. La elección no puede escapar al dominio de la causalidad. Probablemente, la mayor parte de las elecciones de la gente están determinadas por el instinto o por condicionamientos sociales. Por lo tanto, de cualquiera de los dos modos, no existe la libertad de la voluntad.

Podemos sospechar que algo debe de haber funcionado mal con nuestro razonamiento cuando dos tesis contrarias u opuestas conducen ambas a la misma conclusión: en este caso, a que no hay libre albedrío.

¿Son compatibles el libre albedrío y el determinismo?

Hume intentó resolver el dilema sosteniendo que el libre albedrío y la causalidad no son opuestos en realidad. El libre albedrío, dice, es compatible con la causalidad, y más aún, es dependiente de la causalidad. Sólo podemos hacer elecciones libres en un mundo gobernado por la causalidad. Si el mundo no estuviese gobernado por la causalidad, no podríamos saber qué pasaría después de que hiciésemos nuestras elecciones y, por lo tanto, nuestras elecciones carecerían de sentido. Las propias elecciones son causas: en un mundo sin causalidad las elecciones no tendrían ningún efecto.

Tomemos como ejemplo el movimiento del hueso del brazo en su cavidad del hombro. Suponiendo que uno no sufre de reumatismo o algo similar, entonces el hueso de su brazo será capaz de «moverse libremente en la cavidad» (como decimos nosotros).

Ahora supongamos que alguien se queja de que «no se mueve libremente porque está limitado por la forma de la cavidad». ¿Sería esto un comentario razonable? No, pues sugiere que sólo si el brazo fuera separado de la cavidad del hombro podrían sus movimientos ser completamente libres. Pero ése no es el caso. Un brazo flotando por sí mismo en el espacio no tiene capacidad alguna de movimiento.

¿Deberíamos decidir que el libre albedrío es posible por la causalidad? Bien podemos estar de acuerdo en que la elección se hace posible por la causalidad. El problema es que, una vez que se ha introducido la causalidad en escena, tendremos que decir que las propias elecciones son causadas. Por lo tanto, terminamos con una elección, pero no con una elección libre.

Parte del problema se debe al hecho de que los términos «libre albedrío», «libertad» y «determinismo» pueden entenderse de maneras distintas.

Querer y escoger

Parece como si libre albedrío no pudiese significar azar. Quizás entonces libre albedrío sólo quiere decir que uno tiene la capacidad de conseguir lo que quiere:

comida, cigarrillos, venganza o lo que sea. Semejante libertad sería compatible con el determinismo. Si uno quiere pan, uno tiene la capacidad de salir y comprar pan, y por lo tanto eso es lo que hace. No importa que sea causado por hambre, en el primer caso, o por un ansia neurótica, una adicción o por algo malo de su condicionamiento social.

Una consecuencia de aceptar este modo de ver la cuestión es que tenemos que decir, si queremos ser coherentes, que el heroinómano puede muy bien estar actuando libremente cuando consume heroína.

En un esfuerzo por rebatir este tipo de objeción, algunos filósofos han formulado una teoría de los deseos de segundo orden. La libertad de la voluntad puede ser definida de tal modo que uno actúe libremente sólo cuando uno *desea tener los deseos* que de hecho tiene. Así, los heroinómanos no estarían necesariamente actuando libremente si desearan la heroína y, por tanto, la tomaran, porque presumiblemente ellos no *desean tener el deseo* de la heroína. No es lo mismo que la gente que desea algo inocuo, como el pan. Ellos no son libres.

Pero ¿tiene la gente común realmente el deseo de desear pan? Esto parece algo más bien artificial. El deseo de pan es bien conocido, pero el supuesto deseo de desear pan parece un producto de la imaginación.

En segundo lugar, no es demasiado fantástico imaginar a un drogadicto que *quiere querer* la droga a la que es adicto. Esto es, como mínimo, una posibilidad lógica. A pesar de un ejemplo semejante, nosotros, que no somos drogadictos, no podemos estar en condiciones de disentir de la descripción del deseo que hace el drogadicto.

Sin embargo, tal vez incluso los drogadictos que *quieren querer* tomar heroína no están actuando libremente. Después de todo, son drogadictos, lo que quiere decir que no podrían parar aunque quisieran. Si su deseo de querer cambiase, de modo que *quisieran no querer* heroína, seguirían estando atados al deseo.

El ejemplo demuestra que tiene que haber algo más para tener libre albedrío que la mera capacidad de satisfacer los propios deseos, incluso los propios deseos de segundo orden.

Determinismo positivo y negativo

El determinismo puede entenderse como algo negativo o positivo y como algo rígido o no rígido.

Incluso los más duros defensores del libre albedrío tienen que estar de acuerdo en que muchas de nuestras elecciones y acciones están determinadas, aunque sea de un modo débil o negativo. Por ejemplo, algunas elecciones teóricamente posibles están determinadas negativamente, es decir, excluidas por el hecho de que no somos peces sino seres humanos. No ser un pez nos impone, naturalmente, ciertas restricciones; por ejemplo, dado que no tenemos branquias, no podemos elegir vivir (sin aparatos especiales) bajo el agua. Pero la determinación negativa no se siente normalmente como una represión o como una reducción de la libertad. El hecho de que uno no pueda saltar hasta la luna no significa que no se tenga libertad de elección. No puede elegirse lo imposible, por lo tanto no se plantea la cuestión de si la elección es libre o no.

Los seres humanos están, pues, determinados positivamente, aunque a menudo de un modo muy general. Actuamos de una manera generalmente humana simplemente en virtud de que somos seres humanos. Pero hay muchas otras posibilidades de actuación dentro del marco humano.

Hume habla de la «uniformidad en las acciones de todos los hombres de todas las naciones y edades», y dice que «la naturaleza humana sigue siendo la misma en cuanto a todos sus principios y su funcionamiento». Para plantear la cuestión en un estilo más moderno: efectos similares son producidos por causas similares, y los seres humanos están determinados de modo general por un programa biológico común.

Tener un programa biológico humano general es totalmente compatible con ser libre para actuar de varios modos diferentes. La simple observación sugiere que el programa biológico común no impide que la gente tenga modos muy diferentes de desarrollar (o de desperdiciar) sus capacidades y tendencias humanas. Así se explica que haya diferentes clases de personas en el mundo: Stalin y Florence Nightingale, Iván el Terrible y San Francisco de Asís.

El determinismo rígido y el no rígido

Hablando en general, hay dos variedades de determinismo rígido: el religioso y el científico.

El calvinismo estricto enseña que la omnisciencia de Dios no es compatible con el libre albedrío humano. Dado que Dios lo sabe todo, debe conocer todas las ac-

ciones humanas que han tenido y tendrán lugar alguna vez. Los calvinistas infieren de esto que las acciones
humanas están todas fijadas de antemano y no pueden
ser alteradas o evitadas de ninguna forma por ningún
medio humano. Como Dios, por tanto, sabe de antemano qué acciones son buenas y cuáles malas, sabe de
antemano también qué personas están destinadas al
cielo y cuáles al infierno.

Sin embargo, otras versiones del cristianismo sostienen que es evidente, según la Sagrada Escritura y según
la experiencia, que Dios dio a la humanidad el libre albedrío; y lo que es más: los premios y castigos de Dios,
su cielo y su infierno, no tendrían sentido a menos que
nosotros los mortales fuéramos libres para elegir entre
el bien y el mal.

El determinismo científico se ilustra claramente con
la obra del matemático del siglo XVIII Pierre Simon Laplace (1749-1827). Generalmente se considera que
Laplace creía que en el mundo físico todo puede explicarse por la ciencia de la mecánica.

La enorme fe determinista en la ciencia ha persisti-
do hasta el siglo XX; las ciencias a las que se apela hoy
no son las matemáticas ni la mecánica. En la actualidad, algunos de los que tienen convicciones deterministas creen que nuestras acciones en la vida posterior
están determinadas por un proyecto genético dado en
el embrión. Otros sostienen que nuestras acciones y
nuestro carácter están determinados por los sucesos
de la niñez; no sólo nuestras neurosis están determinadas de este modo, sino incluso nuestra habilidad para
superar esas neurosis. Y hay pensadores que combinan
estas dos opiniones. Así, el psicólogo estadounidense

B. F. Skinner sostiene que toda acción humana es resultado, bien del proyecto genético o bien de experiencias reforzadas. Al igual que muchos deterministas, Skinner insiste en que la creencia en el libre albedrío no está basada en la razón, sino que es una superstición primitiva.

Los defensores modernos del libre albedrío rechazan el determinismo religioso de la predestinación calvinista, bien porque son agnósticos, o porque tienen otras creencias religiosas no calvinistas. Se conviene, por lo general, que aquí el peso de la prueba radica en el calvinista.

¿Dónde radica el peso de la prueba cuando se trata del determinismo científico? ¿No radicaría en los deterministas? No basta con seguir a Skinner y acusar a la parte contraria de superstición. Los deterministas rígidos tienen que presentar pruebas, tienen que mostrar si todas las acciones están rígidamente determinadas y cómo; una apelación general al valor de la ciencia no es suficiente. Por lo pronto, las características de la explicación científica han sufrido considerables cambios durante este siglo; el determinismo basado en la metodología de las antiguas ciencias físicas, tales como la astronomía, parece ahora menos plausible de lo que consideraba Laplace. No todos los científicos creen ahora que la ciencia descubrirá leyes estrictas y eternas que dicten cómo están todas las cosas necesariamente en el universo. Aquellos que intentan comprender a los seres humanos se centran en los conceptos explicativos de la biología más que en los conceptos de la física, la mecánica o la química. Y con frecuencia se dice que nos tendremos que contentar con las explicaciones poco exactas a las que se llegue mediante referencias a la totalidad de los complejos biológicos y los sistemas interactivos. No podemos esperar descubrir leyes mecánicas que expliquen de manera sencilla cada una de las acciones humanas individuales, porque lo más probable es que no haya tales leyes.

Parece como si la propia causalidad no fuese muy «rígida». No todo lo que es causado está rígidamente determinado; mucho de lo que es causado se vuelve probable, no seguro. Por tanto, no tenemos que aceptar la suposición de que «no determinado rígidamente» signifique lo mismo que «casual». Ni, a la inversa, tenemos que decir que si un suceso no es casual debe estar completamente determinado.

Explicaciones

Las teorías del libre albedrío y del determinismo se refieren a la explicación del comportamiento humano. Por lo tanto, para tratar de decidir cuál es correcta, es una buena idea preguntarse cuál tiene mayor capacidad explicativa. ¿Qué concepto cuadra mejor con los hechos de nuestra experiencia, el concepto de libre albedrío o el concepto de determinismo?

Si la gente no fuese libre, no sería responsable de sus actos. Pero si nadie fuese responsable, no habría lugar en el mundo para emociones como la gratitud o el resentimiento. Es absurdo sentir resentimiento hacia seres que no tienen capacidad de elección; las bacterias, por ejemplo. Más incluso: ni siquiera tendría ningún sentido el perdón. Si un ser humano que elige hacerme daño fue determinado a elegir por cosas que escapan a su control, si él (o ella) fue un mero instrumento en un universo rigurosamente determinista, ¿cómo podría yo perdonarle? Por la misma razón, podría perdonar a la fuerza de la gravedad por causarme que cayera escaleras abajo.

Nuestras reacciones humanas de resentimiento, gratitud, perdón, elogio, acusación…, sólo tienen sentido asumiendo que nosotros mismos y los demás seres humanos somos responsables de nuestros actos; o, si no de todos nuestros actos, sí al menos de muchos de ellos. (Esto puede ser parte de lo que quiere decir Kant cuando describe la idea de la libertad como una «idea de la razón»: véase capítulo 2.)

La suposición de que las propias acciones de uno están todas completamente determinadas es contraria a la intuición de los seres humanos. En la vida ordinaria poseemos un complejo sistema de explicación que contiene ideas como las de resentimiento, gratitud, perdón, elogio, acusación, amor, odio, etc., por no mencionar la de la propia elección. Estas ideas son demasiado importantes, a la hora de explicarnos a nosotros mismos y a los demás, como para que seamos capaces de abandonarlas en favor de un sistema de explicación totalmente determinista.

Pensemos en el siguiente ejemplo: la filósofa Mary Midgley describió (en un programa de televisión) los diarios del múltiple asesino Denis Nilsen. La niñez con carencias emocionales de Nilsen estaba muy en consonancia con el retrato robot que hizo el psicólogo de un tipo de pasado que produce un tipo determinado de criminal. Sin embargo, la interpretación que Mary

Midgley hizo de los diarios es que Nilsen no consideraba que no hubiera tenido libertad de elección. Él parece haber tenido una conciencia como la del resto de
nosotros; en sus diarios afirma que veía en sí mismo un
lado bueno y uno malo, y que «luchaba consigo mismo» cuando pensaba si cometer o no un asesinato. El
lado malo ganaba al final, pero parece que el otro lado
podría haber triunfado y debería haberlo hecho.

Mary Midgley admite que ciertos tipos de pasado
hacen más fácil que uno se rinda al lado malo, pero lo
esencial es que la evidencia indica que los que hacen el
mal no son meros autómatas y carecen de libre albedrío. Nilsen no se sentía como un autómata, no sentía
que no tuviese elección. Él creía que, después de oscilar
entre un camino y otro, había escogido libremente cometer un asesinato.

Algunos pueden pensar que Mary Midgley vio lo
que quiso ver en esos diarios. Sin embargo, su interpretación de las acciones humanas tiene el sello de la vera-
cidad psicológica. No así la interpretación de los deterministas estrictos. Todos hemos experimentado la
lucha de conciencia de la que ella habla. Todo individuo piensa de sí mismo que él/ella no está rigurosamente determinado. Sin embargo, por mucho que uno
pueda inclinarse a acusar a su propio destino de las cosas malas que le ocurren, sigue creyendo en silencio
que, al menos en algunas de ellas, son las propias decisiones de uno las que marcan la diferencia. Toda nuestra conversación habitual y la mayor parte de nuestro
comportamiento demuestran que no podemos evitar
creer que somos capaces de actuar libremente. Nilsen
también creía que era libre para elegir, a pesar de la

manera en que se viese afectado por la infancia que había experimentado.

La idea de que podemos hacer una elección incausada no es necesariamente incoherente. No es incoherente si interpretamos que quiere decir, no que nuestras elecciones sean casuales, sino más bien que no están completa y rigurosamente determinadas por factores que escapan a nuestro control. Nosotros mismos somos las causas de nuestras elecciones. Nuestras elecciones son causadas por nosotros.

El ejercicio del libre albedrío consiste en hacer verdaderas elecciones entre verdaderos caminos alternativos de actuación. Las alternativas tienen que ser auténticas; así, por ejemplo, no podemos elegir libremente respirar mediante branquias inexistentes. Una auténtica alternativa es la que, al menos, resulta mínimamente posible para los seres humanos. Y tenemos que recordar aquí que los seres humanos son asombrosamente inventivos.

¿Qué hace que una elección sea auténtica? Una verdadera elección proviene de, o es causada por, la persona que la hace. Aquí tenemos que recordar que los seres humanos no son inanimados sino dinámicos. Ésta es una condición de su capacidad de causar.

Por supuesto, una verdadera elección tiene que ser hecha en el marco de una causalidad más general: de otro modo no tendría ningún efecto.

Una verdadera elección es, pues, la que es aceptada por la persona como derivada de su propia elección y responsabilidad.

Nosotros creemos que ésta es una explicación satisfactoria del libre albedrío. Nuestro tipo de libre albedrío no presupone un universo hecho por azar, pero

tampoco permite la posibilidad de que todas las elecciones sean forzadas por circunstancias externas. Hemos expuesto un tercer modo de entender la libertad,
un modo que afirma que cuando los seres vivos com-
plejamente dinámicos (como los seres humanos) tienen verdaderas alternativas, actúan, al elegir, como
causas iniciales de los efectos que provocan. Es de este
hecho, del mero hecho del complejo dinamismo, del
mero hecho de las causas iniciales, de donde provienen
las ideas explicativas indispensables de responsabilidad, merecimiento de acusación, merecimiento de elogio, gratitud, resentimiento y perdón.

5. La existencia del mal

La existencia del mal es un problema sobre todo para las tradiciones teológicas monoteístas, en las que se sostiene que Dios es bueno y todopoderoso. Hay otras religiones que rinden culto a dioses que ni son especialmente poderosos, ni especialmente buenos. Y hay también religiones que sostienen que la naturaleza de los dioses es incognoscible; de ahí que sus adeptos digan que veneran a «dioses desconocidos».

El politeísmo –no así el cristianismo, el judaísmo y el islamismo– puede achacar la existencia del mal a las disputas entre dioses que no son ni omnipotentes ni buenos.

David Hume expresa el problema del mal como sigue:

Si el mal en el mundo proviene de la intención de Dios, entonces Él no es bueno. Si el mal en el mundo es contrario a Su intención, entonces Él no es omnipotente. Pero ni está de acuerdo con Su intención ni es contrario a ella. Por lo tanto, o bien Dios no es bueno, o bien no es omnipotente.

Hay una tercera conclusión posible, y es que Dios no exista. Hume nunca es explícito acerca de esta tercera alternativa, pero hay indicios en sus escritos que sugieren que posiblemente él hubiese visto el problema del mal como una prueba de que no hay un ser como Dios. Por el momento, sin embargo, nosotros ignoraremos esta tercera alternativa.

La realidad del mal

Una posible solución al problema es negar que el mal sea real. Pero este intento de respuesta no es muy convincente. Su debilidad se hace evidente tan pronto como definimos qué significa el mal.

Es frecuente hacer una distinción entre el mal perpetrado por los hombres y el mal sobre el que los seres humanos no tienen control. Los actos cometidos por seres humanos, normalmente contra otros seres humanos, que incluyen por ejemplo la crueldad y la tortura, pueden ser denominados moralmente malos. Cosas tales como el hambre, las enfermedades y los terremotos en lugares habitados se dice que son casos de mal natural.

¿Puede mantenerse que la crueldad, la tortura, el hambre o las enfermedades no existen realmente? El sufrimiento asociado a la crueldad humana y a los desastres naturales parece, ciertamente, muy real.

Algunos teólogos sostienen que el mal puede ser una noción puramente subjetiva. Tal vez términos como «malvado» y «malo» no sean más que adjetivos de desaprobación; tal vez la afirmación «la tortura es mala» no signifique más que «yo personalmente estoy en contra de torturar a la gente».

Pero hay una diferencia entre los gustos y las aversiones, por una parte, y el bien y el mal por la otra. Los gustos y las aversiones varían de una persona a otra; a algunas personas les gusta echar leche en el té, a otras no les gusta la leche y echan ron en su lugar. Cuando pensamos en el mal y la maldad entramos en un campo conceptual completamente distinto. Hablando en general, efectivamente no nos gusta lo que consideramos malo, pero no en el sentido trivial en que podemos tener aversión a las fresas. Además, a la gente no siempre le disgustan las cosas que cree que son malas: algunas personas se sienten atraídas por aquello que consideran malo. En cualquier caso, la aversión no es el motivo principal para sostener que una cosa u otra sea en principio mala. Entran en juego consideraciones mucho más fundamentales. La gente aplica el término «malo» a la enfermedad, al hambre, o al asesinato gratuito por una diversidad de serias razones. Se puede decir, por ejemplo, que tales cosas trastornan el equilibrio del mundo y que no son detalles que un diseñador benévolo hubiese incluido en la creación. No es simplemente que a uno no le guste la idea de limpiar la sangre después de que se ha cometido un asesinato.

¿Es el mal positivo o es negativo?

Algunos filósofos han creído que el mal no es una cosa positiva sino una privación del bien. Así, Maimónides escribe:

Morir es un mal para el hombre, pues consiste en no ser. Y, de modo similar, la enfermedad, la pobreza y la ignorancia son males que le afectan; sin embargo, todos ellos consisten en la no presencia de ciertas cualidades. –Y añade–: No se puede decir que Dios crease el mal. Esto es sencillamente inconcebible [...] pues Él creó sólo el Ser, y todo Ser es bueno. Los males son todos privaciones, a las que no se refiere el concepto de creación.

Podemos estar de acuerdo en que el mal de la ceguera, por ejemplo, es simplemente la privación de la vista. Sin embargo, no toda privación es necesariamente mala. Parecería trivial llamar a la calvicie un mal *en cuanto* privación del cabello. Por otra parte, los que sufren de malaria no están padeciendo simplemente una privación de salud u otro tipo de privación. La malaria consiste en un exceso de no privación, consiste en un exceso del microorganismo *Plasmodium* en la sangre.

Otra objeción a la teoría de la privación tiene que ver con el mal considerado como una fuerza causal. Puede afirmarse que la ausencia o privación de algo no puede causar ninguna cosa. Ahora bien, incluso si nos congratulamos de ser demasiado sofisticados para creer en los espíritus malignos, sí creemos que ciertas personas, como Hitler y Stalin, causaron males tremendos, y que estos males, a su vez, causaron más males. Dado que tanto estos hombres como el estado de cosas que ocasionaron fueron causas de males y de más males, respectivamente, parece que ni estos hombres, ni su maldad, ni los efectos de esa maldad pueden haber sido meras negaciones o privaciones de alguna cosa.

Sin embargo, no es absolutamente evidente de por sí que las ausencias no puedan causar nada. Si las ausencias y las privaciones pueden, en efecto, ser causas, entonces un defensor radical de la teoría de que el mal es una mera privación del bien puede seguir sosteniendo que los males del Tercer Reich y la maldad de los individuos que mandaban en aquel régimen no eran sino ausencias y privaciones. Esto es tal vez inverosímil en sí mismo, pero eso es otra cuestión.

En el fondo, sin embargo, la teoría de la privación no resuelve el problema del mal. La razón es que esta teoría sólo conduce a una nueva forma del problema. Si el mal fuera realmente una mera privación del bien, aún tendríamos que preguntarnos por qué razón suceden estas terribles privaciones del bien. ¿Por qué permite Dios terribles privaciones si es bueno y todopoderoso?

La bondad y el poder

¿Es la bondad de Dios de distinto tipo que la bondad humana? ¿Debería ser juzgada según modelos humanos? Supongamos que se acepta que la bondad humana y la de Dios son de diferente tipo. ¿Es esto una solución al problema del mal?

La solución propuesta suscita la pregunta de si un dios que no sea bueno en el sentido usual de la palabra merece ser venerado. De acuerdo con el concepto habitual de bondad, parece imposible que un dios bueno pudiese ordenar o permitir los espantosos dolores y males que existen en el mundo. Si una persona condujese a un grupo de niños a un recinto cerrado y los hiciera morir de hambre, nosotros llevaríamos a esa persona a un hospital psiquiátrico, la encerraríamos y tiraríamos la llave. Sin embargo, parece que un dios omnipotente permite que haya niños que mueran de hambre todos los días.

Hay, pues, un problema referente a si esta pretensión es compatible con el capítulo 1:26 del Génesis, donde se dice que Dios hizo al hombre a su imagen y semejanza. Los teólogos (y la mayoría de los laicos creyentes normales) sostienen que la igualdad entre Dios y el ser humano no consiste en una similitud corporal, sino más bien en una similitud espiritual, una similitud de conciencia.

¿Deberíamos, entonces, negar la interpretación generalmente aceptada del Génesis? Personalmente, David Hume parece pensar que la idea de que Dios podría ser algo parecido a los seres humanos es completamente descabellada:

Y ¿es posible [...] que [...] se pueda seguir perseverando en el antropomorfismo, y afirmar que los atributos morales de Dios, Su justicia, Su bondad, Su misericordia y Su rectitud sean de la misma naturaleza que los de las criaturas humanas? Su poder, lo reconocemos, es infinito; cualquier cosa que Él desea, es ejecutada; pero ni el hombre ni ningún otro animal es feliz; por lo tanto, Él no desea su felicidad.

Consideremos ahora lo que dice C. S. Lewis acerca del mal en su libro *El problema del dolor*. Lewis afirma que conciliar la aparente paradoja de un Dios omnipotente y bueno con la existencia del mal en el mundo es necesario para abandonar un tipo de idea cristiana del amor de Dios, una idea que, sostiene, es demasiado dependiente de la noción de amabilidad:

Buscabas un Dios amoroso: tienes uno, no una bondad senil que apáticamente desee que seas feliz a tu propio modo, no la fría filantropía de un magistrado concienzudo [...] sino el mismo fuego consumiéndose, el amor que hizo el mundo, persistente como el amor de los artistas por su obra [...], celoso, inexorable, exigente como un amor entre los sexos.

Ésta es una línea muy radical. El amor bien puede no estar propiamente equiparado a la mera amabilidad, pero el «fuego consumiéndose» de Lewis es incluso menos parecido al amor de lo que nosotros entendemos comúnmente.

¿Deberíamos, entonces, concluir que Dios es bueno pero no todopoderoso? El irónico Hume sugiere que el Dios que diseñó el universo fracasó en su trabajo y que debería haber intentado hacer algo más. El creador de nuestro universo, dice Hume, debe de haber sido un dios en su chochez. O quizás fue un «dios niño», todavía madurando su fuerza.

Leibniz y Voltaire

Leibniz (1646-1716) volvió el problema de dentro hacia afuera y de arriba abajo. Afirmaba que, dado que Dios debe ser bueno y todopoderoso, se sigue que cualquier mundo que Él haga debe ser el mejor que pueda hacerse. Por lo tanto, el universo en que vivimos debe ser «el mejor de todos los mundos posibles».

Voltaire (1694-1778) satirizó a Leibniz en el personaje del Doctor Pangloss de su novela *Cándido*. En esta obra, el héroe, Cándido, se embebe de la doctrina panglossiana, o más bien de la leibniziana, y sale entonces al ancho mundo a buscar fortuna. Experimenta una serie interminable de desastres, pero siempre trata de consolarse recitando las enseñanzas de Pangloss. Estas enseñanzas van pareciendo más y más ridículas conforme se amontona un desastre tras otro.

El bien y el mal, y el libre albedrío

Quizás el tipo de solución o intento de solución más satisfactorio es el que tiene que ver con el libre albedrío humano.

Según esta solución propuesta, el mal es una consecuencia de la existencia de dicho libre albedrío. Se afirma que un universo en el que hay seres que poseen libre albedrío es más rico y variado y, en un sentido importante, mejor que uno que contenga sólo amables autómatas. Si los seres humanos fuesen siempre buenos, esto sólo podría ser porque Dios les hubiese creado cien por cien obedientes a sus leyes, y en ese caso serían meras máquinas, haciendo el bien automáticamente.

La existencia del libre albedrío, pues, explica el mal moral, y el valor de la libertad justifica la decisión de Dios de crear seres humanos libres, es decir, criaturas capaces de elegir ambas cosas: el bien y el mal.

Sin embargo, aun cuando el libre albedrío ofrece, de este modo, una explicación y una justificación de la existencia del mal moral, no parece explicar la totalidad del mal. ¿No podríamos haber tenido menos mal y seguir teniendo libertad? La intuición sugiere que la cantidad de mal en el mundo excede enormemente de la necesaria para garantizar el libre albedrío.

En segundo lugar, la respuesta propuesta no explica los males naturales como las inundaciones, el hambre y las enfermedades. Si nosotros, los seres humanos, somos libres, entonces, por supuesto, debemos ser capaces de elegir el mal del mismo modo que el bien, pero en general los males del hambre, las enfermedades, la sequía, las inundaciones, los huracanes y los terremotos no resultan de elecciones humanas, ni siquiera indirectamente.

La conclusión de Hume es que la naturaleza de Dios es desconocida para nosotros y que tampoco la podemos conocer. No podemos conocer los atributos de Dios, ni las relaciones entre esos atributos.

El ateísmo y el mal

Para aquellos que son ateos no hay, por supuesto, ningún *problema* del mal. Da la casualidad de que el universo contiene males: así son las cosas, y no hay nada más que decir. Por otro lado, hay algunos conversos al ateísmo que dicen que la existencia del mal es justo lo que les convenció de que el ateísmo es correcto.

Pero el problema del mal, así llamado, no es una base completamente sólida para el ateísmo. El problema, en efecto, se toma algunas veces como prueba definitiva de la no existencia de Dios, pero de hecho no es una prueba definitiva de ninguna tesis en particular.

El problema original puede plantearse como sigue. Las tres proposiciones

El mal existe,
Dios es benévolo,
Dios es todopoderoso,

son recíprocamente contradictorias: dos cualesquiera de ellas pueden ser verdad, pero no las tres.

Hay muchas posibles respuestas. Si la experiencia nos conduce a rechazar la primera respuesta, aún nos quedan alternativas, de manera que (la segunda respuesta) no se nos obliga a aceptar el ateísmo; sin embargo, las otras alternativas puede que no nos parezcan mejores.

Las principales posibles respuestas son:

1. El mal no existe,
2. Dios no existe,
3. El mal existe y Dios existe: él es bueno pero no todopoderoso,
4. El mal existe y Dios existe: él es todopoderoso pero no bueno,
5. El mal existe y Dios existe: él no es ni bueno ni todopoderoso,
6. Dios existe, pero su naturaleza no puede ser conocida o comprendida por nosotros,
7. No hay ningún problema: la conocida benevolencia de Dios, su conocido poder y la conocida existencia del mal son recíprocamente compatibles, pero su compatibilidad es un misterio que escapa a la comprensión humana.

6. El problema del conocimiento

¿Qué queremos decir cuando afirmamos que sabemos algo? ¿Cómo se relaciona el conocimiento con la verdad y la falsedad, con la creencia y la prueba?

El conocimiento, la verdad y la falsedad

¿Se puede conocer algo que no sea verdadero? Por ejemplo, hace mucho tiempo se pensaba que había sólo siete planetas. Luego se pensó que había ocho. En realidad hay nueve planetas (que sepamos). ¿Sabía la gente del pasado, que pensaba que había sólo siete planetas, el número de planetas existentes? Más bien parece que sólo pensaban que lo sabían.

La gente del pasado creía que hay siete planetas, pero no lo sabía, porque eso no es cierto. Las creencias pueden ser verdaderas o falsas, pero el conocimiento no puede ser falso. Las creencias falsas no se cuentan como conocimiento.

Una opinión antigua era que el conocimiento no puede ser falso porque conocer es una facultad infalible en un estado mental infalible. La opinión moderna es que el conocimiento no puede ser falso porque la definición de la palabra «conocimiento» hace de la idea del falso conocimiento una contradicción en sí misma. Las dos opiniones no son, en realidad, incompatibles, pues podrían suceder ambas cosas: que el conocimiento sea verdadero por definición y que sea un estado infalible de la mente. Nosotros admitiremos que el conocimiento es verdadero por definición. No hablaremos de la infalibilidad.

El conocimiento, la verdad y las razones

El conocimiento humano debe de tener alguna conexión con las capacidades de la mente; debe de ser un estado o una disposición mental de algún tipo. Se parece un poco a la creencia, aunque ésta, como hemos visto, puede ser verdadera o falsa, mientras que el conocimiento debe ser verdadero.

Según una vieja teoría, que se remonta hasta Platón, el conocimiento es lo mismo que la creencia verdadera. Pero el propio Platón consideró, sin embargo, que esta teoría no era suficientemente buena, pues es posible llegar a creer una verdad por casualidad. El ejemplo que pone Platón, en su diálogo *Menón*, es como sigue:

Supongamos que usted quiere viajar a Larissa; en un momento concreto se encuentra a un hombre en una bifurcación y le pregunta qué dirección tomar para llegar allí, la de la izquierda o la de la derecha. Este individuo no tiene ni idea de qué carretera va a Larissa, pero, igual que el irlandés proverbial, quiere serle de ayuda, de modo que hace una suposición y le dice en tono confidencial: «Es la carretera de la derecha». Usted va hacia allá y pronto llega, efectivamente, a Larissa porque el hombre supuso lo correcto. En consecuencia:

1. Era verdad que la bifurcación de la derecha iba a Larissa, y
2. Usted así lo creyó.

Por tanto, usted tuvo una creencia verdadera.

Platón piensa que a esta creencia verdadera se la puede considerar un caso de conocimiento. Realmente usted no sabía cómo llegar a Larissa, pero llegó allí por una feliz casualidad. Por tanto, Platón añadió un tercer elemento a su descripción del conocimiento. El conocimiento, nos dice, es una creencia verdadera acompañada de razón. Si una persona X sabe algo (llamémoslo *p*), entonces:

1. *p* debe ser verdad, y
2. X debe creer *p*, y
3. X debe tener una buena razón para creer *p*.

En el caso de la carretera de Larissa había una razón, pero era una razón muy pobre: usted creyó en la palabra de un extraño, amable pero ingenuo, que no conocía el camino.

Este análisis tripartito del conocimiento es tal vez el mejor disponible, pero ha sido muy criticado porque conduce a incómodas dificultades.

«Saber qué» y «saber cómo»

Examinemos a continuación algunas preguntas acerca de la creencia.

¿Se tiene realmente que creer algo para poder saberlo? ¿Se cree todo lo que se sabe? La respuesta debe ser no, a menos que se acepte una visión arbitrariamente limitada del conocimiento.

El conocimiento real incluye destrezas prácticas. Son ejemplos de destreza práctica el saber cómo usar una máquina de coser, cómo montar en bicicleta, cómo arreglar una ventana rota o cómo falsificar un cheque.

El conocimiento práctico es el «saber cómo». Algunos conocimientos prácticos son instintivos: un bebé sabe cómo llorar, por ejemplo, y un pez sabe cómo nadar. «Saber cómo» es, en gran medida, lo mismo que poder hacer.

«Saber cómo» es distinto de «saber qué». «Saber cómo» es poseer una habilidad, «saber qué» es poseer una información. Poseer información, si uno es humano, significa normalmente que se cree esa información. Pero tener una destreza no significa que uno crea en la destreza, porque no tiene sentido creer en ella. Uno puede creer que tiene una destreza, o que no la tiene, pero no puede *creerla*.

Si se admite que las destrezas prácticas son un tipo de conocimiento, se sigue que no todo conocimiento implica una creencia.

Tres tipos de conocimiento inconsciente

Algunos «saber qué» parece que son inconscientes, no conscientes o subconscientes. No está claro que el conocimiento inconsciente o subconsciente tenga que implicar una creencia.

No necesitamos penetrar en los laberintos de la teoría del subconsciente de Freud, porque hay ejemplos más simples de conocimiento no consciente.

1. Gran parte del conocimiento común rutinario se encuentra «detrás de la mente» la mayor parte del tiempo. A menudo no hay ninguna razón especial para pensar en algunas de las cosas que sabemos año tras año. Pero no habrá dificultad alguna para recordarlas tan pronto como seamos incitados a ello. Este tipo común de conocimiento inconsciente parece estar desconectado de toda creencia sostenida conscientemente porque, mientras el conocimiento yace adormilado, también lo hacen las creencias correspondientes. ¿Importa esto? Si podemos aceptar la idea del conocimiento inconsciente, podemos seguramente también aceptar la idea de la creencia inconsciente. Por tanto, el mero hecho de que algunos conocimientos parecen ser inconscientes no necesariamente resuelve la cuestión de si el conocimiento, es decir, el «saber qué», implica una creencia o no.

2. Ahora pensemos en una pérdida temporal de la memoria, de manera que algo no sea fácilmente recordado cuando se incite a ello. En este caso, no hay ningún conocimiento consciente ni tampoco ninguna creen-

cia consciente. Sin embargo, es bastante frecuente que cuando se ha olvidado algo –el nombre de un conocido, por ejemplo–, se tenga la sensación de que «realmente» se sabe lo olvidado. Una de las expresiones que se usan para describir este estado de cosas es «lo tengo en la punta de la lengua». Uno puede sentirse absolutamente convencido de que la pérdida de memoria no es permanente.

Pero ¿qué ocurriría si el olvido se convirtiese, después de todo, en permanente? ¿Qué ocurriría si uno nunca lograra recordar el nombre olvidado?

Un olvido permanente no es ni más ni menos que una pérdida de conocimiento. Un hecho que se ha olvidado permanentemente es un hecho que ya no se sabe. Aunque, efectivamente, hay una especie de sensación que puede presentarse cuando se ha olvidado algo temporalmente (es decir, el tiempo que transcurre hasta que ese algo emerge del recuerdo), no hay ninguna garantía de que este sentimiento no pueda ser un error. Al igual que la sensación de que se tiene algo «en la punta de la lengua» no garantiza totalmente que uno recordará alguna vez esa información, tampoco se puede estar seguro de que el olvido no sea permanente. Por tanto, se deduce que uno no puede estar seguro de que «realmente» sabe el nombre olvidado.

Este tipo de conocimiento inconsciente, por tanto, supone que uno no puede estar seguro de que lo tiene; sólo los acontecimientos futuros podrán resolver la cuestión. Pero quizás sea así como debe ser el conocimiento inconsciente. Y, de todos modos, esto no prueba que la creencia (inconsciente) forme parte, o no, del conocimiento inconsciente.

3. Pongamos un tipo diferente de ejemplo. Todo el mundo sabe cosas en las que nunca ha pensado. Si uno no ha pensado ni siquiera en una posibilidad, seguramente no puede tener ninguna creencia acerca de ella. El caso de no haber pensado nunca en algo es diferente del caso de haber pensado en algo y después haberlo olvidado.

La gente sabe muchas tonterías en las que nunca en absoluto ha pensado. Por ejemplo, usted sabe que no desciende de un matrimonio entre un roble y una tortuga. Ayer, antes de leer esta ridícula idea en esta página, ¿sostenía usted, consciente o inconscientemente, la creencia «no desciendo del matrimonio entre un roble y una tortuga»? Seguramente no. Usted la sabía, de un modo subterráneo, pero no había ninguna creencia consciente de ello. ¿Había alguna creencia inconsciente sobre el tema? Esto también parece increíble. ¿De dónde procedía esta creencia inconsciente? ¿Fue alguna vez una creencia consciente? ¿Cómo puede usted tener una creencia acerca de una idea que nunca ha pasado por su mente?

Este tipo de conocimiento inconsciente concierne a hechos, a menudo de carácter negativo, que se deducen lógicamente de otros hechos sabidos conscientemente. En el ejemplo de arriba, el hecho de que usted no descienda de un matrimonio entre una tortuga y un roble se deduce del hecho de que los seres humanos se generan sólo de material genético humano. Usted sabe y cree conscientemente este hecho relativo a la generación de los seres humanos. Se puede decir, por tanto, que usted conoce, inconscientemente, los hechos negativos que se deducen de ello. Pero como nunca ha tenido siquiera en cuenta la idea de descender de una tortuga, usted ni cree ni deja de creer, consciente o inconscientemente, la proposición de que no desciende de ella. Es decir, usted no tiene ninguna creencia sobre esto hasta que le es presentada la idea. Entonces el conocimiento inconsciente enseguida se vuelve consciente y usted adquiere simultáneamente la creencia pertinente.

Podemos concluir que no todo conocimiento implica una creencia, en primer lugar porque algunos conocimientos consisten en «saber cómo», y en segundo lugar porque hay un tipo de «saber qué» inconsciente que no presupone pensar en él previamente, y que por lo tanto, no presupone creencias conscientes ni inconscientes.

Sin embargo, el análisis tripartito original del conocimiento no ha sido completamente invalidado. Aunque no incluye el «saber cómo» y no cuadra con ciertos ejemplos rebuscados de conocimiento inconsciente, concuerda bastante bien con el común «saber qué» consciente. Pero esta definición tripartita tiene otra dificultad aun mayor.

El retroceso en las razones

La dificultad más importante que plantea la definición tripartita del conocimiento tiene que ver con la prueba y con las razones.

¿Qué es una buena razón? ¿Qué es una buena prueba? Por ejemplo, ¿qué prueba sería buena para saber que la carretera de la derecha es la que va a Larissa?

Bueno, tal vez usted tenga un mapa y el mapa demuestre que la carretera de la derecha va a Larissa. ¿Es suficiente con esto? Evidentemente no, pues los mapas pueden ser inexactos o haberse quedado anticuados y no mostrar las nuevas carreteras. Sea como fuere, supongamos que cambiamos el ejemplo y decimos que usted realmente ha estado antes en Larissa y puede recordar haber tomado la carretera de la derecha. ¿Es suficiente con esto? En realidad no. Puede que la carretera esté ahora cortada o que se haya construido una nueva carretera. O posiblemente usted no conozca la diferencia entre izquierda y derecha.

¿Qué demuestra esto? Demuestra que usted necesita saber que el mapa está al día y es exacto, que no ha habido obras de construcción de otra carretera, y necesita conocer la diferencia entre izquierda y derecha. En otras palabras, para saber cuál es la carretera que va a Larissa tiene primero que saber otras cosas. Pero entonces, para que usted sepa esas otras cosas –y siguiendo el mismo razonamiento–, tendrá que saber aún otras cosas, y así sucesivamente, *ad infinitum*. Así:

1. X sabe que la carretera de la derecha va a Larissa =
    i.   Es cierto que la carretera de la derecha va a Larissa, más
    ii. X cree que la carretera de la derecha va a Larissa, más
    iii. X tiene una buena razón para esta creencia.
    Ahora bien, el *iii* de arriba, o sea, que X tiene una buena razón para creer que la carretera de la derecha va a Larissa, quiere decir:

2. X *sabe* que el mapa es exacto y *conoce* la diferencia entre izquierda y derecha (etc.).

    Como esto se refiere a un saber, tiene que ser analizado como:

    iv. Es cierto que el mapa es exacto (etc.), más
    v. X cree que el mapa es exacto (etc.), más
    vi. X tiene una buena razón para creer que el mapa es exacto (etc.).

    Pero el *vi* de arriba, o sea, que X tiene una buena razón para creer que el mapa es exacto (etc.), quiere decir:

3. X *sabe* que el mapa está al día y *sabe* que no ha habido obras de construcción de otra carretera. Como esto también se refiere a un *saber*, debe ser analizado como:

    vii. Es cierto que el mapa está al día (etc.), más
    viii. X cree que el mapa está al día (etc.), más
    ix. X tiene una buena razón para creer que el mapa está al día.

    Y *ix*, o sea, que X tiene una buena razón para creer que el mapa está al día (etc.), quiere decir:

4. X *sabe* que en el mapa pone «1999», lo cual debe ser analizado como:

    x. Es cierto que en el mapa pone «1999», y
    xi. X cree...
    xii. X tiene una buena razón...

    Y así sucesivamente, infinitas veces.

En resumen, si el análisis tripartito del conocimiento es correcto, entonces, para poder saber una pequeña cosa, uno tendría que saber un número infinito de cosas. Pero como la mente humana es finita, esto es algo imposible. En consecuencia, el conocimiento es imposible para los seres humanos.

Esta incómoda conclusión va contra el sentido común. Aun cuando la respuesta al enigma del universo sigue siendo desconocida, nosotros, los seres humanos, sí sabemos otras cosas más simples. Sabemos lo que hemos tomado para desayunar, por ejemplo, y muchos de nosotros sabemos cuántos metros hay en un kilómetro, cuál es la capital de Francia y cosas así.

Los escépticos sostienen que el conocimiento es imposible. Pero los no escépticos buscan respuestas posibles; y de ésas hay varias.

«El conocimiento es práctico, no teórico»

El pragmático o persona práctica afirma que, aunque hay un retroceso infinito de razones teóricamente, en la práctica éste se detiene bastante pronto. Deberíamos coger el toro por los cuernos y admitir que el conocimiento humano es finito. Pues bien, ¿en qué consiste este conocimiento humano finito? El pragmático responde: el conocimiento humano es el que funciona en la práctica. Si nuestros métodos de obtener información funcionan en la práctica, entonces con eso es suficiente. La verdad es que en la práctica es realmente fácil llegar a Larissa: simplemente con que uno use mapas puestos al día o se fíe del testimonio sensato de gente responsable.

«El retroceso es inofensivo:
el razonamiento humano es interminable»

Otra posible solución comienza por preguntar retóri-
camente: ¿qué hay tan malo en un retroceso infinito?
Quizás hay, efectivamente, un retroceso infinito impli-
cado en el análisis del conocimiento, pero ¿cuál es el
problema? Ninguna mente humana es infinita, por supuesto, pero el poder mental total de la raza humana
es interminable. La raza humana no para de inventar
más y más cosas. El conocimiento no es un estado estático del individuo, es una especie de proceso de descubrimiento en el que está comprometida la totalidad
de las especies, y ese proceso bien podría seguir para
siempre: sólo depende de cuánto tiempo dure la raza
humana.

El inconveniente de esta respuesta es que, al tiempo
que reconoce que la totalidad de la raza humana, pasa-
da, presente y futura, tiene un verdadero conocimiento, no reconoce que los individuos pueden verdaderamente saber cosas. Pero el sentido común nos dice que
los individuos en realidad sí saben muchas cosas.

«El retroceso no es infinito, sino que es un círculo»

Según esta solución propuesta, el retroceso en las razones no es infinito, sino que va dando vueltas alrededor
de un gran círculo y regresa a su punto de partida. Saber *a* significa saber primero *b,* lo cual significa saber
primero *c* (y así sucesivamente). Pero el proceso no es
infinito, porque cuando llegamos a saber *z* (por ejem-

plo) encontramos que saber *z* significa saber *a*... y así comenzamos todo de nuevo.

El problema de esto es que un círculo vicioso es igual de malo que un retroceso infinito. Pues si saber *a* significa que se tiene que saber *b, c, d ... z*, y si saber *z* significa que se tiene que saber *a*, ¿por qué empezar el proceso? Se termina diciendo que para poder saber *a* se debe saber *a*, lo cual es una afirmación bastante poco convincente, por no decir otra cosa peor.

«El retroceso no es infinito, sino finito»

Según esta solución, si seguimos el retroceso en las razones, siempre terminará con una razón que no necesita ninguna razón. Tal razón no sería ni un axioma evidente por sí mismo, ni alguna información «irresistible» presentada a la mente por los sentidos, por ejemplo, la percepción del pan.

La idea de que el conocimiento tiene su fundamento en verdades que son absoluta o relativamente seguras se llama fundacionalismo epistemológico. Tal vez el fundacionalista más famoso sea Descartes, que dice que el conocimiento humano se fundamenta en la proposición «pienso, luego existo». Otros fundacionalistas afirman que el conocimiento empieza con los axiomas evidentes por sí mismos de las matemáticas o la lógica, por ejemplo, «1 + 1 = 2», o «una cosa es ella misma y no otra cosa». Otros, por su parte, dicen que el conocimiento comienza con la experiencia sensible primitiva.

Un inconveniente del fundacionalismo es que nadie ha demostrado nunca que cada uno de los conocimientos humanos se base en verdades evidentes por sí mismas, ni tampoco nadie ha demostrado nunca que el conocimiento humano siempre se base en la experiencia sensible. Por tanto, estas soluciones propuestas son sólo hipótesis. Con todo, parecen hipótesis útiles que pueden tal vez combinar bien con la respuesta pragmatista al problema del retroceso infinito.

La respuesta de Ramsey

Frank Ramsey (1903-1930) sugiere que tener buenas razones para una creencia significa que se ha obtenido esa creencia por «un proceso seguro».

Él pregunta: ¿es la memoria un proceso seguro? ¿Es la telepatía un proceso seguro? ¿Es la intuición un proceso seguro? Y decide que todos estos procesos *podrían* ser seguros, siempre que en cada caso haya una sucesión de causas y efectos enlazando la información que es recordada (o telepatizada, o intuida, o lo que sea) con la memoria (o la intuición, o la comunicación telepática, o lo que sea).

Una sucesión de causas y efectos del tipo adecuado, que conecte las experiencias de uno con sus creencias, asegura que esas creencias sean verdaderas y, por tanto, sean casos de auténtico conocimiento.

El inconveniente de la teoría de Ramsey parece ser que el conocimiento sigue siendo imposible, porque el retroceso infinito permanece con nosotros aunque de otra forma, y muestra su fea cabeza tan pronto como intentamos decidir qué procesos son seguros. Parece como si esta pregunta sólo pudiese ser contestada si tenemos un proceso seguro para llegar a la respuesta. Y esto parece conducir a un retroceso infinito de procesos seguros. Pues para tener un conocimiento real, uno necesitaría *saber* que el proceso seguro era realmente un proceso seguro; uno necesitaría un proceso seguro para comprobar los procesos seguros. El propio Ramsey, en su cortísimo artículo, no dice si piensa que su idea resolverá el problema del retroceso infinito.

Las definiciones del conocimiento mostradas por los filósofos remiten a una especie de ideal, a un estado mental o un estado de cosas estático e invariable. Pero quizás el conocimiento real sea más ambiguo. En la vida real no sólo se dice que se saben las cosas que han sido definitivamente probadas más allá de toda sombra de duda. A menudo, en la ciencia se dice que se *saben* las teorías actuales; sin embargo, al mismo tiempo se acepta como un principio fundamental que las viejas teorías ceden el paso continuamente a las nuevas. La expresión «nuestro actual estado de conocimiento» sugiere que el propio conocimiento puede ser, como lo fue, de carácter temporal. Si «el estado actual de conocimiento» resulta ser de vida más bien corta, siempre se dispone de la escapatoria de decir «después de todo, no lo sabíamos».

El conocimiento está relacionado, por tanto, con lo que funciona en la práctica. Esto, la concepción pragmatista del conocimiento, se hace presente en muchas áreas de la vida. Ahora bien, la diferencia entre lo que funciona en la práctica y lo que no, no es una diferencia cualitativa, sino una diferencia de grado. Hay algunas ideas que funcionan mejor que otras, y es entonces cuando ceden el paso a ideas nuevas que funcionan mejor todavía. A menudo decimos que «sabemos» cuando tenemos una buena razón para pensar que estamos operando con las mejores ideas disponibles. La gente sensible nunca reivindica la infalibilidad; simplemente afirma que sabe hasta donde sabe.

7. Viejo y nuevo escepticismo

Variedades de escepticismo

Hay varias clases de escepticismo. Los escépticos pueden ser: personas que prefieren suspender el juicio sobre algo hasta el último momento posible antes de tomar una decisión; personas que desconfían de los puntos de vista convencionales sobre la religión, la política o la moralidad; o bien, personas que están en contra de cualquier clase de autoridad.

El escepticismo filosófico, sin embargo, va más allá de la desconfianza o el cinismo comunes y puede manifestarse de dos maneras: bien arrojando una sombra de duda sobre una serie de creencias o teorías asumidas como ciertas por la mayor parte de la gente, o bien negando de plano afirmaciones que suelen aceptarse como ciertas. El obispo Berkeley (1685-1753), que negaba categóricamente la existencia de los objetos materiales, pertenecía a la segunda clase de escépticos, a pesar de que el propio Berkeley negaba categóricamente serlo, ya que en su opinión los escépticos tenían dudas, mientras que él afirmaba no tener ninguna sobre la realidad o, más bien, sobre la irrealidad de la materia. En cualquier caso, la definición que ofrece Berkeley del escepticismo es demasiado limitada.

El escepticismo filosófico puede afectar a varios o a todos los aspectos de un interrogante. Además puede tener diversas motivaciones. El principio que subyace al *escepticismo metodológico* es que no se puede alcanzar el conocimiento más que si consideramos temporalmente como falsa cualquier proposición de la que se pueda dudar en alguna medida. Por este medio se alcanzará finalmente el conocimiento en forma de proposiciones de las que nos resulte imposible dudar. Este método suele atribuirse a Descartes, quien afirmaba haber descubierto un principio absolutamente indubitable: «pienso, luego existo». El escepticismo metodológico es de carácter aparente y meramente temporal, por lo que no nos ocuparemos de él.

El *escepticismo limitado* implica dudar de cualquier tema, o bien rechazar la posibilidad de llegar a alcanzar la verdad o el conocimiento en un determinado campo del saber. Por ejemplo, podemos ser escépticos frente a la moralidad (tema que comentaremos en el capítulo 8) o a la inducción científica (cuestión que abordaremos en el capítulo 19), o bien podemos dudar –como los filósofos de los siglos XVIII y XIX– de que los cinco sentidos sean tan fiables como para proporcionarnos conocimientos sobre el mundo material. Las formas limitadas de escepticismo tienen tendencia a ampliarse. Así, las dudas sobre la existencia del mundo material pueden llevarnos a cuestionarnos la realidad del tiempo, el espacio y la causalidad, mientras que las que hay sobre la existencia de otras formas de pensar llevan a plantearse la identidad personal como tal.

El *escepticismo global* no admite la posibilidad de alcanzar una verdad y un conocimiento objetivos en cualquier campo. Tiene que ver con que el concepto del conocimiento como tal no existe, y por tanto tampoco existen ni la verdad ni la razón. Según este punto de vista, «verdad», «conocimiento» y «razón» son palabras sin sentido, meros sonidos vacíos.

Breve historia del escepticismo filosófico

El escepticismo cuenta con una larga historia. Podemos afirmar que comenzó con los filósofos griegos Pirrón y Protágoras.

Pirrón (siglos IV-III a. C.), sacerdote de Elis, defendía que una persona debería buscar la tranquilidad siguiendo las costumbres, en lugar de intentar acatar las creencias positivas. Su método filosófico consistía en confrontar cualquier creencia con una afirmación contraria plausible y, de hecho, él mismo se negaba a sostener cualquier creencia positiva. Al contrario que los escépticos modernos, Pirrón parece haberse esforzado sobremanera por vivir de acuerdo con los principios escépticos, a consecuencia de lo cual tuvo que ser protegido numerosas veces por sus amigos, ya que este filósofo sostenía que no se puede realmente *saber* a ciencia cierta si algo es peligroso o no. Con dicho comportamiento, Pirrón ilustra la idea, mencionada por Hume, de que una creencia fundamentada en los principios del escepticismo no implica que vivir de acuerdo con dichos principios sea necesariamente seguro.

Protágoras (490-420 a.C) fue famoso en su tiempo por su agnosticismo escéptico ante la existencia de los dioses. Hoy en día, su doctrina más conocida es la que afirma que «el hombre es la medida de todas las cosas». Con este dictamen quería decir que todas las percepciones y todas las creencias son ciertas *(pero únicamente para aquellos que tienen dichas percepciones o sostienen dichas creencias)*. Se entiende, por tanto, que Protágoras negaba de plano la existencia de una verdad objetiva, ya que toda verdad es subjetiva y personal.

Platón rechazó la teoría de Protágoras arguyendo que era contradictoria, ya que si todas las creencias subjetivas son igualmente ciertas, entonces la idea de que «algunas creencias subjetivas no son ciertas» es tan válida como cualquier otra afirmación. El ataque de Platón contra el escepticismo ha conservado su fuerza original y es a menudo citado o adaptado en la filosofía moderna.

Durante los siglos XVI y XVII, el escepticismo se manifestó como un cuestionamiento de las creencias religiosas comunes. Tanto Thomas Hobbes (1588-1679) como Baruch Spinoza (1632-1677) pusieron en duda la visión ortodoxa del momento sobre el Antiguo Testamento, según la cual el Pentateuco –el conjunto de sus cinco primeros libros– era obra de Moisés. Dichos filósofos llamaron la atención sobre el hecho de que el Pentateuco narra la propia muerte de Moisés, y se preguntaron cómo era posible que éste narrara su propia defunción.

En los siglos XVII y XVIII el pensamiento escéptico comenzó a incluir dudas sobre la realidad de la materia (o la sustancia), así como sobre la fiabilidad de los cinco sentidos como resultado en parte del trabajo de tres famosos filósofos británicos: el inglés John Locke, el irlandés George Berkeley y el escocés David Hume.

Locke estableció una distinción entre las cualidades primarias y secundarias de las cosas materiales. Para él, las cualidades primarias son la forma, el tamaño, la solidez, el número, el movimiento y el reposo. Dichas cualidades pertenecen a los objetos y definen más o menos cómo los percibimos a través de los sentidos. Las cualidades secundarias incluyen los colores, los sonidos, los olores y los sabores; no pertenecen realmente a los objetos sino que son, digamos, creadas por la reacción de los ojos, los oídos y las papilas gustativas a la luz y al movimiento de las «partículas diminutas» que se encuentran en la superficie de los objetos y en el aire. Las cualidades secundarias, por tanto, no son más que los efectos de las cualidades primarias, ya que el movimiento es una cualidad primaria. Los sonidos, por ejemplo, son simplemente vibraciones del aire que afectan a los oídos, mientras que los colores son rayos de luz que inciden en los ojos, y así sucesivamente.

Locke no era estrictamente un escéptico, pero sus razonamientos sobre la existencia de una sustancia subyacente a las cualidades primarias y secundarias de las cosas materiales, y su conclusión de que la sustancia es «no sé bien qué» hacen pensar que sí lo era.

El obispo Berkeley alegaba que las cualidades primarias no son necesariamente más reales que las secundarias, y llegó a la conclusión de que las únicas realidades son las ideas de la mente y las mentes en sí mismas, lo cual le llevaba a negar la existencia de la propia materia. Lo que vemos, escuchamos y tocamos son ideas de la mente. Pero no hay por qué albergar dudas escépticas sobre la realidad de nuestras ideas, ya que dicha realidad está garantizada por Dios.

Probablemente Locke creía en la sustancia a pesar de que reconociese «no saber bien qué es», mientras que la negación de la materia por parte de Berkeley, con el argumento de que si ésta existiera sería inerte e inútil, asombró a la multitud, tal y como se puede apreciar en una ventana conmemorativa a él dedicada en la capilla del Trinity College, en Dublín.

El trabajo de David Hume sobre este tema apareció por primera vez en su *Tratado de la naturaleza humana* y especialmente en estos dos capítulos: «Sobre el escepticismo en relación con la razón» y «Sobre el escepticismo en relación con los sentidos». Como se puede colegir del título de ambos, el escepticismo de Hume abarca un espectro más amplio que el de Berkeley. No obstante, Hume es autor a su vez de un argumento práctico bastante convincente contra el escepticismo que más adelante comentaremos.

Locke, Berkeley y Hume han sido etiquetados en conjunto como «los empíricos británicos», debido a que sus argumentos, escépticos o no, están basados en consideraciones empíricas. Locke, en concreto, basó sus razonamientos en la ciencia de su tiempo.

La refutación del escepticismo

En esta sección comentaremos algunos argumentos que se han utilizado para refutar el escepticismo, en especial, en sus aspectos más generales. El más amplio es el llamado escepticismo global, adoptado hoy en día por muchos profesores de literatura inglesa y lenguas modernas. De hecho, hay algunos escépticos globales que están de moda y que se consideran a sí mismos profesores de filosofía.

Hay que tener en cuenta que el escepticismo ha adoptado diversos nombres en tiempos recientes, tales como *postmodernismo, relativismo total, constructivismo* y *neopragmatismo.*

Las doctrinas relativistas contemporáneas niegan la posibilidad de alcanzar una verdad y una razón objetivas, e incluso la mera existencia de la verdad. La verdad, el conocimiento y la razón serían creaciones de la mente humana, y por tanto difieren de una persona a otra. Las diferencias de opinión, según dichas doctrinas, no deberían verse nunca en términos de una dicotomía verdadero/falso, sino siempre como productos de una cultura local o una historia personal.

Los escépticos modernos pasan por alto el hecho de que no es incompatible que una opinión tenga un origen y sea valiosa. Es más, tienden a confiar en fórmulas plurivalentes sobre el concepto de razón en general, y contestan a la crítica limitándose simplemente a repetir dichos comentarios.

Platón, como hemos visto, rechazaba las doctrinas de Protágoras tachándolas de contradictorias. En nuestra opinión, dicha objeción al escepticismo mantiene su validez en la medida en que las afirmaciones de los escépticos globales tienden a fundamentarse en los mismos conceptos que pretenden abolir. Así pues, si los escépticos globales creen que «lo que es cierto es que la verdad no existe», eso implica que ellos mismos han sido refutados. A algunos escépticos les preocupa la acusación de ser contradictorios y tratan de rebatirla; pero a otros no les importa.

Los que sí se sienten afectados por dicha acusación tratan de rechazarla alegando que la afirmación escéptica de que «la verdad no existe» escapa a la crítica si se relativiza a su vez. Pero esto es un error. Y es un error porque la relativización del relativismo genera una paradoja. En otras palabras, esta común aseveración (según la cual el escéptico puede rechazar la crítica diciendo «creo, aunque es posible que tú no lo creas, que el escepticismo es cierto») es sencillamente errónea. La afirmación relativizada que acabamos de citar no es, en efecto, contradictoria sino más bien paradójica. Quiere decir: «yo creo p y p es contradictorio», una afirmación que ejemplifica la paradoja «yo creo p y p es falso», llamada paradoja de Moore ya que la debemos al filósofo de Cambridge G. E. Moore. (Que sepamos, somos los primeros autores en percatarnos de que los ataques contra el relativismo no pueden refutarse relativizando las propias afirmaciones de los relativistas.)

Por otra parte, a los escépticos globales más vehementes no les preocupa ninguna clase de refutación, ya que rechazan el concepto de refutación en sí mismo. Es bastante probable que alguien que haya rechazado de entrada los conceptos de verdad y falsedad niegue también la existencia de argumentos lógicos e ilógicos, y por tanto el concepto de refutación. En este sentido, la postura escéptica se vuelve a la larga insensible a cualquier crítica racional, ya que la crítica racional se basa en las nociones de verdad frente a falsedad, validez frente a falacia y razón frente a irracionalidad. Los escépticos modernos, por tanto, difieren radicalmente de sus predecesores: los escépticos originales –incluidos Protágoras e incluso Pirrón– creían en el poder de la razón, mientras que muchos escépticos modernos son *irracionalistas*.

Volvamos ahora a Hume y a sus objeciones prácticas ante al escepticismo. El razonamiento de Hume descansa sobre la premisa de que la razón, por una parte, y la naturaleza humana, por otra, están en conflicto. La razón nos dice (¡o parece decirnos!) que la identidad personal es un mito y que la moralidad no está basada en verdades objetivas sino en la simpatía (en el sentido de reconocimiento de rasgos propios en el otro) y en la conveniencia social. La razón nos dicta (¡o parece dictarnos!) que nuestros cinco sentidos no pueden proporcionarnos una información indubitable sobre la existencia o la naturaleza de un mundo exterior. La razón nos dice (¡o parece decirnos!) que el método inductivo es imperfecto, y que mediante el método deductivo no se pueden generar nuevos conocimientos. En resumidas cuentas, la propia razón nos dicta que la razón es incapaz de demostrar que nuestras creencias son razonables o que tienen una base sólida.Hume afirma: «[Estoy] dispuesto a rechazar toda creencia y razonamiento y no puedo considerar una opinión como más probable o factible que otra». Pero luego añade: «Ocurre que, como la razón es insuficiente para dispersar estas nubes, la naturaleza misma se basta para dicho propósito». En otras palabras, es nuestra naturaleza humana la que inhabilita el escepticismo. No podemos vivir según nuestros principios escépticos, sino que debemos comportarnos como nos dicte la naturaleza.

El razonamiento de Hume se puede desarrollar de la siguiente forma. Los escépticos globales afirman que la creencia en una verdad objetiva es el resultado de formas meramente opcionales de usar el lenguaje. La educación tradicional, dicen, entrena a los estudiantes en esta opción, que incluye la idea de que relativizar las aserciones no es lo habitual. Sin embargo, afirman los escépticos, se puede enseñar a los estudiantes a utilizar las convenciones lingüísticas como se hace en el postmodernismo, donde cada afirmación debe ser relativizada según los postulados de Protágoras.

El que las convenciones lingüísticas escépticas se pueden enseñar es sin duda cierto, pero, como el propio Hume hubiera podido decir, dichas convenciones no afectan a nuestra conducta. El que a uno le enseñen formas de habla escépticas no es lo mismo que aprender la lógica informal común. La lógica informal común, el lenguaje de la verdad y la falsedad objetivas se asimilan a lo largo de la infancia del niño, a la vez que éste aprende a lidiar con la realidad: con los padres, los hermanos y los animales de compañía, con el hecho de ponerse de pie y caerse, con las calles y las aceras, con la comida y la bebida, con el fuego…, y más adelante con cosas como el dinero, los horarios, la amistad y la enemistad. La palabra afirmación no es un término flexible, elástico, al que se pueda dotar de un especial significado escéptico; al contrario, más bien denota una actividad humana que encaja con todas las demás actividades. Las convenciones lingüísticas del escepticismo moderno (suponiendo que existan) no encajan ni pueden encajar con el resto de la actividad humana. A los estudiantes universitarios se les puede enseñar un lenguaje determinado, pero a lo que no se les puede enseñar es a *comportarse* como escépticos. Si trataran de hacerlo al pie de la letra no irían a conferencias, ni escribirían trabajos académicos, ni se presentarían a los exámenes y ni siquiera se molestarían en pedir la comida en la cafetería. Si asumimos que todo conocimiento es imposible, cómo puede uno saber a ciencia cierta que el horario de clases es real o que la comida no está envenenada.

El escepticismo global es bastante antiguo, a pesar de lo cual se renueva de tanto en cuanto. Sería interesante saber por qué (por qué nuevas o viejas razones) reaparece a intervalos a lo largo de la historia humana. Varios autores han tratado en los últimos tiempos de explicar este fenómeno. Hilary Putnam, por ejemplo, habla del «atractivo que todas las ideas incoherentes suelen ejercer». Thomas Nagel opina que en los últimos tiempos el escepticismo global ha atraído especialmente a los docentes de ramas del conocimiento distintas de la filosofía. Será quizás porque estos académicos están tratando de ganarse el título de «filósofo», lo cual suena más venerable que «profesor adjunto de holandés» o incluso que «catedrático de literatura española».

Roger Kimball, en su libro *Tenured Radicalls [Catedráticos extremistas]*, afirma que la popularidad del relativismo global, en Estados Unidos por lo menos, se remonta a la llegada en 1947 de Paul de Man, que había colaborado con los nazis. De Man posiblemente defendió la idea de que el conocimiento objetivo es una tarea imposible para utilizarla como una cortina de humo que disfrazara su vinculación con el antisemitismo cuando vivía en Europa.

Los escépticos contemporáneos tienden a incidir en que el origen de muchas ideas es cultural. Ahora bien, rastrear el origen de las ideas, sean éstas coherentes o incoherentes, es una tarea propia de historiadores de la filosofía y no es equiparable a examinar la validez o la falsedad de determinadas premisas. El hecho de confundir o mezclar estas tres tareas –de importancia similar pero muy diferentes entre sí– no es más que otra manifestación del propio escepticismo global. Y es que, como hemos comentado anteriormente y según el escepticismo actual, una vez descritos los orígenes culturales o psicológicos de una teoría, todo lo que había que decir sobre la misma ya queda dicho. Platón, Hobbes, Hume y otros han demostrado con su ejemplo que esto simplemente no es cierto.

Parte II
Ética: la filosofía de los valores

8. Moralidad e ilusión

Es bastante corriente escuchar a la gente decir que la moralidad en sí es «una cuestión de opinión»; la bondad, igual que la belleza, dicen, reside en la mirada del espectador.

¿De dónde proviene esta idea? Y ¿qué significa? Podremos decidir mejor lo que significa después de examinar las teorías de los filósofos sobre esta cuestión. Así pues, estudiemos sus orígenes.

La idea de que la moralidad no tiene ninguna base excepto en las opiniones de la gente es muy antigua, tan antigua al menos como las obras de Platón. El personaje de Trasímaco, en el diálogo de Platón *La República*, afirma esta especie de visión general de la moralidad. Por lo tanto, cuando los filósofos modernos la reafirman están volviendo a inventar la rueda. La popularidad de este modo de enfocar la cuestión puede deberse en parte a su familiaridad. Pero ¿rodará la rueda?

Schopenhauer y Nietzsche

Aunque la idea de que la moralidad es, en algún sentido, una ilusión muy antigua, su principal empuje histórico hasta nuestros días seguramente proviene de varios
autores del siglo XIX y en concreto de Schopenhauer
(1788-1860) y Nietzsche (1844-1900).

Para Schopenhauer, la moralidad no se descubre,
sino que se crea. Su admirador Nietzsche describe la
moralidad como una ficción, pero una ficción necesaria, una ficción sin la que el género humano posiblemente no podría vivir. Hay que señalar que Nietzsche
sostiene que la humanidad cree en –y necesita– varias
«ficciones necesarias», de las cuales la moralidad es tan
sólo una. Sus otras «ficciones» son más metafísicas; incluyen la creencia de que los sucesos tienen causas y la
creencia en la existencia del mundo material. Nietzsche
no era sólo un escéptico respecto a la ética; lo era también acerca de la ciencia, de la política, de la existencia
del mundo físico e incluso de la propia razón.

Desde la época de Nietzsche la rueda filosófica de que
hemos estado hablando ha sido reinventada varias veces, en especial por los positivistas lógicos de la primera
mitad del siglo XX y nuevamente por el filósofo empiris-
ta J. L. Mackie en la segunda mitad de dicho siglo.

Emotivismo

El punto de vista del positivismo lógico está bien expresado por A. J. Ayer en su famoso libro *Lenguaje, verdad y lógica*.

Ayer sostenía que la filosofía ética no tiene nada que ver con el comportamiento: la filosofía ética se ocupa sólo de las definiciones de términos, y afirma que palabras como «bueno», «correcto», «equivocado», etcétera, no describen nada del mundo real, sino que simplemente expresan una emoción. Por eso la teoría de Ayer se denomina «teoría emotiva de la ética», o emotivismo.

Según la teoría emotiva, todas las oraciones que contienen términos éticos como «bueno» y «malo» no hacen sino expresar los estados emocionales del hablante. Oraciones del tipo «yo apruebo tal y tal cosa» o «yo desapruebo esto y lo otro», que puede parecer que hablan de las actitudes del hablante, en realidad no lo hacen. *Expresan* actitudes, o emociones, pero no hablan *acerca de* esas cosas, porque no hablan *acerca de* nada. Las palabras y las oraciones éticas no tienen mayor significación que las interjecciones «¡buu!», «¡caramba!» y «¡hurra!». Una oración como «es deber de uno cuidar de sus padres» expresa simplemente el deseo emocional del hablante de hacer que la gente cuide de sus padres. Él (o ella) podría haber dicho igualmente «cuidar de los padres, ¡hurra!».

Por esta razón, el emotivismo recibe el apodo de «la teoría buu-hurra de la ética».

Esto se incluye dentro de la teoría de que, en el fondo, no hay razón para preferir «¡buu!» a «¡hurra!» en ningún caso concreto. Yo puedo decir «¡buu!» y alguien decir «¡hurra!», y cualquiera de las dos reacciones será siempre igual de válida.

Los contrarios a este aspecto del positivismo lógico contestan a Ayer diciendo que, si él tuviese razón acerca de la ética, sería imposible tener argumentos morales. Pero la gente tiene todo el tiempo argumentos acerca de la moralidad. Se discute sobre a quién hay que acusar por esto o lo otro, y sobre lo bueno y lo malo del racismo y del antirracismo, sobre las decisiones personales, sobre las decisiones políticas, sobre la conducta sexual... Estos argumentos y discusiones no tendrían absolutamente ningún sentido si las afirmaciones morales pudieran reducirse todas a «¡buu!» y «¡hurra!». Sin embargo, las discusiones y argumentos morales sí parece que tengan sentido.

De un modo más general, el emotivismo no cuadra con la experiencia humana. Es prácticamente imposible pensar en las obras de Hitler y Stalin (por ejemplo) como cosas que no pueden ser objetivamente descritas como perversas y malas, y es humanamente imposible considerar la interjección «¡hurra!» como una adecuada reacción a los actos de crueldad.

La relatividad y la «rareza»

Fijémonos ahora en la teoría de J. L. Mackie.

Mackie identifica dos argumentos que piensa que pueden usarse para demostrar que la moralidad es una ilusión. Al primero lo llama «el argumento de la relatividad». Mackie cree que hay significativas variaciones entre los códigos morales de diferentes países, diferentes religiones y diferentes períodos de la historia. Estas variaciones le sugieren la hipótesis de que ningún modo de vida es moralmente mejor que otro. Un hombre es monógamo, no porque vea que la monogamia

sea moralmente buena, sino simplemente porque vive
en una sociedad monógama. Lo mismo se puede aplicar a la poligamia.

Un contrario a Mackie podría hacer objeciones por
tres motivos.

En primer lugar, puede sostener que las diferencias de
opinión moral no prueban nada. Después de todo, científicos diferentes tienen teorías distintas sobre el origen
del universo (por ejemplo), o sobre las causas del sida y,
sin embargo, no concluimos que la verdad científica re-
sida en la mirada del espectador; no pensamos que la
ciencia sea «toda una cuestión de opinión».

En segundo lugar, el contrario a Mackie puede obje-
tar que es sencillamente incierto que la gente siempre
acepte el modo de vida del país al que pertenece. Los
esclavos de una sociedad esclavista no siempre aceptan
el modo de vida representado por la esclavitud; las mujeres no siempre aceptan sin reparos el modo de vida
polígamo o, más en general, la posición de la mujer en
su propia sociedad; los ciudadanos que viven bajo dictaduras muestran con sus acciones (si es que no son totalmente aplastadas) que creen que las dictaduras son
moralmente malas en un sentido objetivo y no meramente como «una cuestión de opinión». La gente que
vive bajo dictaduras opresoras muy a menudo desea
hacer algo más que simplemente decir «¡buu!».

Una tercera, y quizás más positiva, objeción a la teoría de Mackie es la afirmación de que las diferencias en
los códigos morales no son profundas. Todos los códigos morales, puede decirse, tienen en común ciertos
principios muy generales. Son estos principios los que
representan la verdadera, la objetiva moralidad. Las di-

ferencias físicas de ambiente, de modelos de funcionamiento... producen variaciones superficiales en los códigos, pero en el fondo la humanidad está de acuerdo
en un conjunto verdaderamente objetivo de principios
morales.

Desafortunadamente, esta afirmación positiva sólo
podría ser probada o refutada acumulando cantidades
inmensas de datos antropológicos e históricos. Como
esta información probablemente no sea obtenible en la
actualidad, tendremos que dejar la afirmación en el
aire. Puede ser cierta y puede ser falsa. Nadie lo sabe.

Pero, incluso si fuera cierto que todas las gentes de
todos los tiempos se han mantenido fieles a un pequeño núcleo de principios morales, de esto no se deduci-
ría que la moralidad no sea una ilusión. Algunas ilusio-
nes están muy difundidas, y puede que la moralidad
sea una de ellas. Esto demuestra que contar cabezas no
puede probar que la tesis de Mackie sea falsa y, por
consiguiente, también demuestra que contar cabezas
no puede demostrar que sea verdadera. Así, el argumento de Mackie sobre la relatividad y el argumento
sugerido en contra de su argumento resultan ser ambos irrelevantes.

Mackie llama a su segundo argumento en favor de la
teoría de que la moralidad es una ilusión «el argumento
de la rareza». Dice que si los valores morales objetivos
existiesen realmente, serían entidades muy raras, distintas de todo lo que existe en el universo. La bondad, por
ejemplo, no es como la rojez: no puede verse con los
ojos; no es como la suavidad, pues no puede sentirse
con los dedos; no es como el peso, porque no puede me-
dirse. Por lo tanto, es «rara». O, más bien, razona Mac-

kie, dado que sería rara si existiese, debe de ser que no existe.

Así que quizás lo primero que haya que preguntarse sea: ¿Cómo sabemos que las entidades «raras» no existen? La rareza, signifique esto lo que signifique, no es necesariamente un obstáculo para la existencia.

Después, si la bondad realmente es «rara», debemos preguntar qué entidades o cualidades son «normales». Por ejemplo, ¿cómo hemos de clasificar cualidades y entidades tales como la fuerza, la necesidad, el gen, el electrón y el continuo espacio-tiempo de Einstein? Ninguna de estas cosas puede verse, escucharse, degustarse o tocarse directamente, y no todas ellas se pueden medir. ¿Significa esto que todas ellas también son «raras» y, por tanto, ilusorias? Seguramente no. Sabemos de estas entidades por medios distintos de la simple vista y del tacto. La propia rareza parece residir en la mirada del espectador. ¿Quién tiene que decir qué entidades o cualidades son «raras» y cuáles son «normales»? Para un profano en la materia, el continuo espacio-tiempo einsteiniano desde luego parece más bien raro; sin embargo, la gente más preparada considera que Einstein probablemente sabía de lo que estaba hablando. La rareza es una noción más subjetiva que el propio valor: no es, por tanto, un fundamento sólido para la teoría de Mackie.

Mackie pregunta: Si los valores morales son una ilusión, ¿por qué cree la gente en ellos?, ¿de dónde procede la ilusión? Y responde: Tenemos esta ilusión porque la creencia en valores es sostenida por la sociedad, que continuamente la refuerza. La sociedad no puede funcionar sin disciplina, y la ilusión de la moralidad contribuye a mantener dicha disciplina. Y como la necesidad de disciplina es universal en las comunidades humanas, por lo tanto la creencia en la existencia de la bondad, de la maldad, de la corrección, de la equivocación es también universal.

Mackie dice que la moralidad es más bien como un sistema de leyes del que ha sido suprimido el legislador, una idea que recuerda a la famosa afirmación de Nietzsche «Dios ha muerto». En el fondo, la moralidad es una ramificación de la legislación del gobierno, o de la religión, o de ambas. Los objetivistas morales a menudo sostienen que la vida humana tiene fines o metas. Así, por ejemplo, los utilitaristas (véase el capítulo 10) dicen que el objetivo de la vida es la felicidad general, y que una persona buena trabajará por conseguir la mayor felicidad del mayor número de personas posible. Los que vinculan la moralidad con la religión pueden decir que el objetivo de la vida humana es alcanzar la unión con Dios (cristianismo) o entrar en el paraíso (islamismo).

Mackie cree que ninguna meta puede tener valor objetivo, dado que todo valor reside en la mirada del espectador. Menciona, asimismo, el hecho de que, por lo que se refiere a la religión, el dios o dioses con los que los creyentes desean unirse son muy variados, dependiendo de la sociedad a la que pertenezca el creyente. La idea de que hay alguna cosa que tenga valor objetivo en absoluto es un error. El valor, como la propia moralidad, es una invención humana.

No es necesariamente un error pensar que las invenciones humanas pueden contener verdades objetivas. La geometría cartesiana, por ejemplo, es una invención humana: fue inventada por René Descartes; el cálculo diferencial es una invención humana: fue inventado por Isaac Newton. Estas invenciones humanas nos permiten llegar a verdades objetivas (matemáticas). En efecto, se puede fácilmente sostener que todas las ideas abstractas son invenciones humanas. Sólo los seres humanos, que sepamos, son conscientes de las ideas abstractas.

Nietzsche sostiene que la ficción de la moralidad es una ficción necesaria. Mackie también parece pensar que este «error» es necesario. Pero no es fácil comprender cómo algo puede ser necesariamente una ficción, un error, a menos que toda idea abstracta útil sea un error.

Quizás la explicación sea ésta: los valores no son objetos físicos, no pueden verse o tocarse. Su realidad no puede ser comprobada mediante un uso directo de los ojos y los oídos. En la medida en que tiene sentido hablar de la realidad de una idea abstracta, esa realidad debe estar relacionada, no con lo que puede percibirse con los cinco sentidos, sino con algún otro factor de nuestras vidas.

Quizás la necesidad sea la mejor comprobación posible de la realidad de una idea abstracta.

9. Egoísmo y altruismo

En el capítulo anterior estudiamos cuestiones relativas a la realidad de los valores. En este capítulo examinaremos los problemas relacionados con la motivación ética, problemas que tienen que ver con el egoísmo y el desinterés.

Comencemos definiendo el egoísmo y el altruismo.

El egoísmo puede definirse como (1) un sistemático actuar de forma interesada, o bien como (2) la teoría que basa la moralidad en el propio interés.

El altruismo puede definirse como (1) un sistemático desinterés cuyo principio es el de vivir para el bien de los otros; o bien como (2) la teoría que basa la moralidad en el bien de los otros, lo contrario del egoísmo teórico.

Cada definición tiene dos partes. La primera se refiere a la motivación (propio interés o desinterés) y a una característica personal (la de estar sistemáticamente motivado por el egoísmo o por el desinterés, según el caso). La segunda parte se refiere a una teoría filosófica que basa la moralidad en el propio interés o bien en los intereses de los otros (según el caso). Son las teorías, no las características personales, lo que interesa a la filosofía.

Hay cuatro tipos de teorías filosóficas que tienen que ver con el egoísmo. Las llamaremos *teorías-ego*.

El primer tipo de teoría-ego pretende dar una descripción empírica de la naturaleza humana. La llamaremos *teoría-ego del cinismo*.

Un segundo tipo de teoría-ego es trivialmente verbal, pues depende de confusas definiciones de las palabras «deseos», «necesidades» y «gustos». La llamaremos *teoría-ego verbalista*, o *verbalismo*.

Un tercer tipo de teoría-ego afirma que sólo los motivos egoístas son racionales. La llamaremos la *teoría-ego de la racionalidad*.

Un cuarto tipo de teoría-ego sostiene que es bueno ser egoísta y es malo no serlo. A falta de un mejor término, la llamaremos la *teoría-ego nietzscheana*.

Teorías-ego: el cinismo

La teoría-ego empírica pretende describir la naturaleza humana. Tiene dos variedades o subclases, el cinismo común y el cinismo teórico.

El *cinismo común* es la convicción de que todos los seres humanos son completamente egoístas. Según el cínico, incluso las acciones aparentemente altruistas son, en el fondo, egoístas. Sostiene que, si se mira con suficiente detenimiento, se descubrirá un egoísmo escondido detrás de cada acción humana.

Este punto de vista al menos tiene el mérito de esti-
mularnos a examinar nuestros motivos con algo de
cuidado. Pero al final debe depender de los hechos, y
los hechos no parece que lo apoyen. El comportamiento humano, ciertamente, es a menudo egoísta,
pero también puede ser desinteresado y hasta heroi-
camente sacrificado. Los ejemplos de héroes y santos
no son numerosos, pero parecen demostrar que no
todo comportamiento humano es despreciable. La
mayoría de la gente parece ser una mezcla de
egoísmo y altruismo, cuya proporción exacta depende de muchas circunstancias. Los cínicos niegan esto,
pero su dogmática negativa ignora la evidencia.

La idea de que los seres humanos son esencialmente interesados, no sociales, competitivos y agresivos
parece recibir el apoyo de un filósofo muy destaca-
do: Thomas Hobbes. En su libro *Leviatán*, Hobbes
aparentemente afirma que la gente sólo coopera con
los demás por razones egoístas. Esta interpretación
de Hobbes, en particular, ha ejercido alguna influencia en la filosofía moral y en la filosofía política britá-
nicas y americanas. Sin embargo, hay razones para
pensar que Hobbes no creía realmente que la gente
fuese puramente egoísta; él tan sólo pensaba que lo
creía.

John Aubrey cuenta la siguiente anécdota acerca de
Hobbes: Un amigo le vio dando limosna a un mendigo
y le pidió que le explicase por qué lo había hecho. Según Aubrey, Hobbes explicó su acción aparentemente
desinteresada diciendo que la limosna no sólo aliviaba
la angustia del mendigo, sino que aliviaba también su
propia angustia al ver la miseria del mendigo. En otras

palabras, Hobbes afirmaba que tenía una razón egoísta para darla, a saber: aliviar su propia angustia.

Podemos preguntarnos si la explicación de Hobbes realmente reduce a puro egoísmo su acción altruista. ¿No puede, más bien, demostrar que, al dar limosna, su altruismo se manifestaba en el propio hecho de su angustia? Hobbes no dijo que hubiese dado dinero con el fin de recibir dinero a cambio, o con el fin de impresionar a la gente, o porque una persona poderosa le hubiera ordenado que lo hiciese, o incluso porque tuviera miedo del castigo humano o del divino. Éstas habrían sido razones egoístas. Pero lo que él realmente dijo fue que dio la limosna con el fin de aliviar su propia angustia (y la del mendigo).

Pero ¿es esto egoísmo? Seguramente es altruismo; seguramente la angustia ocasionada por la angustia del otro es un sentimiento altruista por excelencia. Si negamos esto sólo puede ser por motivos verbales, porque rechacemos *describir* la angustia ocasionada por la angustia del otro como altruismo. En tal caso, habremos abandonado el ámbito del conocimiento empírico de la naturaleza humana y habremos entrado en el ámbito del verbalismo (véase más adelante).

El *cinismo teórico* es una designación general útil para doctrinas psicológicas y psicoanalíticas, como la tesis del principio del placer. Básicamente, esta tesis se basa en que bajo la apariencia de altruismo toda persona está secretamente motivada por una búsqueda del placer. El cinismo teórico, como el cinismo común, es refutable remitiéndolo a la evidencia empírica, y lo mismo que el cinismo común, puede que no supere esta prueba.

En los tiempos modernos, la idea de que los seres humanos son egoístas por naturaleza se ha puesto muy en duda. Esto se debe a que todo el problema se enreda ahora en la teoría del llamado «gen egoísta», según la cual, la única cosa realmente egoísta es el gen. Los seres humanos (y los demás animales) se comportan unas veces egoístamente y otras veces de manera desinteresada, dependiendo de las circunstancias. Buena parte del comportamiento humano y animal está gobernada por el egoísmo de sus genes, cuyo «propósito» es sobrevivir en cuanto tales genes. Hablando en líneas generales, cuando la situación es tal que el sacrificio de un individuo proporciona a sus genes mayor probabilidad de supervivencia, entonces ese individuo se comportará de manera altruista y morirá por otros. En otras situaciones, el egoísmo por parte del individuo será mejor para las probabilidades de supervivencia de sus genes, y en tales casos se comportará de manera egoísta.

La teoría del gen egoísta está expresada de un modo apasionante pero confuso, pues el egoísmo implica una elección consciente y una conciencia, y el gen no es consciente. Debemos por tanto tomar la palabra «egoísta» sólo como una metáfora.

Si la teoría del gen egoísta es cierta, refuta cualquier idea fundamentada empíricamente de que los seres humanos estén siempre motivados por el egoísmo y por el propio interés; refuta los dos tipos de cinismo de la teoría-ego. El altruismo, en forma de verdadero sacrificio personal, resulta pertenecer al repertorio de las reacciones humanas naturales.

Teorías-ego: el verbalismo

La teoría-ego verbal se basa en un malentendido del lenguaje.

Dice aproximadamente como sigue. Si uno ayuda a otra persona porque le gusta esa persona y quiere, por tanto, ayudarla porque, en general, le gusta ser útil o porque desea el bien de los demás, esto sigue siendo egoísmo. Se afirma que toda angustia, bien sea ocasionada por el propio sufrimiento, bien por el de otros, es siempre la propia angustia de uno, y por lo tanto, es egoísta en su misma naturaleza; cualquier deseo, incluso el deseo del bienestar y la felicidad de otra persona, es siempre el propio deseo de uno.

La objeción a esta teoría es que el *sentir angustia* o el *tener un deseo* no es la misma cosa que el *contenido* de esa angustia o el *contenido* de ese deseo. El contenido de un deseo es aquello *acerca de* lo cual es deseo. El contenido de la angustia es aquello *acerca de* lo cual es angustia. Los contenidos de los deseos de una misma persona difieren unos de otros, aunque en cada caso, por supuesto, esa persona sigue siendo la persona que está teniendo el deseo.

La teoría-ego verbal confunde la verdad de que el deseo, la necesidad, la angustia... deben *pertenecer* a la persona que los siente, con la idea completamente distinta, y falsa, de que el deseo, la necesidad, la angustia, son todos ellos siempre *acerca de* la persona que los siente.

La teoría-ego de la racionalidad

La teoría-ego de la racionalidad afirma que las acciones motivadas por el propio interés son más racionales que las motivadas por altruismo.

La superior racionalidad del interés es tomada en principio como algo evidente por los filósofos que creen en ella, los cuales admiten que las acciones no egoístas son humanamente posibles, pero afirman que el interés es, con todo, la única base *racional* para la acción.

Dado que la doctrina se supone evidente, no se dan argumentos en su favor, sino que es tratada, más bien, como si fuese axiomática. Una vez aceptado tal axioma, la cuestión de «la posibilidad del altruismo» se vuelve enormemente problemática.

No es demasiado fácil convencer a la gente de que aquello que toma como evidente tal vez no lo sea tanto en realidad. Si algunos filósofos dicen que la racionalidad de una acción interesada es tan evidente como la verdad de la ecuación $1 + 1 = 2$, ¿se les puede demostrar que eso no es así? No sirve de nada tratar de probar que el egoísmo no compensa, pues esta línea de argumentos no desmorona su axioma, sino que más bien lo acepta.

Por otra parte, puede verse, desde esta misma consideración, que ser interesado, si es racional, es racional pura y simplemente en sus propios términos. Es racional porque produce buenos resultados para el interés personal.

El hecho de que las acciones egoístas tiendan a beneficiar a uno mismo más que a los demás no es ninguna razón para abandonar el egoísmo si uno cree que be-

neficiar el interés personal es evidentemente razonable
y beneficiar a otros es evidentemente irrazonable. El
egoísta dice: «Naturalmente, no estoy ayudando a
otros... ¿Y qué? Estoy siendo racional según mi propia
definición de racionalidad, por tanto debo estar en un
terreno filosóficamente seguro».

Pero ¿es seguro ese terreno? Parece que no, pues el
razonamiento puede volverse del revés. El altruista
puede afirmar que también el altruismo es racional en
sus propios términos: es racional porque produce buenos resultados para otros. El hecho de que las acciones
altruistas tiendan generalmente a beneficiar a otros
más que a uno mismo no será una razón para que
abandone el altruismo alguien que crea que beneficiar
a otros es evidentemente razonable y beneficiarse a
uno mismo es evidentemente irrazonable. El altruista
dice: «Naturalmente, no estoy favoreciendo mis propios intereses... ¿Y qué? Estoy siendo racional según mi
propia definición de racionalidad, por tanto yo también estoy en un terreno filosóficamente seguro».

¿Qué nos dice aquí el sentido común? Dos cosas. En
primer lugar, el sentido común nos dice que un individuo que ignore su propio bienestar sin ninguna buena
intención, que sea intencionadamente autodestructi-
vo, por ejemplo, está probablemente perturbado mentalmente. En el otro extremo, el sentido común también nos dice que un individuo que siempre trate de
actuar de un modo puramente egoísta es completamente irracional, y se convierte en un caso arquetípico
de irracionalidad.

Por tanto, una actitud de total egoísmo es percibida
por el sentido común como básicamente irrazonable,

mientras que una actitud de total altruismo es vista por el sentido común como buena, pero probablemente innecesaria y posiblemente quijotesca. El altruismo que tiene fines inalcanzables, por ejemplo, es quijotesco.

Una actitud de autodestrucción es vista por el sentido común como demente. También se ve como una actitud de destruir a los otros.

Algunas personas afirman que el egoísmo y el altruismo están de acuerdo uno con otro. Así, a menudo se dice que un altruismo auténtico y profundamente sentido es el mejor modo para obtener la felicidad personal. Por otro lado, los libertarios contemporáneos de derechas insisten en que el egoísmo le hace a uno ser más útil para la sociedad.

En definitiva, los partidarios del egoísmo admiten secretamente que la utilidad con respecto a los otros es una cosa buena, y los partidarios del altruismo admiten secretamente que la propia felicidad personal de uno es una buena cosa.

Echémosle ahora otra ojeada a la idea de razonabilidad.

Racionalidad o razonabilidad quiere decir, a grandes rasgos, actuar y pensar de modos que serán efectivos como medios para alcanzar los fines escogidos. Sin embargo, podemos también preguntar qué fines son razonables, aunque ésta no es una pregunta fácil de contestar. Con todo, parece claro que es irrazonable escoger y perseguir fines inalcanzables, o fines que uno sabe que son inalcanzables.

En la vida real, los objetivos de una actitud de puro egoísmo no son, en realidad, alcanzables. El egoísmo puro, permanentemente exento de cualquier mezcla, no puede alcanzar sus propios fines. Es imposible que un individuo que pertenece a una especie gregaria tenga o consiga siempre sólo fines exclusivamente egoístas, a menos que él (o ella) viva aislado en una isla desierta.

Parece que un altruismo permanente y a largo plazo fuese más factible que un egoísmo a largo plazo. Pero no podemos estar absolutamente seguros de ello.

La idea de que el egoísmo es evidentemente más racional que el altruismo ha tenido un gran atractivo entre los filósofos modernos. Pero su creencia en la superior racionalidad del egoísmo tiene una base oculta, empírica. En la medida en que están de acuerdo en que el altruismo es empíricamente posible, afirman que es el resultado de una formación y una educación antinaturales, lo que demuestra que el egoísmo, según ellos, es racional porque creen que, en el fondo, es más *natural* que el altruismo.

La teoría de la racionalidad del altruismo tiene, por tanto, una base oculta, y esta base oculta consiste en una supuesta conexión entre la razonabilidad y la objetividad. Estar interesado por uno mismo es algo claramente subjetivo en un sentido completamente habitual (= concerniente al sujeto), mientras que también el altruismo es objetivo en un sentido completamente habitual (= concerniente a gente distinta del sujeto). La base de la idea de que el altruismo es razonable es, probablemente, la convicción de que la objetividad es más razonable que la subjetividad.

La teoría-ego nietzscheana

La teoría-ego nietzscheana parte de la idea de que, aunque la actual moralidad no está basada en el propio interés, sería mejor si lo estuviese.

El defensor más interesante e importante de este tipo de egoísmo filosófico es Nietzsche. En su propia vida, él trató de adoptar la actitud de un escéptico observador de la humanidad no influido por las opiniones de la gente corriente; es decir, la actitud de un «espíritu libre». Nietzsche sostiene sus juicios de valor con mucha pasión y gran habilidad literaria. Sus valores son fuertemente hostiles al cristianismo y al judaísmo; en cuanto a la democracia, la considera nada más que una despreciable versión secularizada de las religiones que él desprecia. Debido a sus convicciones, apasionadamente sostenidas, Nietzsche es un filósofo al que los lectores o bien odian, o bien aman.

Nietzsche tiene una visión relativista de la verdad y cree que las teorías son verdad sólo en la medida en que son biológicamente útiles para la especie humana o, lo que es más importante, para un tipo especial, superior, de hombre. Nietzsche no era nada feminista y hay que señalar que cuando habla del hombre o de los hombres se refiere al sexo masculino, más que a la raza humana. Su división de la gente en «superior» e «inferior» excluye a las mujeres, porque desde su punto de vista, todas las mujeres son por naturaleza esclavas e «inferiores».

El «hombre superior» de Nietzsche resulta ser más bien como el propio Nietzsche, un solitario pensador que ignora al rebaño humano y que tiene visiones sobre los modos en que las «viejas» morales pueden ser «superadas». El hombre superior, el individuo excepcional, es el ser más valioso del universo, puesto que «Dios está muerto». La propia especie tiene menos valor que el individuo superior, algo que debería reconocer y trabajar por la llegada y apoteosis de esta magnífica criatura.

Para Nietzsche, la moral es un medio de preservar la comunidad, pero sostiene que hay dos tipos opuestos de moralidad. Uno, la moral de los esclavos, quizás preserve la comunidad, pero tal vez sólo temporalmente. El otro tipo, la moral de los señores, favorece los objetivos de los individuos excepcionales, objetivos que nunca son sociales o altruistas. Desafortunadamente, no está muy claro cuáles se supone que son sus objetivos positivos, si es que tiene alguno.

En la moral de los esclavos, «bueno» significa útil, servicial, caritativo, piadoso, compasivo, altruista. Estas virtudes apoyan las necesidades y objetivos de todos los miembros ordinarios de la sociedad, incluidos los más débiles. En esta moral, «malo» significa egoísta, inconformista, poco caritativo, despiadado, cruel. Según Nietzsche, la moral de los esclavos es el fruto del resentimiento que sienten los hombres inferiores frente a los hombres superiores. Representa la envidia, la inferioridad y la debilidad. La principal razón por la que él condena el cristianismo y el judaísmo es por el hecho de que en ellos predomina esta moral de los esclavos.

En la moral de los señores, «bueno» significa aristocrático, libre, individualista, y «malo» significa esclavo, despreciable, piadoso, perteneciente al rebaño humano. La moral de los señores representa el amor propio, la individualidad, el genio y la libertad que se debe a los hombres excepcionales con un saludable egoísmo.

El tipo superior de hombre crea su propia moral. El tipo inferior acepta la moral del rebaño humano, porque beneficia al hombre común y al débil.

En último término, las morales superior e inferior no pueden coexistir, porque la inferior es esencialmente universal y no aceptará el espíritu libre, al hombre genial, el derecho al egoísmo, ni el derecho a crear nuevas morales.

Nietzsche dice que los códigos morales se dividen en dos tipos principales, y tal vez cada tipo sea una «ficción necesaria» para aquellos que creen en él. Sin embargo, no parece que esto signifique que piense que no hay valores últimos, ni mucho menos. En su opinión, los propios códigos morales tienen valor, pero probablemente alguna clase especial de valor no moral. Los códigos morales pueden graduarse en cuanto son mejores o peores. En lo más bajo están los que hacen hincapié en el altruismo, la piedad, la servicialidad, el desinterés y el sacrificio personal, y en lo más alto están los códigos que condenan las virtudes judías y cristianas y, en su lugar, se basan en el genio, la aristocracia del punto de vista, el amor propio y la libertad del individuo excepcional.

En su libro *Más allá del bien y del mal,* Nietzsche explica que ir más allá del bien y del mal quiere decir ir más allá de la moral de la masa para inventar una propia. Sin embargo, uno tiene que ser un tipo superior de hombre para tener éxito en su consecución. Las mujeres no pueden hacerlo en absoluto, por supuesto, siendo además esclavas por naturaleza. La mayoría de los hombres que lo intenten serán esclavos descontentos, resentidos, de modo que sus esfuerzos no irán «más allá del bien y del mal» en el sentido que se requiere. Tales hombres serán unos simples criminales. Para la masa, la moralidad de la masa es la única posibilidad.

¿Cuál es exactamente el contenido de la moral superior de Nietzsche? Como hemos mencionado antes, los detalles son vagos y en su mayor parte negativos. La moral superior está *contra* el altruismo, *contra* la piedad, *contra* el conformismo, *contra* la gente débil y común y *contra* las virtudes tradicionales recomendadas en la doctrina de las religiones occidentales.

Nietzsche ha sido descrito como un profeta, y ciertamente hizo algunas afirmaciones proféticas sorprendentemente acertadas, como que, no mucho después de su muerte, la humanidad entraría en una serie de guerras ideológicas «que sacudirán la tierra». Él murió en 1900, y desde entonces, efectivamente, el mundo se ha visto destrozado por una gran cantidad de guerras ideológicas. También profetizó que después de su muerte habría una reacción contra la racionalidad científica del siglo XIX, una explosión de fuerzas bárbaras. Con reticencias, podemos estar medio de acuerdo con ello, aunque las barbaries del siglo XX en realidad fueron más bárbaras por el uso que hicieron de la ciencia y la tecnología.

Nietzsche sostenía que la cultura del siglo XIX era autosatisfecha, ligeramente cristiana, segura del progreso y tendente hacia la democracia y la mediocridad. La nueva barbarie, decía, dará la vuelta a todo esto. Pero finalmente prevalecerán los valores superiores. La explosión de barbarie es necesaria: preparará el terreno para un tipo mejor de hombre.

Desafortunadamente para la póstuma reputación de Nietzsche, Hitler fue uno de sus mayores admiradores. Los nazis afirmaban que sus programas de guerra y genocidio representaban los ideales nietzscheanos. Pero los partidarios de Nietzsche sostienen que él habría considerado a Hitler como uno de esos bárbaros de los que hablaba y que precederían a la moral superior y a la llegada del superhombre.

¿Pueden disociarse las ideas de Nietzsche de las del nazismo? La respuesta a esta cuestión depende, en parte, de la forma como hayamos de entender al hombre superior. ¿Cómo es ese hombre superior? ¿A quién se parece el futuro superhombre? ¿Se parecerá a los grandes filósofos del pasado?

La actitud de Nietzsche frente a los otros filósofos no siempre fue respetuosa. No pensó mucho en Sócrates, y su respeto por Schopenhauer se desvaneció cuando descubrió que al gran pesimista le gustaba tocar la flauta. Aunque podemos estar de acuerdo en que los filósofos del pasado fueron, sin duda, hombres de genio, tremendamente individuales, sumamente inusuales y algunas veces extraordinariamente sabios y listos, tiene que aceptarse que pocos, si es que hubo alguno, predicaban el egoísmo, y algunos de ellos estaban enérgicamente a favor del altruismo. Parece, pues, conveniente afirmar que para Nietzsche el superhombre no sería como los grandes filósofos.

¿Quiénes son, entonces, los «tipos superiores» de Nietzsche? ¿Dónde están exactamente estos hombres que crean sus propias morales severas y despiadadas?

No se les puede encontrar entre las filas de los filósofos, ni tampoco entre los pintores y los poetas (aunque algunos de éstos, especialmente los pintores, se vieron bastante influidos por las novelas subnietzscheanas sobre la vida bohemia). No: los propagadores de las «nuevas morales» severas y despiadadas se pueden encontrar, más bien, entre los dictadores y sus generales, guardianes de prisiones y jefes de policía.

No les resulta, pues, tan fácil a los nietzscheanos defender a su héroe. Quizás sólo pueda ser defendido afirmando que, a pesar de su ataque general a la democracia y a la mediocridad, y a pesar de su (bastante corta) experiencia personal de la guerra, él era en el fondo una criatura apolítica que no tenía ni idea de lo que las prisiones políticas, los generales prusianos, los dictadores y otros gobernantes absolutos son en la vida real, y que no se preocupó seriamente de cómo sus ideas podían ser traducidas a términos políticos.

10. Utilidad y principios

El consecuencialismo ético es la teoría de que las acciones deberían ser juzgadas sólo por sus resultados. El utilitarismo es la variedad más conocida del consecuencialismo, y los filósofos utilitaristas más conocidos son Jeremy Bentham, James Mill y John Stuart Mill.

La filosofía utilitarista no admite la necesidad de principios morales especiales, tales como «no decir mentiras», «amar la justicia» o «mantener las propias promesas». En lugar de ello, los utilitaristas adoptan el punto de vista de que la acción correcta siempre es la que tiene la consecuencia de hacer a tanta gente como sea posible todo lo feliz que sea posible (el llamado principio de la mayor felicidad). Lo único absoluto e intrínsecamente valioso del universo es la felicidad y el placer, y todas las demás cosas son valiosas sólo en la medida en que producen felicidad.

En marcado contraste con el utilitarismo están las teorías que enfatizan la importancia del motivo, del deber, de los derechos y de los principios. Las teorías de este tipo son llamadas habitualmente deontológicas (lo que significa «teorías del deber»).

El filósofo antiutilitarista más famoso probablemente sea Kant. Éste sostiene que es inútil perseguir la felicidad y el placer, tanto el propio como el de otra persona, porque casi con seguridad se fracasará. Para él, la felicidad no es intrínsecamente valiosa. Si fuera intrínsecamente valiosa, es decir, valiosa en sí misma, no nos sentiríamos disgustados cuando supiéramos de los villanos que progresan en el mundo y son felices. Y la realidad es que la idea de que alguna mala persona sea feliz y se divierta disgusta a la mayoría de la gente. La opinión de Kant es que la única cosa absolutamente valiosa en el universo es una buena voluntad, es decir, el deseo y la determinación de hacer lo que es correcto. Aquellos que tengan buena voluntad, que deseen por encima de todas las cosas hacer siempre lo que es correcto, seguirán determinados principios de conducta. Estos principios, dice Kant, son racionales, y todos los seres racionales pueden y deberían seguirlos, aunque, por supuesto, no todo el mundo lo hace.

Entre las máximas de Kant se incluyen:

Ser veraz.
Ser honesto.
No hacer falsas promesas.
Ser generoso y benévolo.
No malgastar el talento propio.
Estar dispuesto a castigar a los asesinos y a otros que merezcan un castigo.
Ser amable con los animales.
No suicidarse.

Para Kant, un ser racional comprenderá que las reglas morales no tienen excepciones. Y estas reglas lo son en un doble sentido. En primer lugar, todo el mundo sin excepción, y no sólo aquellos que quieran ser buenos, deberían ser veraces, honestos, etcétera. Todos tienen estas obligaciones, incluso si no las reconocen. En segundo lugar, se debería ser veraz y honesto en todo momento, sin excepción. Las circunstancias no cambian las cosas. Incluso si se obtuviese algún gran beneficio de decir una mentira, no se debería decir esa mentira.

¿Cómo podemos decidir entre estas dos opiniones acerca de lo que en el fondo es valioso en la vida? Pues bien, podemos comenzar viendo cómo estos dos tipos de teoría actuarían en situaciones complicadas, situaciones que impliquen elecciones difíciles. Las teorías utilitaristas y deontológicas a veces acaban recomendando los mismos tipos de actuación (aunque por diferentes motivos), pero también puede ocurrir que den consejos contrarios. Podemos examinar las diferencias y preguntarnos si nos revelan algo acerca de estas teorías.

Ejemplo 1: promesas en el lecho de muerte

Supongamos que el tío Keller está muriéndose en una isla remota y no tiene ninguna oportunidad de hacer un testamento adecuado. Por suerte para él, su sobrina Griselda está viviendo en la misma isla, así que le pide a ella que se encargue de su fortuna tan pronto como regrese a la civilización. Griselda promete llevar a cabo su último deseo, que es entregar toda la herencia de 500.000 libras a una galería de arte provincial.

Sin embargo, cuando Griselda regresa a la civilización se da cuenta de que sólo ella, como único pariente vivo del tío Keller, heredaría su fortuna. ¿Habría de mantener su promesa?, ¿o debería gastarse el dinero en otra cosa? Con el fin de evitar la posible acusación de egoísmo y de predisposición, supongamos que Griselda no se quiere gastar el dinero en ella misma, sino que prefiere entregarlo a un hospital infantil amenazado de cierre, antes que a una competitiva galería de arte. Pues bien, ¿debería Griselda mantener su promesa?

Un deontológico dirá que sí. Romper las promesas es un mal principio de conducta, mientras que mantenerlas es bueno. Si a Griselda no le gusta la idea de gastar dinero en galerías de arte, en primer lugar no debería haber hecho la promesa. Pero al haberla hecho está obligada por ella.

En segundo lugar, es incluso peor romper una promesa hecha a una persona moribunda que a una viva, pues la persona moribunda se encuentra en una posición extremadamente débil y tiene que confiar en usted, puesto que nunca podrá investigar su lealtad. Engañar al moribundo es algo despreciable y horrendo.

Un utilitarista, por otra parte, dirá: todo depende de cuánta felicidad produzca la galería de arte en comparación con el hospital. Si la galería de arte produce más felicidad que el hospital, entonces Griselda habría de mantener su promesa. Si el hospital va a producir más felicidad que la galería de arte, entonces Griselda debería romper su promesa.

En cuanto a la idea de que lo primero es que ella no tendría que haber hecho una promesa así, es algo que no tiene sentido en absoluto según los modelos utilitaristas. Al hacer la promesa, Griselda probablemente le dio al tío Keller unos cuantos minutos últimos de felicidad; si ella se hubiese negado a prometerlo, tal vez sus últimos minutos hubiesen sido de desgracia. Como en la teoría utilitarista la felicidad es lo único absolutamente valioso, la acción correcta para Griselda en la isla remota era hacer la promesa, incluso si más tarde decidía romperla; e incluso si, en lugar de ello, hubiese tenido desde el principio la intención de romperla.

En cuanto a la idea de que es especialmente despreciable romper una promesa hecha a un moribundo, ¿por qué ha de ser así? Una persona moribunda nunca averiguará que usted ha roto su promesa, luego a él (o a ella) no le puede hacer infeliz ese conocimiento.

Ejemplo 2: el trabajo de la madre Teresa

La mayor parte del trabajo de la madre Teresa y de sus ayudantes en Calcuta consiste en cuidar de gente moribunda, pobre y sola en el mundo.

Ahora bien, para los utilitaristas esto puede parecer una completa pérdida de tiempo. Para ellos, es muy difícil que el moribundo pobre y solo aparezca en algún lugar de la escala de utilidad. Si acaso sus necesidades aparecieran en la escala de utilidad, estaría muy abajo.

Por supuesto, este trabajo proporciona algo de felicidad. Los trabajadores tal vez se sientan felices hacién-

dolo, y por su parte los moribundos posiblemente sean
un poco más felices, o en todo caso estén más a gusto,
al menos por un breve espacio de tiempo, de lo que de
otro modo hubiesen estado.

La cuestión es, sin embargo, que de acuerdo con una
estimación utilitarista esta felicidad debe ser, por definición, a corto plazo. En consecuencia, según una estimación utilitarista hubiera sido mejor que la madre
Teresa orientase sus esfuerzos a ocuparse de los vivos.
Tal vez debería haber tenido un empleo en un hospital
corriente, pues los esfuerzos para ayudar a los vivos habrían tenido efectos en un plazo relativamente largo,
además de a corto plazo.

Al llegar a este punto, mucha gente, utilitarista o no,
puede que en su fuero interno se encuentre identifica-
da con las teorías deontológicas. Sin duda, pensarán, la
madre Teresa y sus ayudantes son muy buena gente.
¿Quiénes somos nosotros para decir que eso es un trabajo mal orientado? ¿No es el mundo un lugar mejor
por tener a la madre Teresa y a sus ayudantes?

Ahora bien, si este trabajo es noble y valioso, ¿dónde
radica su valor?, pues no puede radicar en su utilidad; de
hecho su utilidad, en relación con otras posibles actuaciones de trabajo médico, probablemente sea bastante
escasa.

Tal vez radique en los motivos de los cuidadores, o
en sus principios morales o religiosos; tal vez radique
en el sacrificio de uno mismo, o tal vez sean el respeto
por la humanidad, por muy pobre y degradada que
esté, la creencia en la dignidad, en la santidad, ciertamente, de los seres humanos lo que hace noble el trabajo. Como seres humanos que somos, queremos creer

en la dignidad de los seres humanos, y ¿quién puede decir que esto no sea razonable? Los utilitaristas sostienen que el único valor absoluto del universo es la felicidad, pero ¿quién puede decir que sólo pueda haber un valor absoluto? ¿Quién puede decir que la dignidad humana no sea un valor absoluto?

Ejemplo 3: el delator

Supongamos que la policía ha estado siguiendo la pista de una célebre banda de traficantes de droga durante varios años, pero no ha logrado obtener ningún resultado. Un día, un miembro de la banda va a la policía y se ofrece a darles toda la información que necesiten para capturar a todo el grupo. Su motivación no es el remordimiento por lo que ha hecho, sino más bien el rencor contra sus antiguos colegas, con los que se ha peleado. A cambio de su ayuda, pide inmunidad de procesamiento. ¿Qué debería hacer la policía?

La respuesta utilitarista, que es también, a veces, la respuesta en la vida real para casos semejantes, es proporcionarle inmunidad. Se considera que el beneficio global para la comunidad pesa más que cualquier otra consideración.

Los deontológicos, por otra parte, sobre todo si son kantianos, insistirán en que el delator sea castigado por sus antiguos crímenes. La justicia exige que los crímenes similares sean tratados de modo similar, especialmente si no ha habido un verdadero arrepentimiento. El eslogan de los deontológicos parece ser: «Que se haga justicia aunque se desplomen los cielos».

Sin embargo, seguir los principios kantianos en este caso puede significar que los traficantes de droga no sean capturados; y las consecuencias de esta no captura podrían ser muy graves. En casos como éste, ¿no podría ser lo mejor dejar libre a una persona culpable?

Ejemplo 4: los derechos del inocente

Supongamos que unos terroristas secuestran un avión lleno de pasajeros, y que dicen que los dejarán libres a todos a condición de que un determinado ciudadano del lugar les sea entregado para asesinarlo. Tal vez este ciudadano pertenezca a un grupo que está en contra de sus objetivos, o bien se crea, acertada o desacertadamente, que es el responsable de actividades antiterroristas. En cualquier caso, ellos quieren asesinar a esta persona; y si las autoridades locales no cooperan con ellos en este propósito, entonces, dicen, volarán el avión.

Por su parte, las autoridades locales saben que el ciudadano es inocente de todo crimen y que no tiene relación con ninguna actividad antiterrorista. Pero no tienen tiempo para discutir esta cuestión con los terroristas, ni tienen duda alguna de que éstos cumplirán su amenaza si no se les entrega a esta persona inocente. ¿Deberían renunciar a una vida inocente con el fin de salvar las vidas de los pasajeros?

Si las autoridades locales fueran utilitaristas, esta línea de conducta sería ciertamente una posibilidad. Para ellos dependería todo de si la utilidad de salvar a los pasajeros tuviera más peso o no que la inutilidad de fomentar el terrorismo.

Pero si las autoridades locales fuesen deontológicas, tal acción, es decir, la acción de entregar a una persona inocente para su ejecución, sería moralmente imposible. Citarían el principio de los derechos humanos, en este caso el derecho del inocente a no ser perjudicado, y se negarían a verse implicados en una violación de dicho derecho. Si los terroristas violan los derechos de los pasajeros, igualmente inocentes, entonces ése es su crimen y no responsabilidad de las autoridades locales. En suma, la opinión de los deontológicos es que siempre es un crimen moral violar los derechos de un inocente.

Una objeción a las teorías deontológicas

Mucha gente ha objetado que una total negativa a tener en cuenta las consecuencias de las acciones puede conducir a horrendos resultados. Esta objeción presupone que los resultados, es decir, las consecuencias, importan mucho; pero entonces los deontológicos sin duda responderían que los resultados no son tan importantes.

Una objeción más significativa es la siguiente: es fácil decir que nunca se debe mentir, ni nunca perjudicar a gente inocente, pero ¿qué ocurre si estas dos reglas morales (u otras dos reglas morales cualquiera) entran en conflicto la una con la otra? ¿Qué ocurriría si uno está acogiendo a judíos en su ático y llegan los nazis a su puerta y le preguntan si conoce su paradero? ¿Debería decir la verdad y ver cómo se llevan a gente inocente a un campo de concentración? ¿O debería decir una mentira y con ello salvar unas vidas inocentes? Haga lo que haga, estará rompiendo una regla con el fin de ajustarse a la otra. En otras palabras, no siempre es posible observar todas las reglas a la vez.

Esto puede parecer que es un serio inconveniente de las teorías deontológicas en comparación con el utilitarismo. Los utilitaristas suponen que siempre es posible, en principio, saber de antemano qué situación futura supondrá la mayor felicidad para todo el mundo, y que siempre es posible saber qué acciones ocasionarán esa situación. En esta creencia están probablemente equivocados, porque en realidad no es posible predecir el futuro, según sabemos por la teoría del caos.

Consideremos de nuevo los conflictos entre reglas morales. La persona corriente de la calle tiende a ordenar las reglas morales según su importancia relativa. Para la mayoría de la gente en la sociedad occidental, salvar a una persona inocente de la destrucción tendría preferencia sobre la verdad absoluta, si es que ambas entraran alguna vez en conflicto.

Supongamos que estamos de acuerdo en que las reglas morales deben ser ordenadas según su importancia. ¿Qué hace a una regla más importante que otra? ¿Tal vez que una regla produzca más felicidad que otra? Si la jerarquía se basa en la utilidad y en el principio de felicidad, eso significa que el utilitarismo es la teoría verdadera, después de todo.

Algunas objeciones al utilitarismo

Sin embargo, el utilitarismo parece tener muchos defectos. Una objeción clásica es que nos convierte en «cerdos».

Supongamos que la felicidad y el placer son las únicas cosas de valor absoluto en el universo. Obviamente, entonces, todos nosotros deberíamos tratar de producir, y también de obtener, tanta cantidad de estas cosas absolutamente valiosas como fuera posible. Pero algunas clases de felicidad y de placer son más difíciles de obtener que otras. Por ejemplo, la felicidad de convertirse en un gran jugador de ajedrez o en una gran estrella del ballet es dada sólo a unos pocos. Las clases de placer y de felicidad más seguras y más comunes son las más simples y más animales: la comida y la bebida, el sexo, el calor y la comodidad, holgazanear, la lucha, el juego de azar, los juegos sencillos que todo el mundo puede entender, etcétera. Incluso si pensamos que todas estas cosas son buenas a su manera, difícilmente podrá decirse que alguna de ellas sea especialmente noble o digna. El utilitarismo, se arguye, nos dice que es mejor ser un cerdo feliz que un filósofo infeliz. Pero a algunas personas les cuesta aceptar semejante idea.

Robert Nozick desarrolla otro argumento antiutilitarista. El utilitarismo, dice, implica que deberíamos preferir la ilusión a la realidad. Pero lo cierto, señala, es que los seres humanos prefieren la realidad no ideal a la ilusión agradable.

Supongamos que alguien inventase una máquina que simulara la vida real. Uno se tumba en esa máquina y ella estimula su mente de alguna manera, de modo que se tenga la ilusión de que se están experimentando todo tipo de acontecimientos felices y agradables. Todo el tiempo, sin embargo, uno está simplemente imaginándolo todo.

Nozick piensa que instintivamente nos rebelamos contra la idea de los placeres ilusorios y que nos negaríamos a subir a semejante máquina. Preferiríamos tener una mezcla de placeres y penas reales, antes que una existencia basada completamente en la ilusión, con todo lo agradable que esta ilusión pudiera ser. Así pues, preferiríamos arriesgarnos a buscar la felicidad por nosotros mismos antes que hacer que nos fuera proporcionada por medios mecánicos que no hemos escogido.

Otra dificultad del utilitarismo es que parece decirnos que deberíamos concentrar nuestros esfuerzos morales en la gente que experimente felicidad fácilmente e ignorar a aquellos que son difíciles de ayudar.

Por poner un ejemplo sencillo, supongamos que a Morgan se le da bien hacer feliz a la gente porque cuenta buenos chistes. Entonces, cuenta un chiste a la familia Blob y a la familia Grob. Los Blob y los Grob ríen con ganas, pero mientras los Blob dicen que se sienten un poco más felices como consecuencia del chiste, los Grob dicen que se sienten cien veces más felices. Esto sucede porque los Grob son unos monstruos de utilitarismo, es decir, criaturas que sienten una intensa felicidad por cosas pequeñas. Puede parecer que si Morgan fuese un utilitarista tendría que concentrar todos sus esfuerzos en los Grob.

Este tipo de elección puede plantearse en la vida real. Por supuesto, no hay monstruos de utilitarismo reales. A la gente que ya es razonablemente alegre es más fácil hacerla todavía más feliz que a aquellos que tienen muchos problemas en la vida.

Examinemos las decisiones que tienen que tomar aquellos que se gastan nuestros impuestos por nosotros, los constructores de viviendas, por ejemplo. Un constructor de viviendas puede perfectamente tener que decidir entre gastar el dinero en hacer unas pocas casas mucho mejor (causando así una gran felicidad a unos pocos habitantes) o hacer muchas casas un poco mejor (causando así una poca felicidad a una mayor cantidad de gente). Si los inquilinos del primer grupo son unos monstruos de utilitarismo como los Grob, o incluso simplemente más alegres por naturaleza que el ciudadano medio, entonces parece que un constructor de viviendas utilitarista debería gastarse el dinero en ellos. Pero la justicia puede perfectamente sugerir justo lo contrario, sobre todo si la mayor cantidad de gente anda mucho peor de dinero de lo que se considera aceptable en su propia sociedad.

G. E. Moore sugiere una respuesta a este problema. Dice que prevenir la desgracia es más importante que crear una felicidad positiva. En realidad, no hay ningún fundamento racional para considerar que esta opinión, aparte de la intuición común, sea correcta.

Por último, ni las teorías deontológicas ni las consecuencialistas pueden encajar plenamente con las intuiciones del sentido común de la gente de la calle. Tal vez sea porque las teorías que hemos estado viendo son monistas, y quizás lo que se necesite sea una teoría pluralista. Después de todo, ¿por qué una idea sencilla, por ejemplo la idea de que el único valor absoluto es la felicidad, tiene que ser la correcta? ¿Hay alguna razón para suponer que las ideas sencillas son siempre mejores que las complicadas? ¿Es más probable que sea verdadero el monismo que el pluralismo? En la vida real es cierto que la gente adopta principios de conducta, pero también tiene en cuenta las consecuencias. Tal vez entonces sea éste el modo mejor, o el único posible, de comportarse. Aceptar sin más el pluralismo puede, además, ayudar a resolver cuestiones difíciles y casos problemáticos, como el de la promesa en el lecho de muerte.

Sin embargo, al final probablemente siempre nos enfrentaremos a elecciones difíciles, por mucho que deseemos hacer lo que es correcto. Habitualmente, en efecto, es bastante obvio saber qué es lo correcto. Pero si alguien hace lo equivocado, las razones para ello son también bastante obvias: el egoísmo, la debilidad, etc., explican muchas malas decisiones. Puede ser que algunas preguntas no tengan ninguna respuesta correcta, y puede ser también que algunas decisiones difíciles sean difíciles precisamente porque los argumentos a favor y en contra tienen el mismo peso. La vida humana puede que sea justamente así. Afortunadamente, no es así todo el tiempo.

11. La vida y la muerte

Algunos de los problemas más antiguos de la filosofía tienen que ver con cuestiones relativas a la vida y la muerte. En metafísica, la posibilidad de la inmortalidad, ya sea la del alma o (después de la resurrección) la del cuerpo, y la hipótesis de la reencarnación en la tierra han sido temas de investigación durante al menos dos mil años. En filosofía moral se han planteado cuestiones acerca de la maldad o no del asesinato, el suicidio, la eutanasia, el aborto y el dejar morir a gente que podría ser salvada.

En este capítulo sólo hay espacio para tratar dos de estos asuntos: el asesinato y el suicidio. Estudiaremos varios aspectos y argumentos diferentes: unos tradicionales, otros filosóficos, otros históricos y otros legales.

¿Qué es el asesinato?

El asesinato es el hecho de matar, pero no cualquier hecho de matar. Consiste en la muerte no accidental de seres humanos causada por seres humanos. Así pues, estrictamente hablando, la destrucción de animales no humanos tanto por otros animales como por seres humanos no es asesinato (por supuesto). En segundo lugar, el perpetrador de un asesinato tiene que saber que su acción inmediata va a ocasionar una muerte o, en el caso de que ignore este hecho, debe ser culpable de dicha ignorancia. Un hombre que dispara a otro hombre que está hábilmente disfrazado de árbol y al que él confunde con un árbol no es un asesino; pero alguien que negligentemente dispara una pistola cerca de un grupo de personas, trayéndole sin cuidado si el tiro le alcanza a alguien o no, podría perfectamente ser tomado por un asesino y daría igual todo lo demás. Es útil recordar aquí que el asesinato es en parte un concepto legal y que la definición de aquello que constituye un asesinato desde el punto de vista de la ley sufre ciertas variaciones según los distintos países.

Los niños muy pequeños no pueden cometer un asesinato porque no tienen idea de lo que es la muerte ni de lo que son la causa y el efecto. Pero los niños más mayores, que ya saben de la muerte y del asesinato, sí están capacitados para realizar este crimen. A un adulto sano que afirmase no saber que las pistolas son peligrosas o que el asesinato es malo no se le creería ni se le debería creer.

Esta breve explicación deja muchas preguntas sin responder. ¿Existen tipos distintos de asesinato? ¿Es exactamente lo mismo asesinar que matar a gente inocente? ¿La guerra es un tipo de asesinato? ¿La autodefensa es siempre asesinato? ¿Es el asesinato malo por definición?

Esto significa que hay más de una clase de asesinato. En las leyes estadounidenses se clasifica a los asesinos en tres grados (asesinos de primero, de segundo y de tercer grado), clasificación esta que refleja diferencias que dependen en parte del grado en que las muertes han sido intencionadas. En Gran Bretaña, los homicidios culpables se dividen en asesinatos y homicidios sin premeditación. El asesinato implica, o bien intencionalidad, o bien una negligencia muy grave; el homicidio sin premeditación es únicamente el resultado de una negligencia. Todos estos tipos de homicidio pueden tener lugar en «circunstancias atenuantes». Algunos casos de homicidio sin premeditación en Gran Bretaña contarían en los Estados Unidos como asesinatos de segundo o de tercer grado.

Por lo tanto, podemos decir que los asesinatos comprenden casos «nucleares» y casos «de la penumbra». Dentro de los primeros, están los asesinatos deliberados de seres humanos llevados a cabo en época de paz y no en defensa propia por personas de mente sana que no actúen coaccionadas. En la penumbra están algunos homicidios causados por negligencia, algunos asesinatos judiciales y, cuando menos, algunos actos de guerra. Más allá de la penumbra se encuentra el homicidio sin premeditación, y más allá de éste las muertes no culpables causadas a seres humanos u otros animales. Los asesinatos de primer grado tal y como están definidos en los Estados Unidos formarían parte de los nucleares, mientras que los asesinatos de segundo y tercer grado pertenecerían a la penumbra. En Inglaterra algunos asesinatos están en la frontera entre el homicidio sin premeditación y la penumbra exterior del asesinato.

Las tradiciones cristiana y judía enseñan que la muerte deliberada de gente inocente siempre es asesinato. De ello no se sigue, por supuesto, que *solamente* la muerte de gente inocente sea asesinato. Por lo tanto, la distinción entre inocente y culpable no nos permitirá distinguir invariablemente los asesinatos de otros homicidios. Es posible, por ejemplo, que alguien mate a un hombre que resulta ser un ladrón, pero que no lo haga mientras éste está robando ni tampoco porque haya robado en el pasado, sino sencillamente por alguna razón personal; esta muerte sería un asesinato y daría igual todo lo demás –al menos en los sistemas legales occidentales–, a pesar de que la víctima no sea en términos generales un hombre inocente. La definición tradicional podría quizá reformularse del modo siguiente: «El asesinato es la destrucción deliberada de individuos que son inocentes del crimen o de la otra muerte que es la razón esgrimida (si es que se ha esgrimido alguna razón) para matarlos». De acuerdo con esta versión, un criminal profesional ahorcado después de haber sido incriminado por la policía mediante una estratagema debería ser considerado víctima de un asesinato. Lo mimo ocurre en las guerras modernas con todas aquellas personas no combatientes y neutrales que sean blanco de los militares. Sin embargo, los juristas estarían en desacuerdo con estas dos últimas inferencias.

El asesinato y la guerra

Hay más problemas relacionados con la idea de inocencia. Se ha sostenido la tesis de que en el caso de una

guerra injusta los voluntarios y los reclutas no son inocentes: todos ellos se convierten en asesinos o en algo
parecido a asesinos. Esta doctrina nos permite afirmar
que la excusa que dan, por ejemplo, aquellos que han
participado en un genocidio cuando dicen «Yo sólo estaba cumpliendo órdenes de arriba» no es ninguna excusa en absoluto. Pero, por otra parte, la doctrina de
la culpabilidad general sustituye a lo que en algunos
casos puede parecer un esfuerzo insoportable por
mantener la importante distinción entre acciones realizadas de manera voluntaria y acciones realizadas por
compulsión.

Uno de los objetivos de la doctrina anterior sobre la
inocencia y la culpabilidad es, o era, proporcionar una
forma de liberar de la categoría de asesinato a la mayoría de los tipos de acción militar. La doctrina medieval
de la justicia en tiempo de guerra proclamaba (cosa
realmente plausible) que se puede permitir la guerra
defensiva a menos que los medios utilizados sean malvados. La estipulación de lo malvado supone, según la
explicación de Vitoria, Grocio y otros, lo siguiente: poner deliberadamente como blanco militar a personas
neutrales y no combatientes no está nunca justificado
y es un asesinato en toda regla, o al menos algo igual de
malo que el asesinato.

Así pues, esta doctrina sostiene que una guerra agresiva (es decir, no defensiva) llevada a cabo por una causa justa es permisible, si bien con las mismas condiciones que la guerra defensiva. Versiones posteriores
sostienen que una acción militar agresiva no es un acto
criminal siempre que uno esté en el lado «bueno» o
que no sepa que está en el lado malo. Esta interpreta-

ción del significado de inocencia estropea la doctrina tradicional de la guerra justa, porque –con tal que se dé la suficiente ignorancia y autodecepción por parte de los agresores– permite cualquier tipo de violencia internacional e interracial. Los lectores tal vez estén de acuerdo en que la época moderna necesita ahora urgentemente de un concepto revitalizado sobre lo que es la justicia y la injusticia en la guerra. Hasta que se haya desarrollado dicho concepto seguirá siendo realmente difícil explicar la diferencia entre el arte de la guerra y el asesinato.

El asesinato y la autodefensa

¿Se tiene derecho a matar en defensa propia? Si así es, ¿hasta dónde llega este derecho? ¿Abarca la protección de la propiedad privada? ¿Se tiene el derecho, o incluso la obligación, de salvar a otras personas de ataques homicidas matando a sus atacantes si es preciso?

El derecho a la defensa de la propia vida es considerado absoluto por muchos filósofos, y muy especialmente por Thomas Hobbes. Hobbes escribe: «Un hombre no puede renunciar al derecho de resistirse a aquellos que le asaltan por la fuerza para quitarle la vida»; y: «Un pacto para no defenderse a sí mismo de la fuerza por la fuerza es siempre nulo». Para él, a un hombre condenado no se le debería castigar por escapar de la prisión o por atacar al verdugo. Por otra parte, prácticamente todos los gobiernos ponen límites estrictos a los casos en que un ciudadano puede matar en defensa propia. Los gobiernos arguyen que el derecho

a la autodefensa ha sido sustituido por las disposiciones de protección policial y de reparación legal del
daño. Todos estos mismos jueces y políticos admiten
que un ciudadano o ciudadana tiene derecho a defender su vida, si es preciso matando, cuando sea demos-
trable que no se puede contar con la protección de los
agentes de policía. Sin embargo, en Gran Bretaña y en
Europa los juzgados sólo en muy raras ocasiones reconocen que se ha llegado a tal situación. En cambio en
Estados Unidos parece presuponerse lo contrario.

La doctrina occidental tradicional de la autodefensa
se apoya en la premisa de que todo ser humano tiene el
derecho natural a la vida, derecho que, sin embargo, es
objeto de ciertas limitaciones provenientes de la necesidad que tiene la comunidad de imponer castigos
(que pueden incluir la pena de muerte) a los crímenes
graves. El derecho a la vida supone el derecho a defender la propia vida frente a un ataque directo, siempre
que los medios de autodefensa no sean malvados. El
único motivo debe ser protegerse a sí mismo, no hacer
daño al atacante. Matar al atacante no es permisible si
existe la posibilidad de escapar. El derecho a matar
para salvar a otra persona de un ataque directo está sujeto a estas mismas condiciones y limitaciones.

Matar a un atacante directo cuando verdaderamente ésta es la única forma de preservar la propia vida no
se considera asesinato en las leyes occidentales.

Los reportajes de los periódicos norteamericanos y
franceses acerca de procesos legales de este tipo parecen indicar que ambos países permiten a sus ciudadanos matar a intrusos como una forma de defender la
propiedad privada.

¿Por qué es malo el asesinato?

¿Es el asesinato malo *por definición*? Si no, se precisa una explicación sustantiva de lo que es su maldad.

Analicemos la siguiente definición: «Los tíos biológicos por parte de padre son los hermanos del padre». Esta verdad se apoya en reglas del lenguaje que rigen los usos de las palabras «tío», «padre», «hermano», etc. Y dado que las reglas subyacentes son meramente lingüísticas sería absurdo preguntar: «Pero *¿por qué* exactamente los tíos biológicos por parte de padre son los hermanos del padre?». De forma similar, si el asesinato fuese malo por definición no tendría sentido preguntar: «Pero *¿por qué exactamente es malo el asesinato?*».

Ahora bien, cuando se hacen intentos de justificar algunos tipos concretos de homicidio existe una tendencia a dar otro nombre nuevo a los hechos, como por ejemplo «eutanasia», «asesinato político» o «lucha de liberación». La tendencia a rebautizar los asesinatos que se suponen justificados, la tendencia a falsear las *palabras,* parece apoyar la tesis de que el asesinato es malo por definición. Sin embargo, esta conclusión no es satisfactoria del todo. La creencia de que el asesinato es malvado seguramente se basa en algo más que meras consideraciones lingüísticas.

¿Por qué está condenado el asesinato en todos los países civilizados? Hay tres razones interrelacionadas que tienen que ver, respectivamente, con el *valor intrínseco,* el *valor subjetivo* y los *derechos naturales.*

Sócrates dice que algunas cosas y situaciones son buenas como medios para alcanzar fines, otras como fines en sí mismas (es decir, intrínsecamente buenas) y otras, por último, son apreciadas como las dos cosas: como medios y como fines. Todos los seres humanos, se den cuenta de ello o no, tratan algunas cosas y algunas situaciones como fines. No es difícil encontrar ejemplos: la salud y la felicidad son consideradas en todas partes como intrínsecamente buenas; y también, probablemente, la belleza y la fuerza. Asimismo, mucha gente piensa que el aprendizaje, el conocimiento y la experiencia tienen un valor intrínseco.

La vida humana en sí es valorable intrínsecamente. Es imposible valorar la vida humana en general sólo como un medio útil para alcanzar algún otro propósito. Ciertamente, nadie piensa de este modo de su propia vida o de la vida de las personas que quiere. El valor intrínseco de la vida humana es cosa de la razón y del sentido común. Si la vida humana no fuera intrínsecamente buena, muy pocas cosas podrían serlo; quizá ninguna otra. ¿Cómo, por ejemplo, podrían importar la salud y la felicidad de los seres humanos si no importasen nada los propios seres humanos?

Tradicionalmente al valor intrínseco de la vida humana se le ha dado una explicación religiosa, y por esta razón se dice a veces que la vida es «sagrada». La visión religiosa proviene, por supuesto, de la historia bíblica de la creación. En el Génesis se dice que Dios hizo al hombre a su propia imagen, luego la vida humana es sagrada porque los seres humanos son semejantes a Dios. Con todo, también es posible comprender el valor intrínseco de la vida humana sin basarse en una explicación religiosa.

El término *valor subjetivo* tiene que ver con el hecho de que normalmente todo individuo humano le da un gran valor a su propia vida. Por supuesto hay excepciones a la regla, ya que a algunos hombres y mujeres parece no importarles si viven o mueren. Pero muy frecuentemente estos casos son de individuos que se están acercando al final de sus vidas o de enfermos mentales. Hay que admitir, sin embargo, que una grave desgracia puede hacer que la gente desee morir, aunque no sea vieja ni esté enferma. Estos fenómenos se tratarán más adelante en las secciones dedicadas al suicidio.

Una tercera razón por la que se condena el asesinato tiene que ver con la importancia, tanto en la historia como en la filosofía, de la teoría de los *derechos naturales*. Como ya hemos visto, Thomas Hobbes sostiene que no se puede renunciar al derecho a la vida, al que considera un derecho inalienable. John Locke –cuyas ideas políticas se consideran los cimientos intelectuales de las revoluciones norteamericana y francesa– afirma que todo hombre tiene el derecho natural a la vida, a la libertad y a la propiedad. Está claro que el derecho a la vida debe ser fundamental, puesto que el ejercicio de todos los demás derechos naturales depende ante todo de que uno esté vivo. El asesinato viola el derecho humano más fundamental.

¿Qué es el suicidio?

Se ha afirmado que el suicidio puede ser noble y hasta santo. La muerte de Sócrates se cita con frecuencia para apoyar esta visión. Otro ejemplo que se aduce en este sentido es la historia del capitán Oates, uno de los compañeros de Scott en la desafortunada expedición

británica a la Antártida. En 1912, durante la acampada
en el Polo Sur, Oates se adentró en la tormenta de nieve
creyendo, al parecer, que al irse él de la tienda de campaña compartida ayudaría a salvar las vidas de los demás miembros del equipo. Estaba equivocado, pues todos sus compañeros murieron poco después, pero por
lo general su intención se ha tomado como algo maravillosamente bondadoso.

Estos ejemplos no demuestran que algunos suicidios sean nobles, sino más bien que no todas las acciones autodestructivas son suicidios. El amor por el riesgo y por las actividades peligrosas –como por ejemplo
la escalada en rocas– no es de por sí un síntoma de tendencias suicidas. Conducir coches rápidos *puede* llevar
a la muerte, pero esto no significa que aquellos que los
conducen estén realmente buscando la muerte. Enro-
larse en el ejército conlleva un riesgo de morir joven,
pero no por ello es un suicidio: el soldado que obtiene
una medalla póstuma por su valor después de haberse
arrojado a sí mismo una granada de mano con el fin de
proteger a sus camaradas no ha cometido suicidio,
aunque sí podría hablarse de «coraje suicida». (De todos modos, la expresión «coraje suicida» es en realidad
un símil. Significa algo así como «coraje que tiene la
apariencia de suicidio».)

Está claro que la muerte de Sócrates no fue suicidio.
Para los griegos, dar cicuta era un modo de ejecución.
Sin duda, si un condenado hubiera osado negarse a tomar el veneno se le habría dado muerte de alguna otra
forma más dolorosa. La imagen de Sócrates tragando serenamente cicuta es comparable en la actualidad a la de
una persona caminando serenamente hacia el patíbulo.

Para que un acto se considere suicidio no basta con que acabe en muerte, ni tampoco con que implique una elección consciente de la muerte. Sócrates no se habría tomado el veneno si las autoridades atenienses le hubiesen concedido el perdón y la libertad; Oates no se habría adentrado en la nieve si un equipo de rescate hubiese llegado a tiempo de salvar a la expedición; el valiente soldado sólo quería proteger a sus camaradas. Esta gente no deseó morir «a toda costa».

¿Es siempre un error el suicidio?

Las opiniones sobre el suicidio suelen ser radicales: o todo, o nada. En las doctrinas tradicionales judía y cristiana, la ley de Moisés en contra del asesinato es absoluta, y normalmente se considera que incluye también el autosacrificio. En el extremo opuesto está la idea de que el suicidio, o bien nunca es del todo un error, o bien sólo es un error cuando trae malas consecuencias. Mientras los utilitaristas creen que sólo debería ser condenado cuando conduce al dolor o al empobrecimiento de los supervivientes, otros sostienen que, como mi vida es sólo mía, puedo hacer con ella lo que quiera, por muy desafortunados que puedan ser los efectos de mi pérdida sobre aquellos que me sobreviven.

La visión que se expondrá a continuación es menos extremista que las mencionadas. El suicidio, aunque es normalmente irrazonable y algunas veces malo, no tiene por qué serlo siempre. En defensa de esta postura veremos algunos contraejemplos importantes y a continuación analizaremos el significado de la frase hecha «mi vida es sólo mía».

Suicidio in extremis

Aunque tener el deseo de morir «a toda costa» y realizarlo de forma completamente individual es una condición suficiente para un suicidio, tal vez no sea una condición necesaria. Hay casos de autodestrucción que deberían considerarse suicidios, y así los considera la mayoría de la gente, aunque el individuo no desea la muerte «a toda costa» sino evitar una alternativa terrible. Durante la guerra contra la Alemania nazi, los agentes secretos británicos llevaban a veces cápsulas de veneno para tragárselas si eran capturados. Estos individuos no deseaban morir «a toda costa», sino que deseaban morir rápidamente como alternativa a ser torturado lentamente hasta la muerte y traicionar a sus camaradas durante la tortura. Parece razonable describir tales muertes como «suicidios justificables». Los enfermos de cáncer que se tragaban sobredosis de morfina en los tiempos en que las técnicas de control del dolor eran más limitadas que hoy entran, seguramente, dentro de esta misma categoría.

Por tanto, parece que es posible una justificación para estos suicidios in extremis.

«Mi vida es sólo mía»

¿Se puede sostener que el suicidio es *siempre* permisible? Hay quien ha afirmado que, del mismo modo que se tiene derecho a destruir las posesiones personales –periódicos viejos, teteras, vestidos pasados de moda...–, también se tiene derecho a destruir la propia vida. Porque la vida es una posesión y la vida de cada persona pertenece únicamente a esa persona.

Suponiendo, según este argumento, que realmente poseo mi propia vida, ¿se sigue de ello que tengo derecho a la autodestrucción? Mi derecho a destruir algún objeto sin importancia, como un periódico o una tetera, no hace falta cuestionarlo; pero ¿significa esto que me es lícito destruir cualquier cosa que posea? Puede ser que yo posea una maravillosa colección de obras de arte, por ejemplo, y destruir estas posesiones, esta colección, sería hacer algo terrible.

La vida humana es algo valioso, y cada individuo humano es único. Es cuestionable si la posesión confiere un derecho absoluto a destruir cosas que son valiosas y únicas.

En cualquier caso, el concepto de *poseer* la propia vida más bien parece peculiar. La *posesión* en este contexto tiene toda la apariencia de ser una metáfora de poder o de derecho. Otros casos de *posesión* de una vida son más que peculiares. En la antigua Roma, los padres tenían derecho legal a matar a sus hijos recién nacidos, derecho basado, sin duda, en la idea de que los niños les pertenecían. El derecho de un marido a matar a su esposa adúltera seguramente estaba basado en la concepción de que la vida de ella pertenecía al marido. Las sociedades occidentales modernas, influidas como están por el cristianismo y, más tarde, por el feminismo, han decidido que las antiguas ideas sobre la posesión que hacían referencia al derecho absoluto de los padres y maridos sobre las vidas y muertes de sus familias eran una barbaridad.

Así pues, no se puede afirmar que mi vida sea completamente mía, ni siquiera metafóricamente. Se puede decir que mi vida pertenece en parte a la sociedad en el seno de la cual he nacido y que me ha alimentado en todos los sentidos. Esta visión la han adoptado muchos Estados, tanto antiguos como modernos.

Sin embargo, en algunos países, y de forma notable en Japón, el suicidio no es visto con reticencias. Parece ser que si, por ejemplo, un hombre de negocios japonés está a punto de ser destituido porque se le han descubierto públicamente transacciones económicas poco honradas, la gente vería bien que evitara la vergüenza del castigo suicidándose. Desde el punto de vista occidental, un suicidio de este tipo no parece mucho mejor que salir huyendo de un policía. En Occidente, el suicidio de un hombre de negocios poco limpio no es visto como una forma honrosa de resarcir a sus víctimas, sino como una forma deshonrosa de evitar la restitución. ¿Cuál de los dos puntos de vista es más racional? La muerte del hombre de negocios sólo puede suponer una restitución simbólica, incluso en Japón, mientras que hacer frente a las circunstancias puede suponer una oportunidad de realizar una restitución en el sentido literal de la palabra. Podemos, pues, concluir de momento que evitar la vergüenza y el castigo no es una base éticamente racional para la autodestrucción.

Suicidio y utilidad

La postura utilitarista ante el suicidio es más o menos la siguiente: una desgracia seria es una razón suficien-

te para la autodestrucción siempre que nadie más su-
fra por la muerte del individuo suicidado. Además,
sólo la persona en cuestión puede juzgar el grado de
su propia infelicidad y dolor. Es correcto que los tran-
seúntes demoren el intento de suicidio de un hombre,
pero sólo durante el tiempo necesario para averiguar
si tiene o no personas que dependan de él o que sufran por su muerte, así como si está mentalmente
sano y sabe lo que está haciendo. Si no tiene amigos ni
personas a su cargo, está sano y ha decidido que su
desgracia es grave e irreparable, entonces se le debería
permitir que se suicide.

Hay un error fundamental en esta postura, relacionado con la premisa de que sólo un individuo infeliz sabe lo mala que es su situación. La experiencia
común nos dice que justamente una infelicidad profunda puede ser sólo temporal. Éste es el caso especialmente cuando una persona joven decide que su
vida no merece la pena. Puede fácilmente suceder
que la gente mayor con más experiencia esté en condiciones de decir a esos jóvenes suicidas que su estado de ánimo es temporal y menos grave de lo que a él
le parece.

Las acciones de la gente muy mayor tienen de alguna manera un significado diferente del de las de los
jóvenes. En una persona mayor y débil, la decisión de
rechazar el tratamiento médico no tiene por qué considerarse un intento de suicidio o algo parecido. Una
decisión así significa reconocer que de todos modos
la muerte natural se está aproximando rápidamente y
debería ser aceptada con ecuanimidad.

Conclusiones

La frontera entre las muertes más culpables y las menos culpables se ha trazado de modo diferente en las distintas jurisdicciones, pero, al menos en Occidente, las variaciones no son grandes. En general, los límites entre el asesinato y otras clases de muerte no son completamente estrictos, pero tampoco son seriamente difusos. Las peores incertidumbres tienen que ver con la guerra y con la pena capital. No está en absoluto claro cuándo, y hasta qué punto, la guerra y la pena capital suponen ser un asesinato. (Por supuesto, según los pacifistas la respuesta es: «siempre y completamente».)

Ni el suicidio ni el asesinato son malos por definición. Las razones por las que estas acciones son malas tienen que ver, en primer lugar, con el valor intrínseco de la vida humana; en segundo lugar, con el valor subjetivo de la vida humana; y en tercer lugar, al menos en el caso del asesinato, con el concepto de derecho natural.

Es concebible, pero improbable, que el asesinato sea en algún caso un mal menor que otra alternativa. En cambio, parece más verosímil que el suicidio no sea invariablemente irracional ni invariablemente malo.

Los utilitaristas tienen razón al insistir en que el dolor de los supervivientes debería ser una razón de peso en contra de cualquier deseo de autodestrucción.

La idea de que me pertenece mi propia vida es peculiar. Nadie posee *literalmente* la vida de nadie. En este contexto, la posesión es, en el mejor de los casos, una metáfora de poder o de derecho legal; y el poder, la ley y el derecho requieren una base, una justificación.

El sentido común y la experiencia indican que no siempre la gente infeliz puede medir adecuadamente el grado de su infelicidad. La felicidad y la desgracia son estados que vienen y se van en todas las vidas humanas, y ya este hecho significa que el suicidio suele ser, si no rotundamente cobarde, sí al menos irrazonable.

Parte III
Filosofía política: la filosofía del Estado y del ciudadano

12. Autoridad y anarquía

Para muchos lectores, la palabra «anarquía» sugerirá una situación de caos social y de violencia sin restricción. Los anarquistas *teóricos*, sin embargo, no dicen que una situación de caos social sea algo bueno a lo que aspirar. La teoría del anarquismo es que nosotros, la raza humana, estaríamos mejor si no hubiera Estados. Los anarquistas sostienen que hay métodos más sencillos y mejores de organizar la sociedad humana. Según teóricos como P. J. Proudhon, la violencia grave y el caos social no son ocasionados por individuos, ni por pequeños grupos de individuos, sino por el propio Estado. Proudhon definió el gobierno como sigue:

Ser gobernado es ser observado, inspeccionado, espiado, dirigido, obligado por la ley, numerado, regulado, registrado en una lista, adoctrinado, sermoneado, controlado, inspeccionado, estimado, tasado, censurado, mandado por criaturas que no tienen ni el derecho, ni la sabiduría, ni la virtud para hacerlo [...] es ser [...] registrado, contado, gravado con impuestos, catalogado, medido, numerado, valorado, permitido, autorizado, amonestado, impedido, prohibido, reformado, corregido, castigado. Es, bajo el pretexto del interés público, [...] ser obligado a una contribución, instruido, desplumado, explotado, monopolizado, extorsionado, exprimido, engañado, robado; después, a la más mínima resistencia, a la primera palabra de queja, ser reprimido, multado, denigrado, acosado, acorralado, insultado, aporreado, desarmado, atado, asfixiado, encarcelado, juzgado, condenado, arrojado, expulsado, sacrificado, vendido, traicionado y, para rematarlo, burlado, ridiculizado, mofado, ultrajado, deshonrado. Esto es el Gobierno; ésta es su justicia; ésta es su moralidad.

Proudhon fue encarcelado por defender estas opiniones.

Anarquismo de izquierdas y de derechas

La diferencia entre el anarquismo de izquierdas y el de derechas es ésta: los anarquistas de izquierdas, como los del siglo XIX –el príncipe Kropotkin es un ejemplo–, creen que la futura sociedad humana ideal (sin Estado) se mantendrá unida por una cooperación democrática voluntaria. Habrá poca o ninguna propiedad privada, excepto los bienes personales como la ropa, puesto que la tierra y los principales medios de producción serán propiedad de la comunidad.

El anarquismo de derechas es una rama de una moderna teoría política, que en ocasiones se denomina *libertarismo capitalista*. Los libertarios pretenden que el Estado tenga una presencia máxima, aunque algunos no quieren que tenga ninguna. Estos anarquistas de derechas creen que la sociedad humana ideal se basa en el derecho absoluto a la propiedad privada y se mantendrá unida por una cooperación voluntaria en intercambios económicos, bien entre individuos, bien entre corporaciones de negocios pequeñas y grandes. Los anarquistas de derechas –y sus primos hermanos los «estatistas mínimos»– tienen la esperanza de llegar a una situación en la que las operaciones del capitalismo no sufran ninguna limitación. El capitalismo, dicen, siempre trae enormes beneficios a todos los que están implicados en él, pero la legislación y los impuestos reducen la efectividad del sistema y, por lo tanto, los beneficios que de él derivan. Si los impuestos, la legislación antimonopolio y otras restricciones semejantes fueran abolidas, entonces el funcionamiento natural del sistema capitalista se desharía de los bienes de mala calidad, de la contaminación y de la ineficacia de un modo totalmente automático.

¿Puede ser abolido el Estado?

Suponiendo que hemos decidido, por consideración al argumento, que los gobiernos son algo malo, ¿podríamos deshacernos de ellos? No podemos simplemente salir corriendo y huir del gobierno, porque no quedan en la tierra lugares hacia donde digirirnos. Prácticamente cada trozo de la superficie terrestre está actualmente dentro de las fronteras de algún Estado.

En el pasado, los anarquistas de izquierdas (socialistas) sostenían que el único modo de deshacerse del Estado era asesinar a los legisladores o hacer una revolución general. Aquí, sin embargo, hemos de señalar una importante excepción: Gandhi. Gandhi era un tipo de anarquista de izquierdas que creía que la mejor sociedad sería la que se basara en la cooperación voluntaria entre pequeños grupos (aldeas o comunas). Pero estaba en contra de la violencia, incluida la rebelión violenta; en su lugar, abogaba por las técnicas de la resistencia pasiva.

Los modernos anarquistas libertarios de derechas (capitalistas) tienden a recomendar formas de actuación no revolucionarias. Los hay que sostienen que el Estado podría ser abolido por medios políticos democráticos, y otros creen que, a medida que los gobiernos vayan asumiendo cada vez un mayor control de nuestras vidas, se volverán cada vez más ineficaces y con el tiempo se colapsarán espontáneamente. Algunos antiestatistas recomiendan la táctica de conversión de la élite: se trata de intentar persuadir a la gente inteligente y a quienes tienen posiciones de poder e influencia (generales, grandes hombres de negocios...) para que dejen de cooperar con los gobiernos. Cuando la élite haya sido convertida al anarquismo, el Estado moriría.

El marxismo al antiguo estilo dice que sólo una revolución violenta puede deshacerse del capitalismo y de los gobiernos capitalistas. Marx sostenía que después de una revolución anticapitalista exitosa se formaría un Estado nuevo, pero transitorio: «la dictadura del proletariado». Este Estado proletario se extinguiría pronto, dejando su lugar al comunismo, en el cual no existirían los Estados, como sabemos. Sin embargo, parece que la historia ha demostrado que la llamada dictadura del proletariado no se extingue poco a poco. Al contrario: es un tipo de gobierno que extiende sus tentáculos a todos los aspectos de la vida humana. La revolución marxista, pues, no trae ni la anarquía ni la libertad y, en cualquier caso, una revolución violenta, en favor de cualquier causa que sea, siempre será una política arriesgada.

¿Podrían ser abolidos los Estados y el gobierno de una manera democrática? Hay algo extraño en la idea de presentarse a las elecciones por una plataforma de abolición del gobierno. ¿Votaría alguien a candidatos cuyo objetivo fuese abolir las instituciones para las que están pidiendo ser elegidos? ¿Creería alguien que su política no era en realidad falsa e hipócrita?

¿Hay alguna probabilidad de que el Estado se extinga por sí mismo? La ineficacia no basta para hacer desaparecer a un Estado. El extenso y poco manejable Imperio Otomano, que según los historiadores era asombrosamente ineficaz y corrupto, duró varios cientos de años. Su colapso final no fue seguido por una situación de falta de Estado, sino por la inmediata aparición de un grupo de Estados más pequeños y algo más eficaces.

¿Hay alguna cosa que los anarquistas no violentos puedan hacer para incitar al Estado a extinguirse? Algunas ideas —como la sugerencia de que los anarquistas deberían sobornar a la élite— tienen cierto aire de fantasía. Hablando en términos más generales, a nadie debe extrañar que digamos que los ideólogos políticos, tanto los estatistas (B. F. Skinner), como los antiestatistas (Ayn Rand) deberían redactar sus teorías en forma de novelas de utopía y de ciencia ficción. Pues nadie sabe cuál será el verdadero futuro político.

El Estado y el «estado natural»

¿Por qué tenemos Estados? ¿Por qué debemos obedecer al Estado? ¿Hay alguna obligación de hacerlo? ¿O es que nuestra obediencia simplemente se debe al miedo? ¿Es el Estado algo especial, o no es mejor que una banda de ladrones que tiene el indudable poder de dirigirnos en todo, pero ningún derecho a hacerlo?

Una antigua respuesta a la primera pregunta es ésta: el género humano vive sometido a los gobiernos por la misma razón que la abeja vive en colmenas, es decir, porque tiene que hacerlo, porque no puede hacer otra cosa; lo natural es que el animal viva en una colmena (si es una abeja) o en un Estado (si es humano).

Pero esto no parece que sea correcto. En primer lugar, lo que es natural no es inevitable, ni es siempre la mejor opción. Es natural que las vacas, las ovejas y las cabras vivan libres en la naturaleza; sin embargo, y si ignoramos la industria de la carne por el momento, es obvio que las vacas (es decir, las vacas lecheras de campo) y otros animales (digamos los gatos de Angora) viven más tiempo y tienen una vida más fácil como consecuencia de estar domesticados. Del mismo modo, podemos sostener que, aunque tal vez sea natural que los seres humanos vivan en Estados, no es absolutamente inevitable. Y en realidad tal vez fuesen más felices si pudieran vagar salvajes por bosques y selvas.

En segundo lugar, la especie humana es tan sumamente polifacética que resulta difícil decir lo que para ella es natural o antinatural. Su propio carácter polifacético forma parte de la verdadera naturaleza de este animal.

Algunos dicen que para el género humano «todo lo que sea posible es natural». Nosotros pensamos que esto vaya tal vez demasiado lejos. Sería *posible*, quizá, que las personas y las ratas convivieran en colonias simbióticas en los desiertos del Antártico, subsistiendo juntas a base de una dieta de leche de rata. Pero difícilmente esto sería *natural*. El hecho sigue siendo que no es fácil decir qué es natural y qué es antinatural para la especie humana.

Por último, mientras las abejas siempre viven en colmenas, la historia y la antropología nos muestran que los seres humanos no siempre viven en Estados. Algunos seres humanos viven en grupos patriarcales gobernados por viejos abuelos polígamos, otros lo hacen en tribus más grandes, con o sin reyes, sacerdotes y jueces, y unos pocos incluso viven como ermitaños. La razón por la que hoy en día la mayoría de la gente vive en Estados es que dichos Estados son grandes y poderosos, y tienen una fuerte tendencia a destruir cualquier tribu o clan pequeño independiente con el que se puedan encontrar.

Hobbes y Locke

Thomas Hobbes, que sobrevivió a la guerra civil inglesa, dice que el Estado no tiene nada que ver con la condición natural del género humano. Sostiene que la condición *natural* del género humano –«el estado natural»– es salvaje, feroz y peligrosa, convirtiéndose en el principal peligro para las demás personas. En el estado natural, «la condición del hombre [...] es un estado de guerra de todos contra todos» y la vida es «solitaria, pobre, sucia, bestial y corta». La gente *crea* el Estado con el fin de escapar de los horrores de su modo *natural* de vida. Hobbes dice que el primer Estado se creó mediante un contrato en el que los individuos acordaron entre sí establecer un rey que tendría el monopolio del poder sobre ellos y cuyo principal propósito sería mantener la paz. En su opinión, mantener la paz es siempre la función esencial del Estado, y sólo la podrá cumplir si el rey u otro gobernante tiene un poder absoluto. Para Hobbes, cualquier reducción del poder del gobernante conduciría a la guerra civil.

La opinión de Hobbes sobre el Estado, y sobre el estado natural, fue puesta en tela de juicio por otros filósofos; uno de los más conocidos es John Locke. Locke dice que la gente prefiere vivir en paz, y que en realidad puede hacerlo incluso en un estado natural. Para él, los seres humanos tienen ciertos derechos naturales: los derechos a la vida, a la libertad y a la propiedad. El Estado no existe simplemente para preservar la paz: tiene también el deber positivo de mantener y hacer respetar estos derechos naturales. Pero como un monopolio del poder se contradice con este programa, los poderes del Estado deben, en consecuencia, limitarse y repartirse de alguna manera entre diferentes organismos o instituciones.

Las ideas de Locke ejercieron una profunda influencia en la Revolución norteamericana. Su Declaración de Independencia hace referencia explícita a los derechos naturales, de cuya existencia se dice en ella que es «evidente».

Locke y Hobbes disienten acerca de cómo se comportaría en realidad la gente si no hubiera Estado.

Mientras Hobbes piensa que no habría más que lucha, Locke cree que podría haber paz. Ésta es realmente una cuestión de hechos, luego deberíamos ser capaces de resolverla observando la realidad.

Desafortunadamente, la realidad es ambigua. El carácter polifacético de la especie humana se extiende a sus acuerdos sociales, que son bastante variados. Algunos clanes y tribus viven pacíficamente, otros se dedican a luchas intermitentes, y otros, por su parte, viven atacando constantemente a sus vecinos. Nosotros, sencillamente, no sabemos cómo vivirían los seres humanos en un «estado natural». Sí sabemos, sin embargo, que tienen muchas formas distintas de organizar sus vidas, unas belicosas, otras pacíficas.

Hobbes habla de la guerra civil como si fuese la mayor catástrofe concebible que pudiera acontecer a una nación. A nosotros actualmente nos provoca menos temor la posibilidad de una guerra civil que la posibilidad de una guerra entre las superpotencias. La guerra ha cambiado, y también lo han hecho los Estados. La propia justificación del gobierno que hizo Hobbes no pudo tener en cuenta, obviamente, el peligro para la humanidad que proviene de los avances habidos en nuestro siglo en tecnología militar. Y la misma guerra civil también ha cambiado: las llamadas guerras civiles de nuestro tiempo no son en realidad guerras civiles en pleno sentido del término, sino más bien luchas clandestinas entre grandes Estados que tienen como escenario los territorios de naciones más pequeñas. Hoy en día, cuando un país está –supuestamente– en guerra civil, lo que sucede en realidad es que las personas del lugar están siendo usadas como marionetas o mercenarios para llevar a cabo una guerra no declarada entre poderes externos, a menudo entre los gobiernos de los Estados vecinos. Sólo hay que pensar en el Líbano, en África o en América Central para ver que esto es así. Son por estos motivos por los que el anarquismo es –al menos en teoría– una opción más plausible actualmente para nosotros de lo que lo fue para Hobbes en el siglo XVII.

El Estado y su autoridad

Terminaremos este capítulo estudiando una moderna teoría, una especie de hobbesianismo actualizado, propuesta por G. E. M. Anscombe en su artículo «El origen de la autoridad del Estado».

Anscombe dice que seguramente debe de existir *alguna* diferencia entre un Estado y una asociación voluntaria. Y seguramente debe de existir también *alguna* diferencia entre un Estado y una pandilla de bandidos. Pero ¿cuáles pueden ser esas diferencias?

La principal diferencia entre una asociación voluntaria y un Estado es que se puede renunciar a la pertenencia a una asociación voluntaria, pero nunca es posible renunciar al Estado.

Anscombe exagera aquí, pues hay algunas organizaciones en las que uno puede *ingresar* de manera voluntaria, pero no las puede *dejar* tan fácilmente: la Legión Extranjera francesa, por ejemplo, o cualquier ejército voluntario. Por otro lado, a veces es posible obtener un permiso de un determinado Estado para abandonar sus límites y transferir la propia lealtad a otro Estado.

Sin embargo, hablando sobre todo en términos generales, hay una diferencia entre los Estados y las organizaciones voluntarias, a saber, que todo el mundo tiene que pertenecer a un Estado u otro, pero por lo general se puede evitar ingresar en una organización voluntaria.

Es más difícil señalar la diferencia entre un Estado y una eficaz pandilla de bandidos, como la mafia. Anscombe incluso sugiere que puede que no haya tanta diferencia. El Estado y los bandidos utilizan ambos la fuerza para hacerse obedecer. Los Estados, como los bandidos, pueden ser arbitrarios en su comportamiento (ella menciona el gran Imperio Otomano del siglo XV como ejemplo de gobierno arbitrario). Los bandidos, como los Estados, pueden ser a veces benévolos; los Estados, como los bandidos, son a menudo bastante malévolos.

A pesar de todas sus objeciones, al final Anscombe indica que *hay* una diferencia clara entre los Estados y las pandillas de bandidos. La diferencia es que el Estado tiene autoridad.

Ella define la autoridad como *el derecho a tomar decisiones y el derecho a ser obedecido cuando la obediencia es oportuna.*

Pero ¿de dónde proviene este derecho?

Anscombe sostiene que existen tres tipos de derecho: 1) los derechos consuetudinarios, 2) los derechos contractuales y 3) «los derechos de la misión».

La autoridad del Estado es un «derecho de su misión».

Un ejemplo de derecho consuetudinario

En nuestra propia casa tenemos derecho a hacer «peticiones corteses» a nuestros invitados («por favor, no use el baño del piso de arriba, que está reservado para la abuela»). Estas «peticiones corteses», dice Anscombe, son en realidad prohibiciones que uno, como dueño de la casa, tiene el derecho consuetudinario de imponer a sus invitados.

El derecho del Estado a ser obedecido no es así. En primer lugar, la autoridad del Estado siempre se apoya en la fuerza si es necesario, mientras que los derechos consuetudinarios son normalmente mantenidos por una especie de aceptación y de acuerdo silencioso, casi inconsciente.

Ejemplos de derechos contractuales

Entre los derechos contractuales se incluyen los derechos generados por los contratos de negocios formales e informales, por las promesas en general, por el matrimonio y el divorcio... Los contratos son normalmente voluntarios.

La autoridad del Estado no es un derecho contractual porque nosotros, los ciudadanos, nunca hemos prometido obedecer al Estado, ni hemos firmado un contrato para hacerlo; nacemos dentro de las fronteras de este o de aquel Estado, y pronto nos damos cuenta de que tenemos que obedecerlo, nos guste o no.

«Derechos de la misión»

Los derechos de la misión son generados por la existencia anterior de una misión cuyo cumplimiento es deseable o necesario. Por ejemplo, es necesario para la supervivencia de la raza que se realice la tarea de criar a los niños. El derecho de un padre o tutor a criar a un niño es generado por la necesidad de que esta tarea se realice. Este derecho en su conjunto consiste, en este caso, primero, en que a uno no se le impida criar al niño; segundo, en que se le permita tomar decisiones en nombre del niño cuando es demasiado pequeño para decidir por sí mismo; y tercero, en que se le permita hacer que el niño le obedezca cuando sea lo suficientemente mayor para hacerlo, pero aún no sea lo bastante mayor para saber cómo evitar perjudicarse a sí mismo.

Los derechos de la misión presuponen la existencia de cometidos necesarios o deseables. Anscombe sostiene que la autoridad del Estado –su derecho a hacer leyes, a evitar el crimen, a castigar a los criminales, etc.–, se deriva de las tareas necesarias que surgen tan pronto como empieza a convivir mucha gente en grupos. Estas misiones necesarias son, primero, proteger a la gente unos de otros (como Hobbes); segundo, hacer respetar los contratos hechos entre la gente; tercero, mantener y proteger todos los derechos consuetudinarios que parezcan deseables y útiles; y cuarto, organizar empresas a gran escala que beneficien a la comunidad, por ejemplo, construir carreteras y autopistas y organizar un ejército para defender a la comunidad de un ataque exterior.

Anscombe sostiene que el Estado es necesario y tiene autoridad –es decir, que tiene derecho a ser obedecido– porque sus misiones son importantes y reales. Sin embargo, reconoce que en una comunidad diminuta estas tareas pueden, en su lugar, ser realizadas mediante una cooperación voluntaria. Ella reconoce, al menos, que esa misión mayor desaparecería si los seres humanos fuesen sumamente virtuosos y nunca trataran de perjudicarse unos a otros.

Estamos de acuerdo, por consideración al argumento, en que las misiones llevadas a cabo por el Estado son necesarias y en que sólo una organización a gran escala como el Estado podría realizarlas. ¿Se deduce de ello que todo Estado razonablemente eficaz tiene derecho a ser obedecido? ¿No hay nunca un derecho a rebelarse, ni siquiera contra los gobernantes más crueles y tiranos? Sin duda, esto *no* se deduce de ello.

La respuesta de Anscombe a nuestro problema es incompleta. Es necesario algo más para justificar la autoridad, la legitimidad del Estado, que la realización eficaz de una misión. Llevar a cabo una misión es una condición necesaria, pero no suficiente, para la autoridad del Estado.

En nuestros próximos capítulos hablaremos de algunas condiciones adicionales que se han sugerido para hablar de autoridad legítima. Estas condiciones –la *libertad* y la *igualdad*– son dos de los ideales tradicionales de la democracia occidental.

13. Libertad

La libertad es uno de los ideales fundamentales de los Estados democráticos modernos. Pero ¿qué es la libertad?

El 6 de enero de 1941, en un mensaje al Congreso estadounidense, el presidente Roosevelt se refirió a lo que él llamaba «las cuatro libertades»:

Anhelamos un mundo fundado en cuatro libertades humanas esenciales. La primera es la libertad de discurso y de expresión, en todas las partes del mundo. La segunda es la libertad de toda persona a rendir culto a Dios a su propio modo, en todas las partes del mundo. La tercera es la libertad de la miseria [...] en todas las partes del mundo. La cuarta es la libertad del miedo [...] en cualquier parte del mundo.

Libertad «positiva» y «negativa»

Algunos filósofos han tratado de distinguir entre la libertad positiva, o «libertad para hacer», y la libertad negativa, la «libertad de». El mensaje de Roosevelt menciona dos libertades «positivas» –la libertad para hablar y para rendir culto– y dos libertades «negativas», la libertad del miedo y de la miseria.

Sin embargo, nos parece que la diferencia entre la «libertad para hacer» y la «libertad de» no es de gran relevancia filosófica. Esto es así en parte porque la «libertad para hacer» y la «libertad de» a menudo son las dos caras de una misma moneda: en un contexto social o político concreto, «libertad *de* la censura» quiere decir lo mismo que «libertad *para* decir y escribir lo que uno elija», y «libertad *de* la opresión religiosa» quiere decir lo mismo que «libertad *para* rendir el culto que uno elija, o no rendir ningún culto en absoluto».

En suma, la principal diferencia entre «libertad para hacer» y «libertad de» suele ser simplemente verbal. Por lo tanto, pasaremos por alto esta supuesta distinción entre la libertad «positiva» y la «negativa».

Libertad política

No toda libertad es política. Consideremos la «libertad del miedo» de Roosevelt. Él sin duda estaba hablando del miedo engendrado por los regímenes políticos tiránicos, pero la gente tiene también otros miedos. La gente anhela verse libre del miedo a la enfermedad, a la soledad o al fracaso, a las espinillas, al retraso mental o a las depresiones. Por ello, algunos filósofos políticos se han estancado en cuestiones que nos parecen irrelevantes por ser más bien propias de la psicología; y así, por ejemplo, se preguntan si uno es libre para hacer X si tiene una inhibición psicológica para hacer X. Tal vez sea un problema interesante, pero su relación con la libertad *política* es más bien remota.

Nuestra discusión tratará sobre aquellos tipos de libertad que son claramente políticos, es decir, que tienen que ver con la relación entre el individuo y el Estado. Pero como la libertad política es un asunto amplio, nos limitaremos a plantear tres cuestiones básicas.

La primera es: ¿Cuántos tipos de libertad política hay?

La segunda: ¿Están relacionados los diferentes tipos de libertad política? En otras palabras, si una sociedad tiene un tipo de libertad, ¿asegurará esto que tenga también los otros tipos, o no?

La tercera cuestión es: ¿Qué tipo de libertad es el más importante?

Hay cuatro tipos de libertad política: la libertad nacional (como opuesta al colonialismo), la libertad política de un gobierno representativo (como opuesta a la autocracia), la libertad económica y la libertad individual. Las tres primeras son de naturaleza colectiva, es decir, que se refieren a grupos.

La libertad nacional

> Las montañas miran a Maratón,
> y Maratón mira hacia el mar,
> y, pensativo, allí solo, una hora,
> soñé que Grecia aún puede ser libre.

Lord Byron soñó que Grecia podía ser librada del centenario yugo colonial turco. Para mucha gente, y du-

rante gran parte de la historia, libertad no ha querido
decir derechos civiles, ni democracia, ni siquiera gobierno representativo; más bien ha significado libertad
nacional, es decir, la no dominación por parte de ex-
tranjeros.

¿Por qué detestan las naciones el dominio extranjero? En parte porque la tiranía colonial es muchas veces
incluso peor que una tiranía del país. Aunque sin duda
muchos gobiernos y la mayor parte de las tiranías
practican alguna clase de explotación económica de los
ciudadanos, parece cierto que un gobierno colonial supone una mayor explotación que otros tipos de dominio, dado que la explotación económica es normalmente la razón principal para colonizar un país.

El colonialismo crea sociedades jerárquicas en las
que los habitantes originarios ocupan los niveles sociales más bajos, y puede incluso serles prohibido el uso
de lo más agradable de la naturaleza, como las playas,
los ríos y el propio campo.

El dominio colonial es por lo general peor que la tiranía local desde el punto de vista de la lengua, la religión y la cultura. El colonialismo a menudo supone
una destrucción de las culturas y de las religiones locales, y puede incluso acabar con las lenguas autóctonas.

Sin embargo, la generalización que acabamos de
hacer tiene excepciones. Los peores crímenes de la tiranía colonial son el genocidio y la tortura, pero en
momentos diferentes, y en distintas partes del globo,
ha habido opresores locales cuya maldad fue igual o
peor que la de cualquier tirano extranjero. Por ejemplo, Calígula y Pol Pot fueron peores para su propio
pueblo que la mayor parte de los gobernantes colo-

niales para los pueblos colonizados. El comportamiento absurdo de Jorge III con los habitantes de América pierde toda su importancia si lo comparamos con las acciones de hombres como Pol Pot.

Libertad política como gobierno representativo

La búsqueda de la libertad ha sido a menudo una guerra dialéctica –y no pocas veces sangrienta– contra los poderes absolutos de monarcas y dictadores, que se vuelven limitados cuando sus gobernados consiguen alguna forma de representación, de manera que, aun siguiendo todo lo demás igual, los aumentos en la representación del pueblo van acompañados de una reducción del poder del soberano. Ésta es una de las razones por las cuales la representación política se asocia con la libertad.

Todo gobierno impone restricciones, fuertes o ligeras, a aquellos que son gobernados. Ahora bien, por lo general la libertad es, aun siguiendo todo lo demás igual, preferible a la limitación. ¿Qué tipo de gobierno permite una mayor libertad? Puede parecer lógico que aquellos que se gobiernen por sí mismos se permitirán tener mucha libertad o, en cualquier caso, tanta libertad como sea compatible con otras cosas buenas, como la paz civil.

Pero ¿qué es exactamente el autogobierno? ¿Basta con un gobierno parlamentario? No: eso depende de quien se siente en el Parlamento. ¿Basta con un gobierno representativo? No: eso depende, en primer lugar, de si está todo el mundo representado o tan sólo lo están algunas personas. También depende de otras cuestiones, como si se permite que existan los partidos políticos, si el sistema de votación es razonablemente justo o bastante injusto, y si es fácil o difícil dividir los distritos electorales para evitar que se pueda sacar ventaja en las elecciones o manipular el sistema de algún otro modo. Depende además de si el propio sistema es real o es una mera fachada para otro tipo de intereses, como el de las Fuerzas Armadas, el comunismo extranjero o los inversores capitalistas.

¿Y qué ocurre con la democracia? En una sociedad amplia, la democracia directa, en la que todo el mundo pueda votar sobre cada problema político concreto, lo más probable es que sea imposible. Parece, pues, que el ideal de libertad en cuanto autogobierno no puede tomar la forma de una democracia directa en un gran Estado moderno. Lo que más se acerca a este ideal es el gobierno representativo con elecciones regulares en las que cada persona adulta tiene un voto y nadie tiene más de un voto, en las que ni los partidos políticos ni los políticos independientes son ilegales y en las que el sistema de votación no está manipulado.

Se dice de la ciudad-Estado de Atenas que fue la primera «democracia» existente. En efecto, Atenas tuvo una forma de gobierno directa de los ciudadanos, pero es bien sabido que las únicas personas que contaban como ciudadanos eran los varones adultos libres, y también es sabido que la economía estaba basada en la esclavitud. Pero esto no significa que existiera en realidad una democracia; más bien se trataba de una especie de gobierno representativo no elegido, en el cual solamente los varones adultos libres eran quienes representaban al pueblo; eran ellos quienes hacían las leyes, no sólo para ellos mismos, sino también para todas las demás personas de la ciudad.

Libertad económica

Por libertad económica normalmente se entiende que es la libertad para tener propiedad privada, para comprar y vender bienes, y también para vender el trabajo propio. Sin embargo, en principio no pueden existir la propiedad privada, ni los contratos de venta, ni los contratos de empleo sin que haya un gobierno. Tanto la libertad económica como su opuesto son cosas esencialmente políticas en la medida en que ambas presuponen la existencia de un gobierno.

Los filósofos estadounidenses Ayn Rand y Robert Nozick –de cuyas teorías se volverá a hablar de nuevo en el próximo capítulo– consideran la libertad económica –que ellos identifican en general con el capitalismo– como absolutamente fundamental. En su opinión, la libertad económica es el tipo de libertad más importante, no sólo por sí misma, sino también porque es la base necesaria para que existan todos los demás tipos de libertad. A partir de esta idea, nos dan a entender de un modo enérgico que el comunismo carece de libertad de expresión y de libertad de culto, entre otras, *porque* es un sistema político que restringe la libertad económica.

¿Puede alguna libertad colectiva garantizar las demás?

Desgraciadamente, la respuesta a esta pregunta parece ser que no. La lucha por la libertad no se acaba cuando se ha logrado una clase de libertad.

Consideremos la liberación nacional. La historia nos demuestra que un éxito en la lucha por la liberación nacional puede ir seguido de cualquier clase de gobierno. Será una suerte si la nueva nación termina con un gobierno elegido democráticamente; es igual de probable que tenga una dictadura militar o cualquier otro tipo de gobierno unipartidista. La liberación nacional es sin duda una condición *necesaria* para la libertad política de autogobierno, pero desde luego no es una condición *suficiente*.

Consideremos ahora la libertad como gobierno representativo. Algunos de los más famosos defensores de este tipo de libertad –los Padres Fundadores de los Estados Unidos, por ejemplo– restringieron deliberadamente sus ventajas a los miembros de su propia raza y sexo. Por tanto, los beneficios de este tipo de gobierno, incluso en democracias así llamadas, no siempre han llegado a toda la gente nacida dentro de las fronteras del Estado. No hay ninguna razón objetiva, a no ser el egoísmo, para este tipo de restricción de la libertad. Los datos de la realidad son evidentes. La democracia más famosa de la tierra no abolió la esclavitud hasta noventa años después de su fundación y no dio el sufragio a las mujeres hasta bien pasados cien años. Los numerosos asesinatos de votantes negros en los Estados del Sur de los Estados Unidos, así como el maltrato, el encarcelamiento y la alimentación por la fuerza de las sufragistas en Gran Bretaña, son ejemplos que avalan la impresión, frecuente en las grandes democracias, de que el autogobierno no es para todo el mundo.

Ni siquiera un auténtico gobierno mayoritario puede garantizar las libertades individuales, en especial la libertad de expresión. El gobierno mayoritario se combina con demasiada frecuencia con una intolerancia hacia las opiniones minoritarias, y ha habido momentos en que ha sido peligroso hablar abiertamente en contra de las ideas mayoritarias en una democracia. Solamente una muy larga tradición de tolerancia con las minorías puede significar alguna clase de protección contra la intolerancia mayoritaria.

¿Garantiza el gobierno representativo una plena libertad económica del tipo de la que Ayn Rand y Robert Nozick consideran deseable? No: algunas naciones que tienen un gobierno representativo y una plena democracia parlamentaria (los países escandinavos, por ejemplo) organizan su economía en una mezcla de capitalismo y socialismo.

¿Y qué hay de la libertad económica? ¿Garantiza la libertad económica –el capitalismo– la libertad política? Las naciones que tienen un grado considerable de libertad económica, a menudo tienen también otras libertades. Esto dice mucho a su favor, por supuesto. Sin embargo, la libertad económica no garantiza realmente la libertad política (el gobierno representativo), y aún menos puede garantizar la libertad de expresión o la libertad de culto. Rand y Nozick suponen que la libertad económica origina y apoya los otros tipos de libertad, pero están generalizando a partir de un caso, el de los

Estados Unidos, sin preocuparse por observar al resto del mundo. No comprenden que no todos los Estados capitalistas han sido democracias. La economía de Corea del Sur está organizada de modo capitalista y lo mismo ocurre con la mayoría de las naciones de América del Sur. El capitalismo es posible bajo el islamismo, a pesar de que la mayoría de las naciones islámicas independientes no permiten una plena libertad de culto, e incluso de que de algunas de ellas se puede decir que tienen sistemas de gobierno representativo plenamente desarrollados.

Parece, pues, que los distintos tipos de libertad colectiva no pueden garantizarse unos a otros, ni pueden garantizar tampoco la libertad del individuo. La liberación nacional no puede garantizar la libertad política. La libertad política tiene con demasiada frecuencia condiciones autorrestrictivas y, en cualquier caso, tiende a favorecer la intolerancia de la mayoría. Por último, la libertad económica es compatible con la dictadura política y con serias restricciones de la libertad de expresión y de la libertad de culto.

La libertad nacional, el gobierno representativo y la libertad económica son *libertades colectivas*. Existen en las naciones, sociedades y grupos, y presuponen la existencia de éstos.

Es el momento ahora de considerar un ideal diferente, el de la libertad individual. Aparece más tarde en la historia que las libertades tratadas arriba y está estrechamente relacionado con el concepto de lo que es un derecho.

Libertad individual y derechos naturales

En el segundo de sus *Dos ensayos sobre el gobierno civil*,
John Locke traza las líneas generales de una teoría de
los «derechos naturales». Afirma que hay tres derechos
naturales: el derecho a la vida, el derecho a la libertad y
el derecho a la propiedad. Thomas Jefferson sustituyó
la búsqueda de la felicidad por este tercer derecho natural de Locke, el derecho a la propiedad.

Los *Ensayos* de Locke y la propia Declaración de Independencia estadounidense han influido fuertemente
en los filósofos americanos, muchos de los cuales sostienen que el concepto de derecho es la base fundamental de la ética.

Aunque la doctrina de los derechos naturales del
hombre ha tenido efectos muy importantes a corto y
largo plazo sobre el pensamiento ético y político, debe
reconocerse que tiene algunos puntos débiles.

Uno de ellos es que la doctrina es bastante impreci-
sa. ¿De qué modo puede un derecho ser natural? Por
supuesto, no del mismo modo en que lo son los instin-
tos (por ejemplo). Normalmente, el significado de
«natural» queda más o menos sin explicar.

También puede objetarse que afirmar que los hombres tienen el derecho natural a la libertad no nos dice
en qué consiste ese derecho, ni nos dice cómo prote-
gerlo. Por ejemplo, ¿supone esta doctrina que los criminales condenados tienen el derecho natural a la libertad? Si es así, conceder a todos los criminales un
indulto, ¿sería un buen modo de proteger el derecho
natural a la libertad?

En tercer lugar, la historia de los siglos XVIII y XIX

nos muestra que la retórica de los derechos naturales puede fácilmente coexistir con la esclavitud y con drásticas limitaciones en derechos políticos y sociales, como el derecho a votar y el derecho a estudiar.

A pesar de que su trayectoria práctica a largo plazo ha dado resultados relativamente buenos, la doctrina de los derechos naturales no es lo bastante precisa como para hacer que todo dependa de ella. Necesitamos considerar también otras ideas acerca de la libertad.

Libertad individual y derechos civiles

La libertad individual es la libertad frente a la intromisión de otras personas, y especialmente frente a una intromisión excesiva del gobierno. Como ideal, se asume que el gobierno nunca debería entrometerse en algunas parcelas de la vida del individuo. De *qué* parcelas se trata, podemos deducirlo de las propias libertades. Las libertades individuales esenciales generalmente se considera que son: la libertad de expresión, la libertad de información, la libertad de culto y el derecho a casarse o no, según se desee. Las parcelas «libres», pues, son la llamada «vida privada» del individuo y aquellas propias del pensamiento y de la razón.

Sus defensores sostienen que estas libertades necesitan ser protegidas por la ley y que deben ser extendidas a las minorías.

Muchos filósofos occidentales y otros pensadores han defendido el ideal de la libertad individual de varias maneras. Benjamin Constant, por ejemplo, sostenía que la libertad de religión, de propiedad y de opinión son fundamentales para una sociedad decente. Otros han hecho hincapié en la libertad de prensa; y otros, por su parte, recalcan la importancia de la educación, sin la cual no es fácil ejercer la libertad de pensamiento y de opinión.

Los nombres de los autores que han mostrado su preocupación por la libertad individual son bastante numerosos, pero los siguientes merecen una mención especial: John Milton, Tom Paine, Mary Wollstone-craft, Thomas Jefferson, J. S. Mill y F. D. Roosevelt.

La defensa de Milton (1644) se basa en la idea de que la verdad y el conocimiento son un valor supremo. La libertad religiosa es, en su opinión, una condición necesaria para el conocimiento religioso y, por supuesto, difícilmente puede haber conocimiento alguno a menos que haya libertad de expresión:

Donde hay mucho deseo de aprender, allí por necesidad habrá mucho razonamiento, mucha escritura, muchas opiniones; pues la opinión en los hombres buenos no es más que conocimiento en vías de formarse.

Para él, la verdad siempre vencerá a la falsedad en una pelea equitativa:

Aunque se dejase a todas las corrientes de doctrina moverse libres sobre la tierra, la Verdad estaría entre ellas; nosotros actuamos de un modo ofensivo, autorizando y prohibiendo, al dudar de su fuerza. Dejémoslas a ella y a la Falsedad luchar cuerpo a cuerpo; ¿quién ha visto alguna vez a la Verdad sometida a lo peor, en un encuentro libre y abierto?

Milton señala también que para el individuo la libertad de pensamiento es más preciada que cualquier otra libertad:

Dadme libertad para saber, para expresar, y para razonar libremente de acuerdo con mi conciencia, por encima de todas las libertades.

Doscientos años después, en 1859, J. S. Mill dijo más o menos las mismas cosas en su famoso ensayo *Sobre la libertad*. En él afirma que la verdad no puede descubrirse si los hombres, que son falibles, ponen límites a lo que está permitido discutir; sólo una abierta discusión de ideas puede conducir a la verdad y a nuevos conocimientos.

Mill defiende, pues, la libertad de pensamiento y de expresión porque es valiosa para el individuo; sostiene que limitar la libertad de las ideas es limitar lo que es esencial, y mejor, en la humanidad. Sin libertad de pensamiento la gente se vuelve estrecha de miras y se degrada. La civilización no puede avanzar sin libertad y las sociedades que carecen de libertad individual se caracterizan por su mediocridad y por un marchitamiento general de las capacidades humanas.

Libertades comparadas

¿Podemos decidir qué libertad es la más importante, en conjunto? Probablemente no. El carácter de una sociedad está determinado por sus libertades, pero también por otros innumerables factores, de modo que la observación empírica y el estudio de la historia nos darán en un lugar un tipo de respuesta y en otro lugar, otro.

Sin embargo, hay que señalar que sin libertad de pensamiento y de expresión ni siquiera podríamos plantear esta cuestión y menos aún tratar de responderla.

14. Igualdad

¿Es la igualdad un ideal que merezca la pena defender? Antes de abordar esta cuestión, convendría aclarar de qué tipo de igualdad estamos hablando.

Confusiones acerca de la igualdad

Hay que admitir que la retórica de la igualdad tiende a causar confusión. Por ejemplo, la retórica igualitarista comienza a veces con la premisa de que todo el mundo es igual, y luego extrae la conclusión de que todo el mundo *debería* ser igual. Evidentemente, en tal razonamiento la palabra «igual» debe de estar usándose en distintos sentidos, pero ¿cuáles?

Podría afirmarse que los antiigualitaristas son las principales víctimas de las confusiones de la retórica igualitaria. Sacando punta a esta retórica, se dan cuenta de que las personas obviamente no son iguales y se preguntan: ¿cuál puede ser entonces el sentido de decir que deberían serlo?

No de forma poco natural concluyen que el ideal de la igualdad es nocivo e imposible. El hecho de que la propia retórica, como ya hemos señalado, no logre distinguir entre diferentes clases de igualdad, debería en realidad servir de advertencia a los antiigualitaristas para no caer en el mismo error.

Diferentes clases de igualdad

Obviamente ningún gobierno, por muy poderoso que sea, podría igualar a todo su pueblo en altura o en seguridad en sí mismo, en belleza o en habilidad para el montañismo. En cuanto a la capacidad del cerebro, si los políticos pudiesen hacer algo a este respecto, sin duda comenzarían por planear un gran incremento de la suya propia.

Pero los gobiernos sí pueden hacer a la gente bastante igual en otros aspectos. En el peor de los casos, un gobierno puede aproximarse a la meta de igualar a su pueblo en ignorancia o en esclavitud mental o física. También sabemos por experiencia que los gobiernos pueden equiparar a la gente en cuanto al deber de pagar impuestos.

Los gobiernos pueden también igualar a la gente en otros aspectos que merecen más la pena: pueden dar a todos los ciudadanos el mismo derecho a votar, el mismo derecho a presentarse como candidatos al Parlamento, el mismo derecho a un proceso judicial... Las igualdades políticas de este tipo no son imposibles en absoluto. Alguien podrá decir que el gobierno elegido democráticamente es una forma imposible de gobierno. Pero no es imposible; sucede.

¿Y qué hay de la igualdad económica? Ningún gobierno la ha conseguido, pero a algunos les ha parecido que tal vez los ciudadanos puedan ser igualados respecto a los bienes materiales y a los ingresos, pues los bienes materiales se puede hacer que circulen de unas personas a otras, a diferencia de la belleza, de los cerebros, de la confianza en uno mismo o de la habilidad para el montañismo.

Cuando hablemos de igualdad nos referiremos, o bien a la igualdad política, o bien a la igualdad respecto a los bienes materiales y a los ingresos.

¿Son estos ideales de igualdad dignos de nuestro respeto? La mayoría de los occidentales, incluidos unos cuantos filósofos antiigualitaristas, admiten que la igualdad política es una condición para la libertad política y, por tanto, un ideal noble. Es la igualdad económica la que ocasiona más disputas, en parte porque es de por sí un concepto ambiguo y en parte porque parece traer consigo varios males.

La libertad económica es un concepto ambiguo por su relación con la indigencia y la miseria. Esto se descubre cuando planteamos las siguientes preguntas, para las cuales nadie hasta ahora ha encontrado una respuesta satisfactoria: ¿Se debería igualar económicamente a personas que son distintas respecto a su belleza, a su inteligencia o a su habilidad para los negocios? Por ejemplo, ¿*merecen* el guapo, el listo y el más capacitado mayores ingresos que los demás ciudadanos? O, por otra parte, ¿*necesitan* quizás los menos guapos, menos capacitados y menos inteligentes mayores ingresos que los demás?

Parece como si el intento de establecer una igualdad económica siempre incurriese en males tales como el totalitarismo y la ineficacia económica. A pesar de que esto debe de depender en parte de cuánta igualdad se reclame, de qué medidas se tomen para ponerla en práctica y de cómo este ideal se vea entremezclado y afectado por los demás ideales de la sociedad, aún sigue siendo un verdadero hecho empírico que los gobiernos ligados al ideal de la igualdad económica han demostrado, en el pasado reciente, que no sólo son propensos a la corrupción, sino también capaces de llegar a la tiranía. Con todo, estos hechos deben ser estudiados fríamente. No bastará con pensar en Clement Attlee y en F. D. Roosevelt, por ejemplo, como si fuesen versiones tempranas de Pol Pot.

En contra de la igualdad: la posibilidad de la tiranía

Parece que el proceso para conseguir una sociedad sin desigualdades económicas podría acarrear un problema fundamental, como si el único modo de llegar a la libertad económica fuese a través de una fase de extrema desigualdad.

El guión es el siguiente: en primer lugar, tiene que haber una revolución; después de la revolución, el pueblo entrega todo el poder al camarada Joe, el cual, con el fin de organizar la redistribución de la propiedad, tiene que hacerse más igual que cualquier otro. (La manera como sucede esto es brillantemente descrita por George Orwell en su novela *Rebelión en la granja*.) Joe y sus amigotes, normalmente llamados «los oficiales de Partido», organizan la redistribución de los bienes desde una posición de poder inigualado. Y la historia demuestra que, debido a esta concentración de poder, la fase «provisional» de desigualdad nunca da paso, por supuesto, a la igualdad.

En segundo lugar, el procedimiento para *mantener* la igualdad está reñido con la libertad. Una inicial redistribución revolucionaria de los bienes, por mucho que se haya hecho con éxito, no sólo *no produce*, sino que *no puede* producir un estado permanente de igualdad. El sueño igualitario de una igualdad definitiva y duradera nunca se puede alcanzar, de ahí que el gobierno tenga que entrometerse de una manera cada vez más excesiva en las vidas de los ciudadanos. Para mantener la igualdad, un gobierno necesita manosear constantemente la infraestructura económica con el fin de frustrar a aquellos que sean más astutos, ambiciosos y hábiles económicamente que sus compatriotas. Tienen que establecerse códigos estrictos acerca de lo que la gente puede y no puede hacer con sus derechos. O se hace esto, o de lo contrario, el gobierno tendría que pagar operaciones de cerebro para cambiar la mente de aquellos que piensen en el dinero.

En contra de la igualdad: la libertad y la propiedad según Nozick

El autor americano Robert Nozick se ha visto profundamente influido por la filosofía política de Ayn Rand, un enérgico defensor del capitalismo de derechas. En su libro *Anarquía, estado y utopía*, Nozick afirma que si un gobierno quisiera en serio traer la igualdad económica, tendría que declarar ilegales las acciones capitalistas entre personas adultas que lo consientan.

Como ejemplo típico del pensamiento de Nozick, relataremos su breve historia sobre el jugador de baloncesto Wilt Chamberlain.

Wilt Chamberlain es enormemente hábil y muchos de los que van a ver sus partidos lo hacen sobre todo para verle a él. Siendo como es, alguien muy astuto, Wilt dice que sólo jugará si sus fans ponen una cantidad adicional de dinero para él. Un igualitarista, dice Nozick, consideraría esto injusto, porque el baloncesto es un juego de equipo y Wilt Chamberlain no debería estar mejor remunerado que cualquier otro miembro del equipo. Por otra parte, insiste, para el igualitarista, prohibir a los fans que paguen más para ver a su héroe es una grave violación de su libertad.

Nozick está en desacuerdo con toda la idea de la redistribución de la propiedad. Se queja de que se esgriman argumentos morales muy sonoros sin que nadie se detenga a pensar que los bienes de que se discute son poseídos por gente real. El botín, duramente ganado por la gente real, se considera como si fuese un maná simplemente caído del cielo que llegase por casualidad en manos del camarada Joe.

Hay varias teorías diferentes acerca de qué constituye una justa adquisición de bienes. Si usted cree que toda propiedad es un robo, entonces no tiene por qué sentir escrúpulos al distribuir los bienes; éstos, en efecto, para usted serían como el maná caído del cielo que ha de ser repartido entre aquellos que lo necesiten. O si usted cree que el sistema por medio del cual se adquieren los bienes en una sociedad determinada es corrupto, entonces querrá presentar argumentos convincentes para volver a cortar la tarta económica; usted afirmará que en una sociedad mejor, la tarta habría sido cortada de un modo diferente.

Nozick tiene una opinión distinta. Él sostiene que toda propiedad es adquirida justamente, a menos que en realidad haya sido tomada (es decir, robada) de otra persona por la fuerza, mediante fraude o chantaje. Si no ha sido perpetrado semejante robo ni por los actuales propietarios ni por sus antepasados, entonces todo intento de quitarles su propiedad es una intromisión en su derecho a la libertad. El impuesto sobre las ganancias, por ejemplo, no es diferente del trabajo obligatorio; por tanto, los gobiernos que imponen contribuciones a los ricos para ayudar a los más pobres violan los derechos de muchos de sus ciudadanos. Un Estado debería ser «mínimo», ocupándose sólo de la prevención del crimen y de la defensa contra los enemigos externos.

El relato de Nozick sobre cómo es adquirida justa o injustamente la propiedad sigue algunos pensamientos que se encuentran en el *Segundo ensayo sobre el gobierno civil* de Locke. Pero en realidad, si la teoría del gobierno de Nozick fuese alguna vez puesta en práctica, naufragaría en el arrecife de lo que él denomina sus dos «condiciones lockeanas necesarias». Estas condiciones son:

1. Si la propiedad es heredada por antepasados que en primera instancia la robaron, entonces la propiedad *ceteris paribus* debe ser devuelta a los anteriores propietarios o a sus descendientes.

2. Si la propiedad no fue robada, pero, no obstante, puede demostrarse que en el momento de su adquisición no quedaban suficientes tierras y bienes libres para otras personas, entonces el Estado debe redistribuirla en el momento actual.

Estas dos condiciones complicarían al Estado en una costosa investigación histórica (presumiblemente pagada de los impuestos), conduciendo alguna que otra vez a tremendos trastornos en el régimen económico. Para empezar, muchas propiedades de los Estados Unidos tendrían que ser devueltas a los indios americanos, y esto conduciría probablemente a una revuelta armada por parte de los no indios. Por lo tanto, las intromisiones «lockeanas» de Nozick en los acuerdos de la propiedad podrían perfectamente resultar ser igual de destructivas del orden civil y de la libertad política que las intromisiones de los igualitaristas económicos radicales.

Defendiendo un ideal: la igualdad de oportunidades

Algunos igualitaristas prefieren una doctrina limitada: la doctrina de la igualdad de oportunidades. La idea aquí es que todos los miembros de la comunidad deberían tener una oportunidad para triunfar. Hacer esto posible debería ser la responsabilidad del gobierno, que puede usar los impuestos para pagar la creación de escuelas y otras instituciones educativas. El que unas u otras personas triunfen realmente o no como resultado de tales medidas, es menos importante que el hecho

de que se pongan en práctica estas medidas y de que,
por supuesto, funcionen.

La igualdad de oportunidades es vista por sus defensores como algo más en consonancia con otros valores,
como la libertad, que las doctrinas igualitarias más estrictas. La igualdad de oportunidades no supone estro-
pear mucho la libertad individual. No hay ninguna necesidad para el gobierno de mantener los ingresos a un
nivel fijo o de desalentar a la competencia. Tampoco sa-
crifica la eficacia en los servicios y diversiones de la vida
en el altar de un ideal imposible.

Es cierto, sin duda, que a nadie le gusta pagar impuestos. Sin embargo, no pocos contribuyentes reconocen el valor de la educación y la seguridad social ge-
neralizadas, el valor de los programas de viviendas
sociales y hasta el valor de dar a todos los ciudadanos la
oportunidad de aspirar al cielo. Los contribuyentes podrán discutir acerca de hasta qué punto estos ideales
deberían ser consolidados por el Estado, pero la mayoría están en principio de acuerdo en que debería ser
emprendida una mínima acción estatal.

La mayor parte de los ciudadanos de las naciones
occidentales no son seguidores de Ayn o Nozick. Admiten la posibilidad de que en algunas ocasiones un
grupo pueda perfectamente ser obligado moralmente
a deshacerse de algo que posea de manera legal. Sólo
hay un paso de aquí a aceptar que en determinadas circunstancias un gobierno puede tener el derecho de pri-
var a algunas personas de una parte de sus ingresos en
aras de un bien público mayor.

No tendría ningún sentido comprometerse en un
programa para fomentar la igualdad de oportunidades

si, en realidad, las personas de determinados grupos sociales siguieran en gran número sin lograr alcanzar el éxito. Por ejemplo, no tendría ningún sentido un programa para incitar a las mujeres a hacerse ingenieros si no hubiera ninguna mujer que se dedicase a la ingeniería como resultado del programa. Por otra parte, asegurarse de que el propio programa funciona, puede conducir a una manipulación y a una intromisión en la libertad cada vez mayores.

Los antiigualitaristas afirman que no hay ninguna distinción rigurosa entre la igualdad de oportunidades y la libertad «absoluta». Ellos sostienen que dentro del compromiso por la igualdad de oportunidades está el germen de un deseo de éxito generalizado. Pero un éxito generalizado es imposible, y el deseo de alcanzarlo sólo puede conducir a una constante manipulación e intromisión del Estado en la libertad.

Defendiendo un ideal: la ley y los valores

Los igualitarios defienden a veces su ideal apelando al imperio de la ley. La igualdad está relacionada con la idea de las normas sociales y de las leyes, porque las leyes, como tales, tienen que ser redactadas en términos generales. Una ley o norma que se aplicase a una sola persona no sería en absoluto una ley.

Ahora bien, dado que la utilidad de tener leyes está bien documentada y es ampliamente apoyada, puede parecer que hemos encontrado el lugar adecuado para buscar una defensa de la igualdad. Pero hay dos problemas. En primer lugar, los igualitaristas buscan una defensa de algo más que una mera igualdad legal; quieren defender también la igualdad política y económica y, posiblemente, la social. En segundo lugar, la igualdad ante la ley que se deduce solamente de la lógica de las normas permite mucha menos igualdad legal de la que el igualitarista normalmente pide, pues mientras todos los acusados de violar una ley en particular pueden ser tratados del mismo modo, es posible que la propia ley haga distinciones desiguales entre determinados grupos de la sociedad de que se trate. Las antiguas leyes de Sudáfrica eran de este tipo: los acusados de infracciones a la antigua ley eran todos tratados del mismo modo, pero los blancos no tenían que someterse a estas leyes en principio.

¿Puede relacionarse el ideal de la igualdad económica con otros valores, por ejemplo con el valor del trato humano?

El ideal de la humanidad, de la amabilidad, de la bondad y el respeto mutuo es, por supuesto, coherente con la creencia en una sociedad jerárquica. Es lógicamente posible que a aquellos que ocupan posiciones sociales inferiores se les conceda dignidad y respeto en una sociedad jerárquica. Pero, aunque es *posible*, no siempre sucede en la práctica. Más bien depende de cómo sea exactamente de abrupta la jerarquía de clase. Si es tan abrupta que supone que mucha gente debe vivir y morir en las calles, entonces este mismo hecho hace la dignidad problemática y el respeto, improbable. Normalmente aquellos que desean un trato más humano hacia el pobre y humilde pronto se encuentran pidiendo, si no la total igualdad económica, sí, al menos, una *desigualdad* mucho menor. Y de hecho, la reducción de la desigualdad es un ideal al que los occidentales tienen bastante apego. Además, es un ideal que las naciones modernas amantes de la libertad pueden perseguir con éxito: Suecia y Nueva Zelanda son dos ejemplos.

Uniformidad y valor

A veces se dice que la aspiración a la igualdad conduce a una aburrida uniformidad. Pero la uniformidad no es lo que los igualitaristas políticos y económicos desean. Ellos saben mejor que nadie que la uniformidad, si quiere decir igualdad de talento, de inteligencia, de altura, de peso o de belleza, no puede ser provocada por decreto gubernamental, porque no es en absoluto posible.

Los igualitaristas a menudo dicen que todas las personas tienen igual valor. ¿Qué quiere decir esto? Quiere decir, en parte, que la falta de uniformidad no exige una falta de igualdad política o económica.

Los igualitaristas tienden a sobrevalorar la idea de necesidad y a minusvalorar la idea de abandono, mientras que los antiigualitaristas, por supuesto, van en sentido contrario. Los igualitaristas afirman que aquellos que son más listos y tienen más talento en realidad no *necesitan* más comida, más bebida, ni más coches que las demás personas. Ni tampoco los que son menos listos. Y, en términos generales, esto es indudablemente cierto.

Pero el mayor sentido e importancia de decir que todas las personas tienen el mismo valor, es la idea de que un individuo humano es más que una acumulación de logros y habilidades. Los seres humanos tienen valor ante todo como seres humanos y sólo de modo secundario como montañeros, hombres de negocios, jinetes, filósofos o lo que sea.

La idea de que todos los seres humanos, cualquiera que sea su raza, edad, sexo, posición social o logros, tienen igual valor, no es ninguna nueva teoría revolucionaria peligrosa. Es una concepción de la humanidad que los modernos igualitarios comparten con el pensamiento tradicional judeocristiano y, hasta cierto punto, con la ideología democrática occidental moderna.

¿Cómo de mínimo es el Estado mínimo?

Ayn Rand, Nozick y otros libertarios de derechas sostienen que el mejor tipo de Estado es un Estado mínimo, aquel que limite sus actuaciones a muy pocos ámbitos, entre los que se incluyen la defensa de la nación de un ataque exterior y jugar algún papel, posiblemente, en el mantenimiento de la ley y el orden. (Decimos «posiblemente» porque Nozick afirma que lo ideal sería que incluso la protección policial fuese pagada directamente por aquellos que quisieran comprar tal protección y pudieran permitírselo.)

Sin embargo, el Estado mínimo sigue siendo un Estado, y Nozick está de acuerdo, por supuesto, en que el mismo hecho de vivir en un Estado supone el sacrificio de algunas libertades. Obedecemos a la ley contra el asesinato porque estamos de acuerdo en que nadie debería ser libre para matar a los vecinos de al lado. Ésta es una clase de coacción, pero no es una que nos ofenda por lo general. La distinción que establecemos como ciudadanos es entre aquellas coacciones que admitimos como necesarias y aquellas que pensamos que son superfluas.

El conflicto entre las posturas igualitaristas y antiigualitaristas es en realidad un desacuerdo acerca de dónde trazar los límites del poder estatal.

Una respuesta es: el límite del poder estatal debería ser trazado en el mínimo más estrictamente necesario. Debe renunciarse a todo intento de buscar la igualdad.

La otra respuesta es que no existe algo como «el mínimo más estrictamente necesario», porque todo depende de lo que uno piense que es necesario. Por ejemplo, ¿está alguien realmente dispuesto a tolerar *cualquier* grado de desigualdad que pueda surgir como consecuencia de los acuerdos de propiedad en curso? ¿Tolerarían, felices, los ciudadanos de un Estado acaudalado moderno el panorama de miles de vagabundos sin trabajo rondando peligrosamente por las calles? ¿Tolerarían tener a niños viviendo de la basura? El poder estatal «mínimo necesario» no puede ser determinado teniendo en cuenta sólo la libertad. El peso del valor concedido a la libertad del contribuyente o del potencial contribuyente debe ser comparado –y en la práctica así se hace, al menos en una democracia– con el peso del valor que se encuentra en otras cosas, por ejemplo, en las vidas de los niños de una sociedad, en la defensa nacional, en la longevidad de los ciudadanos y, por último, pero no de menor importancia (para Nozick), en los derechos de las personas a cuyos antepasados robaron nuestros antepasados.

La libertad es un valor muy importante, pero no es, ni podría ser, nuestro único valor; no es, ni podría ser, lo único que marque el mínimo de poder estatal necesario.

15. Marx y el marxismo

Impulsado intelectualmente por el explosivo cóctel que supone la combinación de la metafísica hegeliana con las teorías económicas de David Ricardo, Karl Marx concibió un penetrante e intuitivo análisis sociológico de la Inglaterra del siglo XIX. En el siglo XX sus ideas contribuyeron más que las de ningún otro pensador a conformar el mapa político y cultural del mundo.

Pero ¿en qué creía realmente Marx? ¿Cuál es exactamente la filosofía marxista, esa filosofía a la que tantos Estados han jurado lealtad, al menos hasta hace muy poco tiempo?

Aunque dispusiésemos de ellas, las respuestas absolutamente tajantes a estas preguntas se saldrían del ámbito de este capítulo. Además, incluso los marxistas se han encontrado con graves dificultades debidas al hecho de que existen incongruencias evidentes entre el denominado Marx «temprano» de *La ideología alemana* y el Marx «tardío» de *El Capital* y los *Grundrisse (Fundamentos)*. También los no marxistas interesados en el tema ven obstaculizada su labor porque cuando acuden a la ayuda de los expertos para comprender los escritos de Marx, frecuentemente lo que descubren es que esos expertos escriben libros en «idioma Marx», es decir, con un lenguaje opaco y autosuficiente que hace muy difícil la valoración de argumentos económicos y políticos.

Este capítulo pretende ofrecer una introducción a las principales ideas de Marx que esperamos no sea ni ofensivamente simplista ni innecesariamente compleja.

Cuando Marx habla de las sociedades, establece una distinción entre lo que él llama sus *bases económicas* y sus *superestructuras políticas, culturales y legales.* Él sostenía que la naturaleza de la economía de una sociedad determinaba el carácter de su vida legal, política y cultural. Según Marx, si la gente está constantemente luchando por vencer el hambre e intentando hacer frente a unas condiciones climáticas muy severas, es imposible que surjan ni la poesía bella ni unas costumbres legales y sociales complejas. Afirma además que el tipo de sociedad en el seno de la cual nace un individuo le impone unos límites fundamentales a su desarrollo y sus posibilidades personales.

En efecto, es verdad que los seres humanos no se crean a sí mismos ni sus personalidades mediante alguna especie de acción misteriosa e indeterminada. No decidimos la época histórica en la que pasamos nuestras vidas, ni podemos elegir las circunstancias geográficas o políticas en las que nacemos. Los problemas que afrontamos están a menudo determinados en su mayor parte por las condiciones en que vivimos, y resolvemos estos problemas utilizando ideas y soluciones que encontramos a mano y que están a su vez condicionadas en gran medida por las circunstancias. Por otra parte, aunque los seres humanos son productos indiscutibles de las circunstancias, también son ellos quienes cambian esas circunstancias. Marx está muy lejos de creer que seamos las víctimas pasivas del determinismo, e insiste en las posibilidades del cambio dinámico y de la práctica revolucionaria. Así pues, no puede identificarse el marxismo con el determinismo mecanicista, una doctrina fatalista que niega la posibilidad de la actuación y el propósito humanos. Antes al contrario, Marx sostiene que las circunstancias que modelan la consciencia dependen a su vez, en parte, de acciones humanas. Entre estas circunstancias se incluyen las relaciones humanas que han sido creadas históricamente por las acciones de la humanidad. En las *Tres tesis sobre Feuerbach* escribe Marx:

La doctrina materialista referente al cambio de circunstancias y de educación olvida que las circunstancias las cambian los hombres.

En esta misma obra presta cierta atención al idealismo, una teoría que habitualmente es considerada la antítesis exacta del materialismo.

La influencia de Hegel

El interés de Marx por Hegel se centra sobre todo en su *Fenomenología del espíritu*, y especialmente en la muy abstracta y metafísica sección de este libro titulada

«Autoconciencia». Hegel describe aquí las relaciones que existen entre una conciencia humana y otras. Sin embargo, es importante comprender que no está describiendo a gente real, ni tan siquiera posible: lo que le ocupa son más bien las relaciones existentes entre distintos espíritus humanos arquetípicos, que son sucesivas manifestaciones del (así llamado) «espíritu del mundo». Hegel dice que cada relación contiene inconsistencias internas, o tensiones, que la hacen inestable y a la larga conducen a la descomposición, después de la cual surge una nueva relación de las ruinas de la antigua; esta nueva relación proporciona soluciones a los problemas que causaron el colapso inicial, pero más tarde desarrolla también sus propias tensiones e inconsistencias.

El impulso originado por la repetida sustitución de un grupo de relaciones por otro es la base de la dialéctica hegeliana, a la que se ha llamado acertadamente «dialéctica del espíritu». Sus metáforas recuerdan de alguna manera a la tríada cristiana: inocencia, caída y redención. El espíritu primitivo, que es el punto de partida de Hegel, es, por así decir, puro y completo, pero le falta el conocimiento de sí mismo. La lucha por conseguir este autoconocimiento trae como consecuencia la división y el desorden internos, pero al final conduce a la reconciliación y a un tipo de plenitud más elevada y satisfactoria.

Igual que otros jóvenes intelectuales de su generación, Marx estaba cautivado por la visión filosófica e histórica de Hegel. Sin embargo, esta actitud inicial ante su maestro la acabaría superando en la década de 1840, una década durante la cual llegó a la conclusión de que, al fin y al cabo, las relaciones espirituales no son las que conforman las sociedades. Las condiciones materiales externas al espíritu –por ejemplo, los tipos de trabajo que realizan los hombres y la riqueza que sus trabajos producen para ellos mismos y para otros– son lo que realmente cuenta. En otras palabras, la evolución de la historia no está determinada por la autoconciencia. Según Marx, la autoconciencia va aumentando en la medida en que aumenta nuestro control sobre el entorno, y no al revés. Además, hasta que la raza humana logre el control absoluto de sus propias circunstancias materiales, las relaciones entre los seres humanos adoptarán inevitablemente la forma de dominio y servidumbre. Así y todo, el dominio y la servidumbre también evolucionan continuamente, adoptando nuevas formas en cada etapa del proceso histórico. El impulso de este proceso no es exactamente como Hegel lo percibió; las tensiones que aparecen en cada etapa de la historia de la humanidad conciernen no al espíritu, sino a fuerzas materiales. Como casi todo el mundo sabe, la teoría de Marx recibe el nombre de *materialismo dialéctico*.

Fuerzas productivas, división del trabajo y formas de propiedad

Según Marx, la estructura interna de cualquier Estado depende de en qué medida se hayan desarrollado en él las fuerzas productivas. De lo cual se sigue que una vez que sepamos qué tipo de economía tiene un país, deberíamos estar en condiciones de descubrir muchas cosas acerca de sus características culturales y de otros rasgos internos suyos.

La naturaleza de la economía es revelada (y esto es interesante) no sólo por lo que produce el país, sino fundamentalmente por el grado en que haya tenido lugar en él la división del trabajo. Nuevas fuerzas productivas van necesariamente acompañadas de evoluciones en la división del trabajo, es decir, de cambios en el carácter general de la fuerza de trabajo en su conjunto. Por otra parte, Marx nos dice que todas las diversas etapas de esta evolución pueden ser consideradas como otros tantos tipos o formas diferentes de *propiedad*.

La primera forma de propiedad es el *edén*. El edén es una etapa de la historia de la humanidad en la que la producción está todavía sin desarrollar. En este periodo, la gente vive de la caza y la pesca, y quizá también de la crianza de animales y de la agricultura, pero en una forma sumamente elemental. La división del trabajo en esta etapa es muy simple y consiste en una mera extensión de la división «natural» del trabajo existente en la familia.

La segunda forma de propiedad es la *esclavitud*. Ahora bien, según la teoría marxista, la esclavitud ya existía en el edén en una especie de estado latente, al ser algo que la propia estructura de la familia implica. Sin embargo, la esclavitud en toda regla sólo surge cuando aumenta la población, las sociedades se hacen más complejas y se incrementa el contacto entre las tribus en forma de comercio y de guerras. Las comunidades tribales complejas, así como los Estados feudales del tipo que conocemos por la historia de la Edad Media europea, son sociedades de esclavos según la clasificación marxista. Una comunidad tribal compleja puede definirse como la que ha surgido de la unión de varias tribus; esta unión puede ser el resultado de un acuerdo o de una conquista, y por regla general se desplegará dentro de un Estado o de una ciudad. En *La ideología alemana,* Marx afirma que estos grupos conservan al principio algunas formas tradicionales de propiedad comunal que coexisten con la propiedad privada tanto de bienes muebles como de bienes inmuebles. Este tipo de propiedad aparece en un principio como un acuerdo excepcional subordinado a las tradiciones comunales, pero finalmente las suplanta.

La sociedad feudal se desarrolla en torno a la división de la gente en propietarios y no propietarios de tierras. En una comunidad feudal, tanto los siervos campesinos como los nobles que poseen las fincas tienen sus propias relaciones específicas con la tierra. La estructura social jerárquica está impuesta y sostenida por las cuadrillas de criados armados que la nobleza emplea para este fin.

La tercera forma de propiedad es el *capitalismo*. Allí donde hay comercio aparecerá una clase social de comerciantes, una clase bastante distinta de la de los propietarios de la tierra. El capitalismo representa la victoria de esta nueva clase, a la cual se suele denominar clase media o burguesía. Bajo el capitalismo, la clase media, o uno de sus sectores, tiene los medios de producción y el control del dinero: posee fábricas, bancos, buques, etcétera.

La cuarta etapa de la propiedad es el *socialismo*. Marx sostenía que el socialismo será posible una vez que exista una fuerza de trabajo industrializada y medio educada. La clase inferior de la sociedad industrial, el proletariado, trabaja por un pequeño salario y el excedente que produce va destinado a enriquecer a sus dominadores, la burguesía. Los proletarios, por supuesto, necesitan trabajar para mantener unidos el cuerpo y el alma, ya que no tienen nada que vender más que su trabajo. Necesitan a sus señores capitalistas (o al menos así lo creen) porque son ellos los que les dan el jornal. Pero es importante recordar que los capitalistas necesitan a los trabajadores tanto o más de lo que los trabajadores necesitan sus empleos. Evidentemente, sin fuerza de trabajo no habría nada que producir ni nada que vender. Una revolución socialista podrá tener lugar, según Marx, cuando los trabajadores se den cuenta de que tienen poder sobre aquellos que les emplean. En este momento del proceso histórico, los trabajadores se levantan contra la burguesía y toman el control de los medios de producción. Del mismo modo que la «revolución» capitalista se puede describir como la victoria de la burguesía sobre los terratenientes feudales, así también la revolución socialista se puede considerar la victoria del proletariado sobre la clase media de los controladores de la producción industrial.

Alguien podría pensar que este dominio de las clases trabajadoras, resultado de la revolución socialista, es la idea marxista del colofón del proceso histórico; pero no lo es. Igual que anteriormente las sociedades desarrollaron tensiones que al final condujeron a su caída, así también las sociedades socialistas se desmoronarán bajo la presión de sus propias contradicciones internas. La misma «dictadura del proletariado» es la primera señal de esas tensiones destructivas. La última etapa de la evolución humana sólo se alcanzará, según la teoría marxista, cuando se supere esta dictadura. En ese momento de la historia, el Estado desaparecerá, no habrá más propiedad privada ni más divisiones en clases sociales.

Hay muy pocas descripciones positivas de Marx, ni de nadie, acerca de cómo sería el Estado (mejor dicho, el no-Estado) comunista. En algunos escritos tempranos, el joven Marx describe una especie de situación idílica en la que la gente pasa mucho tiempo pescando y escribiendo poesía. Las demás descripciones de la utopía marxiana se refieren a que no habrá más lucha de clases, no habrá más explotación del hombre por el hombre, no habrá propiedad privada de los medios de producción, ni tampoco habrá males ni problemas sociales.

Del edén al comunismo: ¿un solo camino?

Hay cierto debate sobre si Marx sostenía que todas las sociedades deben desarrollarse de acuerdo con la secuencia edén-esclavitud-capitalismo-socialismo-comunismo. Los indicios sugieren que él no quería insistir en que sólo hubiera un camino hacia su utopía. En los *Grundrisse* parece establecer un punto más limitado y pragmático, a saber, que las sociedades no comunistas invariablemente contienen divisiones sociales que conducen a la inestabilidad. Luego sólo las sociedades comunistas pueden ser estables.

Esta concepción tan simple nos deja por desgracia con una imagen de las sociedades humanas como si consistieran en sistemas irracionales que continuamente se están desmoronando y siendo sustituidos por nuevos acuerdos sociales y económicos. Esta imagen no ofrece ninguna seguridad de que los seres humanos se topen alguna vez con el comunismo, la única estructura, según Marx, que puede garantizar la estabilidad.

Por ello es más reconfortante quizá creer que la secuencia teleológica edén-esclavitud-capitalismo-socialismo tiene que suceder en todas partes, y que al final en todas partes conducirá necesariamente al comunismo. De otro lado, este inflexible modelo teleológico no se corresponde con los acontecimientos históricos reales. Según este modelo, el capitalismo tiene que venir antes que el socialismo; pero como es sabido, las revoluciones socialistas exitosas de este siglo no tuvieron lugar en los países industrializados de Europa y Norteamérica, sino en naciones con una fuerza de producción fundamentalmente agrícola: Rusia, China, Cuba.

Otra pregunta que surge es la siguiente: ¿Por qué escogieron los seres humanos abandonar el edén? ¿Por qué atraviesan siglos de luchas para producir una sociedad comunista en un futuro lejano? Se me perdonará que piense que vivir en lo más bajo del montón social en el edén (si es que el edén tiene clases alta y baja) suena mucho más agradable que ocupar el último escalafón en una sociedad esclavista, o en el capitalismo, o incluso –me atrevo a decir– en un Estado socialista.

La respuesta de Marx es que cuando la naturaleza es generosa, no hay ni historia ni impulso dialéctico. Los habitantes de un exuberante edén no nos dicen nada acerca de sí mismos, y si alguna vez hay cambios significativos en su situación, éstos llegarán a la comunidad provenientes de fuera, no de tensiones internas.

Con todo, incluso un exuberante edén puede tener que afrontar los problemas asociados con un rápido crecimiento de la población. Es muy probable que este crecimiento de la población vaya seguido de una expansión en la producción y de una mayor tecnología. Se preferirá criar a los animales antes que cazarlos, cultivar la tierra antes que limitarse a recolectarla; y el resultado puede muy bien ser la generación de un excedente de bienes superior a lo que se necesita para mantener a sus productores. La generación de excedentes es el catalizador que conduce a la formación de una nueva clase social que se ocupa de comercializar dicho excedente y de organizar relaciones de producción más complejas. Esta nueva clase tomará de los productores todo el excedente que pueda, y ello probablemente conducirá al surgimiento de una clase o subclase de gente bien alimentada que no desarrolle absolutamente ninguna labor. Las clases organizadoras y no trabajadoras van dominando poco a poco el conjunto de la sociedad al tiempo que destruyen el conjunto de la comunidad.

Ideologías

Las ideologías son sistemas de creencias. En la teoría marxista, la palabra «ideología» a menudo tiene tintes peyorativos que sugieren que las creencias en cuestión son sospechosas o, en lenguaje de Marx, que están «arraigadas en una conciencia falsa». Todas las socie-

dades corruptas, es decir, no comunistas, están sostenidas por sus respectivas ideologías. Todas las jerarquías
están justificadas por una ideología y, naturalmente,
aquellos que acepten dicha ideología defenderán esa
jerarquía aunque ellos vivan en el último peldaño del
escalafón. Esta defensa podría consistir en la idea de
que hay un orden natural en el que el pobre y el humilde son evidentemente inferiores a las demás personas.
O bien podría consistir en la idea de que sin jerarquía
la sociedad se desmoronaría.

Lenin, en *¿Qué es lo que hay que hacer?*, afirma que el
modo de combatir las creencias ideológicas es crear un
«grupo de vanguardia» cuya misión será introducir en
el pensamiento de la gente creencias correctas. Sin los
esfuerzos de un grupo así, podría ocurrir que el proletariado no saliese nunca de su mundo, sometido por la
ideología. Lenin defendía la inculcación de aquellas
ideas (cualesquiera que sean) que mejor capacitaran a
los trabajadores para reestructurar la sociedad de manera que sirva a sus propios intereses de clase. Sostenía
que una crítica radical a la sociedad tiene que implicar
una crítica a su ideología: ambas operaciones son inse-
parables. Hay que decir en su favor que también afir-
mó su deseo de excluir del proceso de inculcación
cualquier asomo de esclavizar, explotar o dominar a
otras personas.

La Escuela de Francfort

La filosofía marxista fue desarrollada en Alemania durante la década de 1920 por Theodor W. Adorno, Her-

bert Marcuse y otros en el Instituto para la Investigación Social de Francfort; pero este instituto fue cerrado cuando Hitler llegó al poder, por lo que sus profesores viajaron a Estados Unidos, donde inauguraron una reencarnación de la «Escuela de Francfort». Marcuse en particular adquirió un gran renombre en Norteamérica. Después de la guerra, el Instituto para la Investigación Social volvió a afincarse en Francfort, y Adorno se convirtió en profesor de muchos alumnos que estaban destinados a convertirse en filósofos famosos.

La filosofía de la Escuela de Francfort se denomina *Ideologiekritik* («crítica de la ideología»). Fundamentalmente se plantea la pregunta pseudoleninista: ¿Cómo puede realizarse la transición de la situación presente de la humanidad –una situación de engaño ideológico y esclavitud económica y social– hacia una iluminación y emancipación final? La respuesta es que la gente debe autosometerse a un proceso crítico que le hará descubrir los orígenes de sus creencias sobre el mundo. Podríamos, por ejemplo, estar menos inclinados a creer en las virtudes del sistema jerárquico por el que, quizá, nosotros mismos estamos condenados a la miseria si se nos enseñara que las únicas personas que se benefician de que sostengamos tales creencias son los aristócratas del capitalismo.

Parece sin embargo que la *Ideologiekritik* sólo puede dar comienzo cuando la gente común llegue a compartir ciertas asunciones básicas con sus consejeros marxistas y adquiera la asunción o la metacreencia fundamental de que sus actuales creencias sobre la sociedad tienen la función de legitimar instituciones sociales opresoras e innecesarias.

El primer objetivo de la «terapia» marxista al estilo de Francfort es infundir valor a la gente para que imagine un modelo de sociedad que satisfaga todos sus criterios de una comunidad ideal y que no dependa de instituciones opresoras o de una esclavización ritual de ciertos grupos. El siguiente paso es discutir el asunto hasta que los implicados lleguen a ver que el modelo que han descrito no es meramente un sueño idílico, sino que efectivamente podría realizarse en la práctica. El consejero filosófico demostrará a la gente que la sociedad «ideal» no sólo es posible sino necesaria: necesaria para el pleno desarrollo del potencial humano. Al final, aquellos que hayan conseguido ver la luz a través de la *Ideologiekritik* se convertirán en miembros del grupo de vanguardia marxista-leninista, y saldrán a la calle a convencer a todo el mundo de que el cambio revolucionario es necesario y deseable.

Por desgracia para la Escuela de Francfort (y sus almas afines), varios años de instrucción filosófica en su metodología no han ocasionado hasta ahora ni una sola revolución exitosa en ninguna parte del mundo. Parece, pues, que la *Ideologiekritik* no es un modo realizable de generar un cambio social.

Precisamente algunos miembros de esta Escuela le han dado muchas vueltas a este problema. Adorno sostiene que hay que posibilitar un foro de discusión en el que los participantes puedan modificar sus creencias, y de este modo llegar a formar su propia concepción de lo que es una existencia racionalmente satisfactoria; en su opinión, ésta sería una buena manera de reestructurar la sociedad. Sin embargo, a veces parece temer que la ilusión ideológica sea tan profunda –en especial bajo el sistema capitalista– que no se pueda eliminar. En otras palabras: podría resultar que Adorno nunca fuese capaz de persuadir a una masa crítica de gente para que estuviera de acuerdo con sus premisas, a saber, que vivir en una sociedad capitalista avanzada supone: (1) dejar a la mitad del planeta en la pobreza, para que los otros puedan mantener su nivel de consumo; (2) expoliar los recursos naturales de la tierra con el mismo propósito; y (3) manufacturar bienes que están destinados a destruirse, porque ésta es la única forma de mantener los motores del movimiento capitalista. Tampoco todo el mundo tiene necesariamente que creer que otras formas de organizar una economía pudieran ser mejores.

El legado de Marx

Hoy en día la teoría de Marx podría parecer una simple curiosidad intelectual, aferrada a una anticuada fe en el progreso y obsesionada con las condiciones de vida de la clase trabajadora urbana inglesa. Sin embargo, sería imprudente, y de miras estrechas, subestimar el poder de la visión utópica de Marx. Más de una generación de pensadores, no sólo en Europa sino en todas partes del mundo, se han visto influidos por su pensamiento. Durante el siglo XX probablemente todas las figuras más prominentes de la intelectualidad europea han sido lectores de Marx. Jean Paul Sartre, Simone de Beauvoir, Michel Foucault y Antonio Gramsci, por no hablar de Herbert Marcuse, Theodor Adorno y Jurgen Habermas, fueron todos inspirados en algún momento por los escritos de Marx. Es notorio, además, que algunas de las figuras políticas más notables de nuestro tiempo han adoptado y transformado las ideas marxianas. El marxismo fue adaptado por Lenin para adecuarlo a lo que él percibía como los requerimientos del Estado socialista ruso, y por Fidel Castro para afrontar las necesidades de la revolución cubana. Mao Tse-tung propuso una versión china, y Gramsci una europea. En todas partes los agentes del Estado socialista prestaron un servicio meramente ritual a la idea de la lucha de clases proclamando que en sus propias sociedades se había realizado la victoria del proletariado, lo cual estaba totalmente en desacuerdo con las predicciones de Marx acerca de la desaparición del Estado y el florecimiento de una comunidad no-estatal y sin clases.

Este capítulo se ha referido al evidente atractivo del marxismo y ha hecho alusión a la larga serie de teorías que en cierto modo podrían ser calificadas de marxistas. El hilo común que une estos diversos acontecimientos históricos –todo el camino desde las tesis académicas de Francfort hasta el crudo populismo de la Revolución Cultural china– es el pensamiento de un hombre que dijo querer ser recordado, no como un filósofo, sino como un pensador.

16. Política y sexo

La ideología del sexo

La ideología del sexo se ocupa de una serie de asuntos relacionados entre sí, el más importante de los cuales es la tradicional diferencia de posición social y política entre las mujeres y los hombres.

Otros asuntos que trata son: el matrimonio; lo bueno y lo malo del divorcio, del aborto y de la contracepción; la homosexualidad, y el comportamiento sexual en general.

Filosofía y sexo

Los lectores se sorprenderán de que un libro de filosofía deba contener un capítulo sobre cuestiones sexuales. ¿Es el sexo un asunto adecuado para la filosofía?

La diferencia de posición social entre hombres y mujeres, que se puede encontrar en la mayoría de las sociedades, se expresa luego, a veces, en la legislación, y a la inversa, los cambios en la diferencia de posición son también ocasionados, a veces, por cambios en la ley. Ahora bien, la ley y las leyes son el objeto de estudio de la jurisprudencia (la filosofía del derecho), de lo que se deduce que toda diferencia de posición social basada en la ley es potencialmente un asunto adecuado para que los filósofos piensen sobre él.

En segundo lugar, tanto la moral como la enseñanza religiosa tradicionales contienen muchos imperativos que indican a los dos sexos cómo comportarse. La validez o no de esos imperativos éticos en particular es (o debería ser) parte del objeto de estudio de la filosofía moral.

Tercero y más importante: el sexo es un asunto adecuado para la filosofía porque la ideología del sexo está entremezclada con ideas referentes a la naturaleza, es decir, con teorías acerca de lo natural y lo antinatural, lo normal y lo anormal, o acerca del tema «naturaleza *versus* educación». Tales ideas son esencialmente de carácter filosófico y son principalmente éstas las que vamos a tratar.

Es un antiguo lugar común que no todas las diferencias entre los seres humanos son naturales. Muchas diferencias son sociales o institucionales. Uno de los ejemplos más llamativos de diferencias, o conjunto de diferencias, sociales estructuradas es la institución hindú de las castas.

Es también un lugar común el hecho de que las personas irreflexivas a menudo no hagan ninguna distinción entre las diferencias naturales y las sociales; en sus mentes, la propia distinción apenas existe. Esta distinción es, sin embargo, crucial para nuestro tema. Será tratada más adelante.

Pero antes, ¿escriben los auténticos filósofos acerca de la posición social de las mujeres? ¿Escriben los auténticos filósofos sobre temas sexuales?

Pues bien, sí lo hacen. La posición social y la naturaleza de las mujeres fueron considerados asuntos oportunos por Platón, Aristóteles, Rousseau, Schopenhauer y J. S. Mill, entre otros. En los últimos años, un número considerable de filósofos, especialmente en Francia, Canadá y Estados Unidos, se han interesado por el feminismo, el cual naturalmente plantea esas mismas cuestiones acerca de la posición social y la naturaleza.

Por lo general, los temas sexuales han sido muy tratados por los filósofos durante los últimos treinta o cuarenta años, más o menos. En esa época son muchos los que han publicado artículos sobre el aborto, y algunos menos los que se han centrado en la moralidad de la contracepción. El filósofo británico Roger Scruton y el filósofo americano Thomas Nagel han intentado por separado definir la perversión sexual. Más recientemente aún, las revistas filosóficas han comenzado a publicar artículos sobre determinados problemas éticos que se han planteado en relación con la epidemia del sida.

Filosofía y feminismo

¿Qué es el feminismo? Las feministas afirman que la organización social tradicional es injusta para las mujeres, injusticia que se manifiesta en hechos como los siguientes:

Históricamente, las mujeres en la mayoría de las sociedades no han tenido ningún poder político y aún hoy tienen menos poder que los hombres.

Las mujeres han tenido, y en muchas sociedades aún la tienen, una educación inferior.

A las mujeres se les han concedido menos funciones posibles en la vida y menos oportunidades para un trabajo interesante fuera del hogar.

Se afirma que, en la mayoría de las sociedades, las mujeres trabajan más duro que los hombres y por salarios más bajos, o incluso por ningún salario.

Las mujeres, como sexo, son incitadas (con éxito) a tener una baja autoestima.

Las feministas pretenden terminar con este estado de cosas por medio del razonamiento y, donde sea posible y pertinente, mediante la acción política.

El feminismo no es especialmente nuevo. Mary Wollstonecraft, las y los sufragistas, Virginia Woolf y Simone de Beauvoir eran y son todas feministas. Y si uno aguza la mirada, podrá ver con frecuencia ideas feministas rondando inesperadamente por obras y novelas de autores distinguidos y aparentemente convencionales.

Como fenómeno social, el feminismo surge en oleadas. La oleada actual ha tenido marcados efectos en el empleo y en una educación mayor.

Expectativas acerca de los sexos

El sexo y las diferencias sexuales estructuran la vida de muchas maneras. La primera pregunta que uno se hace ante un nuevo bebé es: «¿es niño o niña?». En las sociedades tradicionales, el nacimiento de un niño causa regocijo, mientras que el nacimiento de una niña supone una desilusión.

La propia diferencia de *posición social* es percibida, naturalmente, de un modo distinto por hombres y mujeres. Una mujer podría ofenderse por la diferencia de posición social, mientras que un hombre no parece tener una razón personal para ese resentimiento. Al aceptar las mujeres esa diferencia de posición social, en vez de ofenderse por ella, lo más probable es que ellas se sorprendan por sus manifestaciones concretas, y no que lo hagan los hombres. En el caso de éstos, lo más probable es que den por sentado el hecho de que los miembros del otro sexo piensan y actúan de un modo muy diferente al suyo.

Sin duda, toda sociedad espera que hombres y mujeres se comporten de modo diferente hasta cierto punto. En nuestra propia sociedad se da por sentado que las mujeres son más comprensivas que los hombres y entienden mejor las complejidades de las relaciones íntimas y las necesidades humanas; también se considera que ellas tienen una mejor comprensión de las realidades psicológicas y un mejor conocimiento de los gestos humanos, de la personalidad y del desarrollo psicológico humano. Los hombres se suponen menos emocionales que las mujeres; se espera de ellos que sean más capaces de hacer frente a situaciones peligrosas y que tengan una habilidad natural para comprender la mecánica y las complejidades de la tecnología moderna. Se cree también que tienen una mejor comprensión de las realidades políticas y económicas.

Sin embargo, al menos una antropóloga ha sostenido que las suposiciones y expectativas acerca del comportamiento humano masculino y femenino difieren
de una sociedad a otra. Se trata de Margaret Mead,
quien escribe:

En todas las sociedades conocidas, el género humano ha
elaborado una división biológica del trabajo de maneras
con frecuencia muy remotamente relacionadas con las diferencias biológicas originales que proporcionaron la clave
en un principio. Basándose en el contraste de formas y funciones corporales, los hombres han construido analogías
entre el sol y la luna, la noche y el día, el bien y el mal, la
fuerza y la ternura, la resistencia y la vulnerabilidad. Unas
veces ha sido asignada una cualidad a un sexo, y otras veces
al otro. Ora son los chicos los que se consideran infinitamente vulnerables y necesitados de un cuidado afectivo especial, ora son las chicas [...] Algunas personas piensan que
las mujeres son demasiado débiles para trabajar fuera de
casa, otras las consideran las adecuadas para soportar car-
gas pesadas «porque sus cabezas son más fuertes que las de
los hombres» [...] Tanto si nos ocupamos de temas menores o mayores, de las frivolidades del ornamento y la cos-
mética o de la inviolabilidad del lugar del hombre en el universo, encontramos esta gran variedad de formas, a
menudo completamente contradictorias unas con otras, en
que han sido diseñados los papeles de los dos sexos. Pero
siempre encontramos el modelo [...] No encontramos ninguna cultura en la que se haya pensado que todos los rasgos
identificados –la estupidez y la brillantez, la belleza y la
fealdad, la amabilidad y la hostilidad, la iniciativa y la sensi-
bilidad, el valor y la paciencia y laboriosidad– son simplemente rasgos humanos.

Las feministas tratan de observar las diferencias acentuadas socialmente entre hombres y mujeres. Son críticas respecto a las suposiciones comunes acerca de lo que es un comportamiento natural y aceptable en los hombres y en las mujeres, y hacen notar que estas suposiciones comunes actúan con frecuencia en contra de los intereses de las mujeres. Kate Millett, en su libro *Política sexual*, sostiene que las ideas aceptadas acerca de los papeles sociales masculino y femenino, y la socialización de los chicos y chicas para ajustarse a ellos, garantizan que el poder en la sociedad permanecerá en manos de los hombres.

¿Un sexo o dos?

Simone de Beauvoir, en un escrito de 1949, observó:

En verdad, basta salir de paseo con los ojos abiertos para demostrar que la humanidad está dividida en dos clases de individuos cuyos vestidos, rostros, cuerpos, sonrisas, andares, intereses y ocupaciones son manifiestamente diferentes.

Pero, por otra parte, hay una idea profundamente arraigada, y opuesta, de que el género humano es en realidad una especie de un solo sexo. Un modo en que esta idea, probablemente subconsciente, se manifiesta es la suposición de que las mujeres son simplemente hombres anómalos, es decir, que son hombres aniñados, hombres enfermos o castrados. Se puede encontrar este extraño pensamiento en los escritos de varios pensadores, entre ellos Aristóteles, Schopenhauer, Freud y Otto Weininger.

La idea de que la humanidad es una especie unisexuada, o que podría llegar a serlo, aparece también en ciertos escritos feministas, sobre todo en los que defienden lo que podría llamarse el *ideal andrógino*. Según este ideal, el mejor estado de cosas posible sería aquel en el que las funciones sexuales, incluidas las de la concepción, el embarazo y la maternidad, fuesen abolidas. Todas las relaciones institucionales e interpersonales podrían entonces verse libres del poder, de la dominación y de la injusticia. El ideal andrógino podría ser logrado en un futuro próximo mediante el uso de la inseminación artificial y otras disposiciones científicas que hagan posible que los niños nazcan y se críen en laboratorios.

Esta rama del feminismo, en particular, afirma que las características psicológicas supuestamente específicas de los hombres y de las mujeres son el resultado de la ingeniería social. Nuestra misión debe ser desaprender las ideologías en que se basan, de manera que a las mujeres se les pueda permitir ser fuertes y valientes, lógicas y analíticas, y estar menos interesadas en cosas sin valor y aburridas como los bebés. Y a cambio, a los hombres se les pueda permitir ser cariñosos y sensibles, si es que alguno sigue pensando que estos rasgos son valiosos.

Diferentes tipos de feminismo

El ideal andrógino parece presuponer que las funciones femeninas tradicionales son intrínsecamente sosas, aburridas y no merecen la pena, mientras que las funciones tradicionales masculinas se afirma que son interesantes e importantes para el ser humano. Hay dos tendencias en el pensamiento feminista sobre este punto.

Otra escuela filosófica afirma que los hombres y las mujeres tienen realmente distintas naturalezas, y que la naturaleza y la psicología femeninas son tan valiosas o más que las masculinas. Las mujeres tienen características, habilidades y capacidades especiales, y un estilo de pensamiento característico, que es más intuitivo, más honesto emocionalmente y más creativo y amplio que el modo de pensar masculino. Es una alternativa real al estilo de pensamiento racional, lógico y analítico de los hombres. El cometido feminista no es lograr el ideal andrógino, sino más bien asegurarse de que la sociedad reconoce el verdadero valor de las habilidades y virtudes específicamente femeninas que durante siglos han sido sistemáticamente minusvaloradas por las sociedades patriarcales.

Hay también dos tendencias filosóficas dentro del movimiento feminista respecto a la necesidad de igualdad en el puesto de trabajo. Una considera que la igualdad con los hombres en el puesto de trabajo es un objetivo fundamental. La otra idea es que no debería aspirarse a tal igualdad. La diferencia sexual debe ser reconocida por la sociedad, aunque de distinta manera, porque tratar a los hombres y a las mujeres *igual* significa tratar a las mujeres *injustamente*; las mujeres tienen que tener niños y, en su mayoría, tienen que cuidar de ellos. Efectivamente, a la mayoría de las mujeres les gusta cuidar de sus hijos. Insistir en la igualdad de condiciones de empleo (empleo fuera del hogar, queremos decir) significaría que las mujeres, en realidad, trabajarían muchas más horas que los hombres, como ocurrió en la Unión Soviética.

Pero es evidente, sin duda, que si las condiciones «iguales» de trabajo conducen a una injusta y desigual división del trabajo, entonces estas condiciones de trabajo no eran en realidad iguales en principio. La diferencia entre las dos opiniones parece descansar al final en una confusión acerca del significado de la palabra «igual».

Sexo y género

Muchos hombres, y algunas mujeres –aun estando de acuerdo en que las leyes y las costumbres hechas por los hombres ciertamente crean y conservan una diferencia de posición social entre ellos y las mujeres–, insisten, sin embargo, en que esas leyes y costumbres, u otras similares, se hacen necesarias debido a las diferencias naturales. El propio sexo es una diferencia natural que las leyes y otras instituciones sociales deben respetar.

No obstante, los datos de la antropología –por no hablar del conocimiento habitual de la historia– demuestran, no que las leyes y costumbres siempre creen y obliguen a una serie de distinciones sociales entre hombres y mujeres, sino más bien que las distintas sociedades crean distintas diferencias sociales, y que estas diferencias sociales no reflejan la diferencia natural universal, sino que la interpretan de formas variadas. La diferencia natural de sexo no tiene nada que ver con las muchas y variadas normas sociales y políticas que, sin embargo, son utilizadas para justificar dicha diferenciación.

Con el fin de bosquejar este asunto, las feministas modernas trazan una distinción entre el sexo, por una parte, y lo que a falta de una palabra mejor ellas han denominado *género*, por otra.

La diferencia de sexo es una diferencia que se encuentra en la naturaleza, pero su importancia natural se limita, por lo general, a los contextos de la reproducción y del amor sexual.

El género, por otra parte, no es un hecho de la naturaleza en absoluto. Está constituido por una enorme colección de leyes, costumbres, teorías psicológicas, métodos de educación infantil, recomendaciones, normas, protocolos, etcétera. El género, en suma, no es naturaleza sino educación. Las funciones sexuales, tales como la inseminación y el embarazo, están basadas en la fisiología, es decir, en la naturaleza; pero las funciones del género son artificiales. Cada individuo es educado para acomodarse a sus funciones masculinas o femeninas, y la mayoría de los individuos aceptan irreflexivamente la idea de que las diferencias en las funciones de los géneros son tan naturales como las diferencias fisiológicas.

Dejemos ya el asunto de la distinción feminista entre sexo y género. Los puristas y los pedantes objetarán que la palabra «género» tiene que ver con la gramática. Por tanto, es preciso que expliquemos por qué la palabra «género» es una designación apropiada para determinadas estructuras sociales.

El género es la clasificación gramatical de todos los

nombres en masculinos y femeninos (y en algunos idiomas, también en neutros). El inglés, por supuesto, tiene esta clasificación, pero utiliza los géneros masculino y femenino de una manera realista, es decir, sólo en relación con los seres humanos y demás animales. En inglés, a un objeto inanimado no se alude como «él» o «ella», sino como «ello». En castellano, por otra parte, todo –incluidos todos los objetos inanimados– es gramaticalmente masculino o gramaticalmente femenino. Otras lenguas tienen tres géneros, pero siguen permitiendo que los objetos inanimados sean «él» o «ella».

El género es, en efecto, un concepto gramatical. Pero la extensión del significado desde las clasificaciones gramaticales a otras artificialidades sociales no es, en absoluto, inadecuada. El género gramatical es una analogía artificial del sexo natural, una especie de sexualidad imaginaria inventada por la raza humana que imita la diferencia sexual natural.

En el concepto feminista de género encontramos una clase de analogía esencialmente similar. En otras palabras, este concepto es el resultado de una distinción social, es decir, artificial, que imita a la natural.

Este hecho demuestra, dicho sea de paso, que usar una palabra en un sentido nuevo o más amplio no tiene por qué obligar a detener toda la discusión. Esto sólo ocurre si la gente no acierta a comprender que el significado de una palabra ha sido deliberadamente ampliado o alterado. En el caso que nos ocupa, el significado ampliado es obvio, y no inadecuado, ni tampoco demasiado difícil de comprender.

La discriminación

Discriminar quiere decir trazar distinciones. No parece que haya nada intrínsecamente malo en trazar distinciones entre la gente: después de todo, las personas son, en realidad, diferentes unas de otras, como individuos y también en cuanto miembros de diferentes naciones, razas, clases y sexos. Lo que es censurable es una discriminación injusta. Pero en seguida se plantea esta cuestión: ¿Qué hace injusta a esta o a aquella discriminación?

Hay una pista para hallar la respuesta, que puede encontrarse en las respuestas a otra pregunta (sugerida por Nietzsche en un contexto distinto), a saber: ¿Quién se beneficia? Si encontramos una ideología que haga distinciones entre las personas, no podremos ser capaces de decidir si es justa o injusta hasta que hayamos descubierto quién se beneficia de ella, cómo se beneficia y si hay alguna razón, buena o mala, para la existencia de esos beneficios.

Muchas ideologías son una especie de alegato, como señaló Nietzsche. Como tal, tienden a poseer un cierto carácter *ad hoc*. He aquí un ejemplo. En 1857 el Tribunal Supremo de los Estados Unidos dio un ejemplo supremo de alegato especial *ad hoc* cuando dispuso: «Los negros son seres de una categoría inferior [...] e inferior en tal medida que no tienen ningún derecho que el hombre blanco esté obligado a respetar».

Responder a la pregunta «¿Quién se beneficia?» no puede simplemente decidir qué distinciones y discriminaciones son justas y cuáles injustas. Pero no es un mal punto de partida.

Parte IV
La filosofía de la ciencia

17. Los métodos de la ciencia

La idea de ciencia evoca imágenes distintas a personas distintas: profesores locos en bata blanca, mecheros Bunsen en los laboratorios de la escuela, los triunfos de los transplantes de órganos, los horrores de la polución ambiental...

Tal vez, sin embargo, estemos todos de acuerdo en que la ciencia es especialmente importante y, al mismo tiempo, distinta de las demás esferas de investigación. Esto se debe probablemente a que la ciencia ha sido la responsable de cambios enormes y de gran alcance en nuestras vidas. Incluso si se está en contra de la ciencia se tiene que reconocer que es una empresa asombrosamente exitosa.

¿Por qué es la ciencia tan próspera? ¿Le debe su éxito a su método o métodos? ¿Existe un método específicamente científico? Y si es así, ¿cuál es este método?

Comenzaremos averiguando lo que significa la palabra «ciencia».

Hasta el siglo XIX, «ciencia» se aplicaba a cualquier rama del conocimiento teórico o saber, pero poco a poco se refirió sólo a aquellas ramas del conocimiento que tienen que ver con el mundo material. En la actualidad, la ciencia ideal o paradigmática es la ciencia de la materia.

Pero, al mismo tiempo, a los especialistas que trabajan en otros campos les gusta llamar «ciencia» a sus asignaturas. A pesar de estas afirmaciones, que no son irrazonables, nosotros tomaremos la palabra «ciencia» para referirnos por lo general sólo a las disciplinas que estudian el mundo físico, incluidos, por supuesto, aquellos objetos físicos que son organismos vivos.

Observación y experimentación

La mayoría de los científicos y de los filósofos de la ciencia estarán de acuerdo, probablemente, en que un componente esencial del método científico es la utilización de los experimentos. Con frecuencia se afirma que el progreso intelectual tiene lugar en las épocas en que los científicos realizan experimentos y observan críticamente sus resultados, mientras que habrá un estancamiento intelectual en periodos en que los experimentos son realizados acríticamente o no son realizados en absoluto. Los que defienden esta postura se apoyan en muchos ejemplos de la historia.

Así, el médico griego Galeno (130-201), por ejemplo, descubrió elementos de la estructura de los músculos disecando cadáveres; en otras palabras, experimentando. Galeno fue el responsable de la introducción de muchas técnicas de la medicina. Más tarde, en la llamada Edad Oscura, dieron como válidas las afirmaciones de los científicos de la Antigüedad, incluido Galeno; de ahí que los médicos no se preocuparan de averiguar por sí mismos cuántos músculos hay. Por lo general se considera que en esos siglos oscuros la ciencia, incluida la ciencia médica, hizo pocos o ningún progreso.

La suposición de que los griegos no habían cometido errores en sus estudios fue puesta en tela de juicio durante el Renacimiento. Vesalio (1514-1564) llevó a cabo sus propios experimentos y descubrió que algunas de las descripciones de Galeno se parecían más a los músculos de los perros que a los de los seres humanos. Probablemente Galeno había diseccionado diferentes clases de animales, pero este hecho había sido olvidado o, al menos, dejado de tener en cuenta. El espíritu interrogativo del Renacimiento, ejemplificado en Vesalio, hizo posible que se hiciesen grandes progresos en la ciencia en general, aunque hay que admitir que la ciencia médica como tal no progresó demasiado hasta el siglo XIX.

Sin embargo, sería simplista llegar a la conclusión de que el progreso científico depende por completo de la disposición o no para llevar a cabo experimentos. Aunque parece que la admiración de los estudiosos medievales por sus predecesores fue demasiado lejos y significó una despreocupación por comprobar los datos con sus propios sentidos, sería poco realista insistir en que los científicos deberían volver a realizar todos los experimentos que ya han sido llevados a cabo anteriormente, pues esto significaría que no habría tiempo para nuevos experimentos.

Teorías e inferencias: Hempel y Popper

El método científico es algo más que la observación y el experimento. Los científicos formulan teorías que pretenden explicar los resultados experimentales y hacer posible predecir con exactitud observaciones futuras.

Pero ¿cómo se llega de las observaciones a la teoría? ¿Y cómo son utilizadas las teorías en la ciencia?

Carl Hempel dio cuenta del modo como operan los científicos; su teoría es bien conocida y gozaba de aceptación general hasta hace muy poco. Hempel dijo que la ciencia estaba basada en el método *hipotético-deductivo*. Lo que esto significa es que se supone que los científicos comienzan efectuando y llevando a cabo observaciones en el campo que estén investigando, cualquiera que éste sea; después, formulan una ley explicatoria hipotética; y en tercer lugar, esta ley hipotética es usada luego como premisa en un argumento deductivo.

Tomemos un ejemplo sencillo.

Paso uno: provéase de una pila y algunos cables e intente enviar corrientes eléctricas a través de distintos objetos hechos de plata, hierro, cobre, latón y otros metales. Observe y tome nota de que todos estos objetos conducen la electricidad.

Paso dos: formule una ley hipotética: «todos los metales conducen la electricidad».

Paso tres: use esta ley como premisa en una deducción, por ejemplo: todos los metales conducen la electricidad; el mercurio es un metal; por lo tanto, los empastes de mercurio de los dientes conducirán la electricidad.

El modelo de la ley explicativa de Hempel no es de ninguna manera una descripción completa del pensamiento científico. Para empezar, omite o minimiza el papel desempeñado en la ciencia por entidades inobservables (teóricas), tales como la gravedad y el magnetismo. En segundo lugar, no parece adecuada para explicar determinados hechos, como la compra de un billete para París, pues, dado que la gente visita París por una enorme variedad de diferentes motivos, no puede haber ninguna ley general que explique este fenómeno. Pero ir a París no es algo *inexplicable*.

Karl Popper (1902-1994) es tal vez el filósofo de la ciencia más famoso de este siglo. Su descripción del razonamiento científico puede muy bien ser denominada «la teoría de la falsación».

Popper sostiene que los científicos formulan teorías «sumamente falsables», que después comprueban. En cierto modo se puede decir que los científicos pierden gran parte de su tiempo intentando demostrar que sus propias teorías son falsas. Cuando se ha demostrado que todas las teorías científicas son falsas menos una, entonces él (o ella) puede concluir, al menos por el momento, que la teoría que queda es la correcta. Pero ninguna teoría es segura todo el tiempo. Toda teoría es, en el fondo, sólo una hipótesis y, por tanto, está permanentemente abierta a la posibilidad de ser refutada.

Hay algunas objeciones que hacer a la descripción de Popper. Una es que no es posible comprobar todas y cada una de las teorías, dado que la imaginación humana es capaz de construir un número infinito de ellas. La siguiente es que Popper no puede en realidad explicar por qué exactamente algunas teorías son dese-

chadas por ser obviamente falsas y no merece la pena
en absoluto comprobarlas. En realidad, nos basamos
en el sentido común para que nos diga qué teorías son
demasiado absurdas para preocuparnos de ellas. Por
ejemplo, supongamos que un joven pudiese formular
la teoría de que siempre se puede obtener un billete
para Brighton bailando en frente de la oficina de venta
de billetes. Esta teoría es claramente falsable, pero sólo
alguien privado de sentido común se molestaría en
comprobarla.

Un tercer problema es que la teoría de la falsación
parece excluir de la ciencia demasiadas cosas que los
propios científicos quieren mantener.

Consideremos dos asuntos importantes: la doctrina
de que todo acontecimiento tiene una causa y la teoría
de la evolución.

La doctrina de que todo acontecimiento tiene una
causa está muy profundamente arraigada en la tradición científica occidental. Es tan importante que los
científicos no permiten que sea falsada, por así decirlo.
Ningún fracaso a la hora de encontrar una causa en un
caso concreto se considerará nunca como una falsación de esta doctrina, a la que, por tanto, *se toma* como
infalsable. Incluso en el caso de la física cuántica, donde las descripciones causales parecen ser inaplicables,
los científicos se limitan a decir que en ella las ideas de
causa y efecto carecen de poder explicativo.

La teoría de la evolución de Darwin también parece
tener una posición privilegiada, aunque por una razón
algo distinta. La teoría de la evolución no es exactamente *tomada* como infalsable, más bien ocurre que
no es nada fácil ver cómo *podría* ser falsada. En térmi-

nos popperianos, pues, esta teoría no es científicamente respetable, pero explica tal variedad de datos que los biólogos están en su mayoría poco dispuestos a abandonarla. E incluso si alguien pudiese pensar en un modo de comprobarla y la comprobación indicara su falsedad, ¿podría renunciarse a la teoría de la evolución de la noche a la mañana?

A primera vista, la descripción de Popper supone que, tan pronto como un científico haga una o dos observaciones que no se ajusten a la teoría en curso, esta teoría será abandonada por falsa. Pero en realidad sucede a menudo que la teoría tiene preferencia sobre la observación. ¿Quién abandonaría la teoría heliocéntrica del sistema solar sobre la base de unas cuantas observaciones empíricas?

Kuhn y Feyerabend

Popper escribió su *opus magnum, Die Logik der Forschung*, en 1934 y fue traducida al inglés como *The Logic of Scientific Discovery* (*La lógica del descubrimiento científico*) en 1958. Desde entonces, Thomas Kuhn y Paul Feyerabend decidieron (independientemente uno de otro) que la mejor manera de averiguar la naturaleza del método científico no es filosofar en un estudio propio, sino más bien observar y tomar nota de las actividades de los científicos reales pasados y presentes.

La observación que hizo Kuhn de los científicos e investigaciones de la historia de la ciencia le llevó a distinguir dos variedades diferentes de empresa científica: la ciencia normal y la ciencia revolucionaria.

La ciencia normal no elabora nuevas teorías, ni comprueba la exactitud de las antiguas; simplemente da por sentado que las teorías al uso son ciertas. Procede fijando los «hechos sabidos» o «hechos ciertos» con mayor precisión, investigando sucesos inexplicados con la pretensión de ajustarlos a la teoría al uso y resolviendo pequeñas ambigüedades teóricas. La metodología de la ciencia normal consiste, por tanto, en hacer entrar a la naturaleza dentro de varios moldes teóricos normalmente aceptados por las buenas o por las malas.

De cuando en cuando, dice Kuhn, tiene lugar una revolución científica. Tales revoluciones son sumamente raras, y suceden sólo cuando las teorías existentes resultan muy claramente insatisfactorias. Durante algún tiempo pueden competir varias teorías diferentes (y varios científicos diferentes) hasta que una de ellas llega a ser preferida entre las demás. El triunfo de una teoría será debido a una diversidad de factores: a su capacidad para explicar hechos reacios a ella, a su utilidad a la hora de resolver problemas y hacer predicciones acertadas y, finalmente, pero no por ello menos importante, a la influencia y prestigio de los científicos que la inventaron y que la apoyan. El prestigio científico de un individuo, dice Kuhn, se considera a menudo la consecuencia y la prueba de una habilidad excepcional; pero la realidad es que ese prestigio se puede deber a aspectos como tener amigos poderosos en el mundo de los negocios y en el de la política. Para que una teoría tenga éxito, su inventor debe tener acceso a dinero para la investigación y una posición relativamente alta en la jerarquía académica, además de habilidad.

Kuhn hace, asimismo, algunos comentarios acerca de sus predecesores en este campo. En su opinión, Hempel, Popper y otros describen mal lo que los científicos realmente hacen. Para él, estos distinguidos filósofos de la ciencia han sido engañados y burlados por los autores de los libros de texto para estudiantes. Dichos libros de texto escritos para los estudiantes de ciencias tienen simplificaciones demasiado drásticas: suprimen muchos datos históricos, sobre todo aquellos que se considera que «confunden el problema», explican las teorías del momento como si fuesen la verdad definitiva, y de un modo u otro siempre potencian el mito de que la ciencia está constantemente progresando y superando los puntos débiles y los fallos de las generaciones anteriores. Los libros de texto de las ciencias nunca revelan el hecho de que teorías anteriores que todavía se usan (como la de Newton) contradigan, a menudo, algunas ideas del momento. En lugar de ello, describen incorrectamente estas teorías anteriores como si fueran versiones más simples y más especializadas de las modernas, afirmando incluso que las teorías antiguas aceptadas son coherentes con las del momento, aunque éste no sea el caso.

Por otra parte, cuando los científicos modernos han rechazado completamente una teoría anterior, entonces los libros de texto describen la teoría rechazada como *acientífica*. De esta manera fomentan directamente la creencia de que es imposible que una teoría *científica* sea falsa y fomentan indirectamente la creencia de que los *verdaderos* científicos son infalibles.

Kuhn concluye que Popper, Hempel y otros han descrito, no la metodología real de la ciencia, sino estados de cosas ficticios, existentes sólo en las páginas de los libros de texto que se dan a los estudiantes de ciencias.

A pesar de todo, considera que los libros de texto tienen que ser como son: las distorsiones que se encuentran entre sus explicaciones son necesarias para el entrenamiento de jóvenes científicos, cuyas mentes tienen que estar cerradas a teorías que no son productivas en ese momento. Pero estos libros de texto no dicen la verdad acerca de la historia de la ciencia y son un mal fundamento para la filosofía de la ciencia.

Pasemos ahora a las ideas de Paul Feyerabend. Para poder hacer una estimación del valor de las teorías de Feyerabend puede ser útil tener una idea de su personalidad. Parece que Feyerabend poseía un carácter animado y extrovertido, con un pronunciado sentido del humor. A juzgar por sus libros, le divertía reírse cruelmente de las clases dirigentes, de las jerarquías y de las pomposidades de todo tipo. Los científicos y los filósofos de la ciencia no están acostumbrados a ser ridiculizados, y este extravagante individuo ha provocado un cierto grado de hostilidad, que, en ocasiones, ha conducido a malentendidos de su obra.

Feyerabend se centra en lo que Kuhn llamaba «la ciencia revolucionaria», la iniciativa que conduce al nacimiento de nuevas teorías y a la muerte de las viejas. Su principal afirmación es que los científicos no tienen ninguna metodología especial, de ahí el título de su libro más conocido: *Contra el método*. La ciencia, dice, tiene rasgos anarquistas y no tiene reglas de procedimiento que sean usadas en todos los casos. La mente humana es sumamente creativa y responde a los estímulos intelectuales de maneras siempre nuevas e impredecibles. Ni siquiera la idea de que la observación y el experimento son de una importancia fundamental en la ciencia es siempre aplicable, pues lo que se considere como una observación pertinente dependerá en parte de con qué teoría se esté trabajando. Las nuevas teorías obligan a los científicos a reinterpretar sus observaciones. Y no sólo eso, dice Feyerabend, sino que, a veces, una nueva teoría se utiliza en ausencia absoluta de hechos que la apoyen. Las pruebas que aporta Feyerabend para esta sorprendente tesis consisten en exámenes detallados de las fuentes principales en la historia de la ciencia, incluida la ciencia de nuestro siglo. Afirma que, a veces, la observación empírica tiene preferencia sobre la teoría, pero otras veces la teoría tiene preferencia sobre la observación.

La descripción de Feyerabend de cómo es la ciencia es vista con profundo recelo por muchos filósofos de la ciencia.

La ciencia es descrita normalmente como una actividad humana más racional que otras, sumamente sujeta a reglas, muy autocrítica y que aspira conscientemente a una total coherencia interna. A los científicos les gusta esta descripción de su trabajo y quieren que sea cierta. El hecho de que éstos sean percibidos como la personificación de las virtudes de la fría racionalidad, la coherencia, la autocrítica razonable, etc., es una de las razones por las que son tan respetados en nuestra sociedad (otra razón, por supuesto, es que la ciencia aplicada crea poder y salud). La interpretación que de la ciencia hace Feyerabend la muestra como creativa, impredecible y no especialmente racional. Su idea del científico es algo parecida a las ideas convencionales sobre el artista, tal y como es pintado por la tradición romántica: alguien inspirado, anárquico y egoísta, y, por asociación de ideas, quizás también con barba, sin lavar y socialmente inadaptado.

Y bien, ¿quién tiene razón? ¿Es anárquica la ciencia, como sostiene Feyerabend? ¿Está sujeta a reglas, como sugieren Hempel y Popper? ¿Existe un método científico?

Tal vez el mejor modo de observar este asunto sea a través de los ojos de Kuhn. Existen, al menos, dos variedades principales de actividad científica, la normal y la revolucionaria (aunque es bastante probable que haya más de dos).

Las investigaciones históricas de Feyerabend demuestran que la ciencia revolucionaria tiene ciertamente muchas características anárquicas, así como que los científicos revolucionarios tienen que ser tan creativos como abiertos de mente.

La ciencia normal, por su parte, está claramente sujeta a reglas, y los científicos no deben ser demasiado creativos o demasiado abiertos de mente; tienen que atenerse a las teorías al uso.

En cuanto a los métodos, la ciencia normal sigue lo que podría ciertamente denominarse un método o métodos. Unas veces un científico trabaja como un hempeliano, otras como un popperiano y otras como ninguno de los dos.

¿Tienen estos métodos algo en común? Sólo algunos rasgos más bien obvios. Trabajar de acuerdo con cualquiera de estos métodos supone:

1. Reunir observaciones, quizás también realizar experimentos y tomar nota de los datos y de los resultados.
2. Hacer un examen profundo y cuidadoso de los datos y los resultados, es decir, pensar sobre ellos.
3. Reconocer que si un gran conjunto de datos resulta incoherente con la teoría al uso, entonces todo, incluida la propia teoría, tendrá que ser revisado.

El método general descrito es obvio y más bien banal. Su generalidad significa que se adapta a muchas ramas diferentes de la ciencia, además de a algunos otros tipos de investigación –como por ejemplo la historia, la antropología y la economía–, y a las ciencias físicas.

Por tanto la pregunta acerca del éxito de la ciencia que se planteó en la parte anterior de este capítulo sigue irresuelta. Esto no quiere decir que esta pregunta nunca llegue a contestarse, pues, del mismo modo que cada generación produce nuevos descubrimientos científicos, produce también nuevas ideas filosóficas.

18. La causalidad

La causa ha sido definida de diversas formas: como aquello que produce algo, como el origen o motivo de una acción, o como aquello que explica por qué sucede o empieza a existir algo. Algunas de estas definiciones son algo antropomórficas, pues la idea de la causalidad probablemente tenga su origen en los esfuerzos humanos para producir cosas o provocar cambios en las cosas.

En 1912 Bertrand Russell hizo la reflexión de que la palabra «causa» rara vez, si es que alguna, surge en las discusiones de los físicos. Sin embargo, el concepto no es superfluo, ni siquiera en la física, a pesar de que la palabra no sea usada con frecuencia en ese ámbito científico, pues los físicos aún se preguntan a veces: ¿por qué ocurrieron tal y tal cosa?, y entonces se están preguntando por las causas.

Además, el concepto de causa no es superfluo en otras ciencias. Aparece frecuentemente en las ciencias aplicadas. Es perfectamente admisible para los físicos, los farmacéuticos, los patólogos, los vulcanólogos, los meteorólogos y los oceanógrafos el investigar sobre las causas de los fenómenos.

Las cuatro causas de Aristóteles

Aristóteles sostenía que hay cuatro tipos de causas, lo cual ilustró con el ejemplo de un escultor que hace una estatua de mármol.

Estas cuatro causas son las siguientes:

1. Las *causas eficientes* provocan cambios. En el ejemplo, la causa eficiente es el escultor.
2. Las *causas materiales* son los materiales en que suceden los cambios. En el ejemplo, la causa material es el mármol.
3. Las *causas formales* son el aspecto, formas o propiedades que tiene el resultado final. En el ejemplo, la causa formal es el aspecto de la estatua terminada.
4. Las *causas finales* son los objetivos, fines o aspiraciones. En el ejemplo, la causa final es la intención del escultor de producir una obra de arte.

El concepto aristotélico de *causa eficiente* corresponde, a grandes rasgos, a la idea moderna de lo que es una causa. Dos de los otros tres sentidos de la palabra «causa» son en la actualidad arcaicos. Hoy no diríamos que el mármol o la forma de la estatua son causas. El cuarto sentido –esto es, la idea de la causa final u objetivo– es más problemático. En las ciencias físicas (la física, la química, la astronomía), y en las ciencias aplicadas que se basan en ellas (por ejemplo, la ingeniería),

no se habla de las causas como si éstas incluyesen objetivos. La materia inanimada no tiene objetivos. Pero en
las ciencias vivas (la biología, la zoología, la genética),
las causas finales aristotélicas aún parecen tener un lugar. Al explicar el comportamiento de los organismos,
los científicos sí que hablan a veces de objetivos: el objetivo del corazón es bombear la sangre, el objetivo del
dolor es advertir del peligro, la función de los anticuer-
pos es luchar contra la enfermedad… Hemos visto una
aplicación moderna de la idea de objetivo en el capítulo 9 con el ejemplo del «gen egoísta», que procura
siempre protegerse a sí mismo.

El concepto de objetivo, por tanto, no ha sido elimi-
nado completamente de la ciencia. Pero, como sus apa-
riciones en la explicación científica son, sin embargo,
algo problemáticas, a partir de ahora nos centraremos
en aclarar el concepto de causa eficiente.

¿Cosas o sucesos?

¿Son las causas cosas o sucesos? ¿Causan las causas cosas o sucesos? Para la mayoría de los filósofos en el pasado no puede haber ninguna creación a partir de la
nada, salvo la creación divina del mundo. Además,
para ellos la idea de causa es la de un cambio en las
cosas existentes. Las causas no crean gallinas, por ejemplo, sino que más bien provocan los cambios que trans-
forman a los huevos en pollos. Esto lleva a que las explicaciones causales aludan siempre a cambios en las
cosas. Los sucesos, y no las personas o las cosas, son
las causas: también los efectos son sucesos, no cosas.

Pero sigue habiendo una especie de ambigüedad en el significado de la palabra «causa». Las cosas y las personas, del mismo modo que los sucesos y los cambios, *pueden* ser percibidos como causas, a pesar de la filosofía. Esta ambigüedad puede estar en el origen de algunos de los problemas filosóficos asociados a la idea de causalidad.

Universalidad, uniformidad, capacidad y necesidad

Se da por sentado que la causalidad es universal, esto es, que todo suceso tiene una causa. Pero esto es sólo una suposición, dado que no puede ser probado. Simplemente se toma como una máxima, tanto en las ciencias aplicadas como en la vida ordinaria.

También se da por sentado que la causalidad es uniforme, esto es, que causas iguales producen efectos iguales. Este principio también es imposible probarlo. Sin embargo, parece que forma parte de nuestra naturaleza el aceptarlo como algo dado. En efecto, los animales no humanos parecen compartir nuestra creencia de que causas iguales producen efectos iguales.

La universalidad y la uniformidad serán tratadas más a fondo en el próximo capítulo. Aquí trataremos el problema del poder y la necesidad.

No puede negarse que la idea de causa está relacionada en nuestra mente con las ideas de capacidad y de necesidad. Percibimos en nosotros mismos cierta capacidad de provocar cosas; podemos producir nuevos objetos, como vestidos, por ejemplo, haciendo punto o cosiendo; podemos destruir cosas, por ejemplo tirando un cajón por la ventana, y podemos a veces inducir a otras personas a cambiar su opinión o su comportamiento discutiendo con ellas. Parece que vemos capacidades análogas en los demás animales y en los objetos inanimados, y así creemos que la cobra tiene la capacidad de matarnos y que el sol tiene la capacidad de calentarnos. Podemos perfectamente intuir que la propia idea de causa implica una necesidad. Sin duda, si una causa actúa, debe necesariamente seguirse su efecto.

La teoría de Hume

Comencemos el estudio de la capacidad y de la necesidad viendo la teoría de la causalidad de David Hume.

Hume parece decir cosas ligeramente distintas sobre la causalidad en momentos distintos. Pero según la interpretación más obvia, su teoría es de carácter reductivo; es decir, él desea *justificar* el elemento de capacidad y necesidad que creemos ver en la relación entre las causas y los efectos. En líneas generales, afirma que cualquier necesidad en ello radica sólo en la mente del observador.

La causa y el efecto, en opinión de Hume, son cuestión de, primero, que se cumpla una conjunción constante (es decir, repetida) de sucesos de un tipo con sucesos de otro tipo; segundo, una contigüidad en el espacio y en el tiempo; y tercero, la causa debe preceder al efecto. Los observadores humanos, que ven las conjunciones constantes de sucesos similares, son inducidos a esperar que sucedan las mismas cosas una y otra vez. *La idea de necesidad no es ni más ni menos que esta expectativa inducida.* Debido a que esperamos que los mismos efectos sigan a las mismas causas, llegamos a pensar que el efecto debe necesariamente seguir a la causa, que la causa ha forzado al efecto a suceder. Pero, pregunta Hume, ¿podemos ver este forzamiento, esta necesidad? No; todo lo que podemos ver es una cosa siguiendo a la otra. Podemos percibir una expectativa. No podemos ver o percibir la necesidad.

Si Hume tiene razón respecto a la conjunción constante, entonces un suceso determinado *A* causa un suceso determinado *B* sólo si todo *A* igual es seguido por un *B* igual.

Si Hume tiene razón respecto a la contigüidad, entonces no puede haber causalidad en la distancia. O bien la causa y el efecto, *A* y *B*, deben ser adyacentes en el espacio y en el tiempo, o bien los espacios y los tiempos entre *A* y *B* deben estar ocupados por una cadena de sucesos (una cadena causal) en la que cada suceso (o eslabón) sea adyacente al siguiente.

La teoría de Hume ha sido sometida a varias críticas.

Para empezar, no parece que se requiera la contigüidad para el funcionamiento de la causa y el efecto. Hay varios ejemplos de acción a distancia y de acción a través de un vacío. La atracción de la gravedad, por ejemplo, se supone que ocurre a través de un vacío y a una distancia.

Después, como señala Russell, la conjunción constante, incluso entre sucesos contiguos, no es de ningún modo suficiente para indicarnos las causas. El hecho de que la noche sea continuamente seguida por el día no demuestra que la noche cause el día. Hay una repetición infinita de la noche y del día, sin posibilidad alguna de decir la supuesta causa del supuesto efecto, pues no podemos decir qué fue lo primero, si la noche o el día. Russell señala que en este ejemplo y en otros similares buscamos una causa externa al ciclo: este tercer elemento puede que lo determinemos como causa de los otros dos. Así, la rotación de la Tierra es la causa tanto de la noche como del día.

Además, la conjunción constante se puede encontrar donde haya una coincidencia. Es bastante fácil pensar en ejemplos reales o posibles. He aquí un ejemplo posible.

Supongamos que el número de análisis de rayos X realizados cada día en un determinado hospital varía de un día a otro, pero es siempre igual al número de pacientes masculinos que se enamoran de una de las enfermeras ese día. Supongamos, por ejemplo, que cuando se han realizado seis análisis de rayos X los jueves, sucede que seis (diferentes) pacientes se enamoran locamente de una enfermera de los jueves; y las mismas conjunciones ocurren en todos los demás días de la semana. Aunque tenemos aquí una conjunción constante de parejas iguales de sucesos, lo más probable es que se trate sólo de una coincidencia y no de una causa y un efecto.

Otra objeción más fundamental a la teoría de la conjunción constante es que presupone que todos los sucesos que pueden explicarse en términos causales pertenecen a clases de sucesos iguales. En otras palabras, la teoría lleva a la conclusión de que los sucesos que ocurren una sola vez no pueden tener causas ni pueden tener tampoco efectos, pues si una secuencia de dos sucesos ocurre una sola vez, no hay, por definición, una conjunción repetida de sucesos. Esto es obvio.

A modo de ejemplo, supongamos que se afirma que la llegada de los conquistadores causó la caída del Imperio inca. Ahora bien, la llegada de los conquistadores sólo sucedió una vez, y la caída de los incas sólo sucedió una vez. En este y en muchos otros casos históricos no hay ninguna repetición y, en consecuencia, ninguna conjunción constante. Así que, según la teoría de Hume, la llegada de los conquistadores no ocasionó la caída de los incas. Según dicha teoría, los acontecimientos únicos no pueden tener causas ni pueden tener efectos. Sin embargo, es cierto, sin duda, que la llegada de los conquistadores *sí* que causó la caída de los incas.

Algunos filósofos de la historia han sostenido que si ampliamos nuestro punto de vista siempre podremos descubrir una conjunción constante cuando parezca haber una causa actuando. Por ejemplo, en el caso anterior puede que encontremos una conjunción constante entre *Aes*, es decir, ataques de poderosos ejércitos a ejércitos más débiles, y *Bes*, es decir, derrumbamientos de imperios. Con todo, esta conjunción, al igual que la mayoría de las generalizaciones sobre cuestiones humanas, tiene muchas excepciones. Parece poco probable que esto pudiese tener algo que ver con la causalidad tal y como la entiende Hume.

Capacidad, manipulación y recetas

El filósofo del siglo XX Douglas Gasking nos proporciona un nuevo enfoque. Afirma que el concepto de causalidad está esencialmente relacionado con las técnicas manipuladoras del hombre. La relación causa-efecto se describe mejor como la relación de «producir por medio de...». El concepto de causa y efecto tiene que ver con las reglas generales para hacer cosas. Gasking llama a estas reglas «recetas».

Según Gasking, una afirmación como «añadir agua al sodio hace que éste burbujee» quiere decir que, aplicando al sodio la técnica general para humedecer las cosas, se estará usando, o descubriendo, también, otra técnica general, una técnica para hacer que una sustancia determinada, en este caso, el sodio, burbujee.

¿Puede el análisis de la causalidad de Gasking ser aplicado a las causas inanimadas? ¿Puede ser aplicado a los sucesos (como contrarios a las cosas o a las personas)?

Veamos un ejemplo de cada caso.

En primer lugar, una causa inanimada: la luz del sol hace que las plantas crezcan. Y en segundo lugar, una causa que es un suceso: la ruptura de la presa causó la inundación del pueblo.

Gasking señala que podemos manipular el medio ambiente, aunque dependamos del sol, y esto de dos maneras: podemos imitar las características de la luz solar natural; y podemos también demostrar, mediante experimentos, que las plantas privadas de sol no crecen.

Las causas que son sucesos parecen un poco más problemáticas. Después de todo, los sucesos no llevan a cabo manipulaciones. Sin embargo, podría argumentarse que los sucesos son ellos mismos, a menudo, elementos o partes de las manipulaciones humanas. Esto sería obvio en el caso de la presa rota si la ruptura hubiera sido deliberadamente maquinada por alguna persona.

Nuestra comprensión de los sucesos como causas,

según la teoría de Gasking, se reduciría a algo así: decimos correctamente que un suceso causó otro cuando ese suceso, o bien es él mismo una manipulación humana, o bien podría haberlo sido.

¿Puede la descripción de la causalidad de Gasking enfrentarse a las complejidades de los sucesos históricos, como las guerras, la caída de los imperios, etc.? Probablemente no. Es imposible dar recetas para la caída de los imperios y, en general, muy difícil darlas para los acontecimientos humanos. Por mucho que tales recetas existan, son hechas al azar.

Pero puede que esto demuestre que nos equivocamos en primera instancia al hablar de las causas de las guerras y cosas semejantes, y que se requiere un nuevo tipo de explicación cuando se trata de acontecimientos históricos y asuntos humanos.

Por otra parte, podría afirmarse que la pregunta fundamental acerca de las causas no es, como dice Gasking, ¿cómo puedo hacer que ocurra tal y tal cosa? (que el sodio burbujee, que las plantas crezcan...). La pregunta fundamental es: ¿Cómo y por qué ocurren estas cosas? Hasta que no se haya contestado a esta pregunta, la respuesta a la primera cuestión dependerá del azar y de la suerte.

Posibilidad y necesidad

Examinemos de nuevo ahora el concepto rechazado por Hume, el concepto de necesidad.

¿Qué es la necesidad? En el contexto del descubrimiento de causas, necesidad no puede querer decir una necesidad lógica o matemática. Las conclusiones de la lógica y de las matemáticas, que se siguen necesariamente de axiomas u otras premisas, son deducidas de esas premisas o axiomas. Pero las leyes de la causa y el efecto tienen que ser desenterradas por medio de la experimentación, o descubiertas mediante la observación. A diferencia de los teoremas de las matemáticas puras y de la lógica, no se pueden deducir mientras uno está sentado en su estudio. La necesidad de la causa y el efecto debe de ser, pues, diferente de la necesidad lógica o matemática.

¿Podemos hablar en lugar de ello de una necesidad física? La respuesta de Hume es que la necesidad física es falsa, es cosa de la mente. La contigüidad y la conjunción se pueden percibir, la necesidad no. La experiencia solamente nos puede hablar del mundo real. La experiencia nos dice que el hielo es frío al tacto, pero no nos dice que el hielo *deba* ser frío. Este *deber* ser está en la mente, no en el mundo real.

John Stuart Mill acepta el esqueleto de la descripción de Hume de la causalidad, las tres condiciones de conjunción constante, contigüidad y precedencia de la causa al efecto. Pero la precisa con una cuarta condición, a saber: que la causa y el efecto deben estar constantemente unidos, *no meramente en las circunstancias reales, sino en todas las circunstancias posibles.*

En su libro sobre la lógica, Mill expone las normas para distinguir las verdaderas causas y efectos de las coincidencias u otras secuencias que no supongan regularidades causales. Estas normas son válidas para la comprobación experimental de hipótesis causales. En primer lugar, el experimentador debería tratar de impedir que el supuesto efecto siga a la supuesta causa; con esto se comprueba si la supuesta causa puede suceder sin que le siga el supuesto efecto o no. En segundo lugar, el experimentador debería tratar de producir el supuesto efecto por otros medios distintos de la supuesta causa; con esto se comprueba si el supuesto efecto puede suceder sin que la supuesta causa le haya precedido.

De estas dos formas se puede comprobar si los supuestos causa y efecto están *constantemente unidos en todas las circunstancias posibles*.

La precisión de Mill a la descripción de Hume es útil. Aunque no introduce directamente el elemento de la capacidad y la necesidad, sin embargo, al insistir en una conjunción constante más sólidamente fundamentada, sí introduce indirectamente la necesidad. Pues si algo sucede en todas las circunstancias posibles, esto equivale a decir que sucede necesariamente.

¿Es «causa» una palabra ambigua?

Russell probablemente tenía razón cuando sugirió que el concepto de «causa» no es adecuado para la ciencia pura. El motivo es que no es una noción especialmente precisa. El concepto de «causa» está compuesto de elementos que no son completamente compatibles unos con otros.

Para empezar, el pensamiento moderno sobre las causas está todavía afectado hasta cierto punto por restos aristotélicos, de tal modo que en algunos contextos las alusiones a propósitos, aspiraciones o funciones cuentan como tipos de explicación causal.

Y lo que es más importante: los sucesos y los cambios son considerados como causas, pero también lo son las cosas y las personas, aunque las cosas y las personas son radicalmente distintas, por supuesto, de los sucesos y de los cambios. Nuestro propio control y manipulación del medio ambiente genera simultáneamente la idea de nosotros mismos como causas y la experiencia del ejercicio de un poder. Esta experiencia se convierte en parte de la idea de causa y efecto. Por otra parte, cuando pensamos en los sucesos y los cambios como causas, no tiene cabida la noción de poder. Los sucesos y los cambios no manipulan ninguna cosa, no ejercen un poder. Los sucesos como causas nos remiten a la idea de una conexión necesaria. La necesidad tiene que ver con la posibilidad y la imposibilidad; si algún estado de cosas es físicamente imposible, entonces su negación u opuesto es físicamente necesario. La precisión que hizo Mill del concepto de conjunción constante introduce indirectamente la necesidad.

Como su idea de la uniformidad como conjunción constante en todas las circunstancias físicamente posibles implica una necesidad, se ajusta a nuestras ideas sobre los sucesos como causas. Pero no se ajusta igual de bien a la idea de las personas como causas, porque las personas no se comportan uniformemente.

Hume consideró que los conceptos de «poder» y «necesidad» van juntos. Pero esto parece ser falso: el poder va con las personas, la necesidad va con los sucesos. Estos dos elementos algo dispares configuran el concepto de «causa».

19. La inducción

El razonamiento y la «preservación de la verdad»

En filosofía se ha trazado una distinción entre razonamiento inductivo y razonamiento deductivo. Ambos tipos pueden darse en cualquier esfera, y gran parte del
razonamiento real es una mezcla de los dos. Sin embargo, el razonamiento de la lógica y de las matemáticas es
casi siempre deductivo, mientras que en la ciencia y en
la vida ordinaria el razonamiento inductivo es más habitual.

La deducción consiste en sacar las conclusiones que
se siguen a ciencia cierta de sus premisas. Se dice que es
«preservadora de la verdad» porque la verdad de la
conclusión de una inferencia deductiva lógica está garantizada siempre que sus premisas sean verdad. He
aquí un ejemplo tradicional:

1. Todos los hombres son mortales.
2. Sócrates es hombre.
3. Luego Sócrates es mortal.

Si las premisas (es decir, 1 y 2) son verdad, la conclusión (es decir, 3) debe ser también verdad.

La inducción consiste en reunir hechos concretos y luego generalizar a partir de ellos; es decir, está basada en la experiencia, en la observación y en el experimento. El razonamiento inductivo como tal no es preservador de la verdad, porque las generalizaciones que hace son abiertas o universales, es decir, se refieren al futuro, al pasado y al presente. Por supuesto, las generalizaciones basadas en la observación de hechos a menudo son ciertas, que sepamos. La cuestión es que la verdad de un número finito de afirmaciones acerca de cosas concretas (por ejemplo, «este cisne es blanco», «ese cisne es blanco», «este tercer cisne es blanco», etc.) es compatible con la posible falsedad de una generalización universal basada en ellas («todos los cisnes pasados, presentes y futuros son blancos»). Dado que reunir hechos, por muchos que sean, no garantiza la verdad de las generalizaciones universales resultantes, algunos filósofos han afirmado que el razonamiento inductivo como tal debe de ser *erróneo*.

Algunos razonamientos inductivos son, en efecto, erróneos en el sentido de que producen generalizaciones muy poco sólidas. Pensemos por ejemplo en las generalizaciones «todos los cisnes son blancos», «todos los hombres son peleones», «todas las mujeres son histéricas», «todos los perros alsacianos son indóciles». Uno sabe que estas generalizaciones son fácilmente rebatibles. Por otra parte, las generalizaciones formuladas por Kepler y Tycho Brahe acerca de las órbitas de los planetas no han sido rebatidas, ni parecen ser poco sólidas.

(Estas generalizaciones, es decir, las leyes del movimiento planetario de Kepler, son:

Primera ley: La órbita de cada planeta es una elipse, con el sol en uno de los focos de la elipse.

Segunda ley: El vector del radio de cada planeta barre áreas iguales en tiempos iguales.

Tercera ley: Los cuadrados de los períodos de los planetas son proporcionales a los cubos de sus distancias medias del sol.)

El problema de la inducción

El razonamiento inductivo puede hacerse sobre prácticamente cualquier cosa que se quiera, aunque da la casualidad de que a menudo tiene que ver con la predicción de sucesos futuros.

La cuestión en cuanto a si la inducción como tal es acertada o errónea fue propuesta por primera vez en la época moderna por Hume, y desde entonces ha sido discutida de un modo elegante y económico por Russell en su libro *Los problemas de la filosofía.*

He aquí una comparación tomada de Russell:

Todo el mundo cree que el sol va a salir mañana. Pero ¿cómo podemos saber qué va a ocurrir mañana? Mañana aún no ha llegado.

La gente cree que el sol saldrá mañana porque siempre ha salido en el pasado. En otras palabras, todos creemos que el futuro se parecerá al pasado. Pero ¿cómo podemos estar *seguros* de que el futuro se parecerá al pasado? Russell compara nuestra predicción convencida acerca de la salida del sol con la creencia

IV. LA FILOSOFÍA DE LA CIENCIA

convencida de un pollo de que el granjero seguirá dándole de comer siempre. Sin embargo, un día el granjero decide tomar pollo para cenar, demostrando con ello que la confianza del pollo en la benevolencia del granjero estaba fuera de lugar. El futuro del pollo no se pareció a su pasado. Del mismo modo, nuestra confianza en que el futuro se parecerá al pasado a lo mejor puede que esté también fuera de lugar. Parece, entonces, según el ejemplo del pollo, que el razonamiento inductivo debe de ser muy arriesgado. El problema de la inducción puede expresarse como un dilema:

El razonamiento inductivo, o bien es circular, o bien se puede reducir a una deducción.
Si es circular, es erróneo.
Si se reduce a una deducción, deja de ser una inducción.

¿En qué sentido es circular? Bueno, supongamos que predecimos que el sol saldrá mañana. ¿Cuál es la razón de nuestra predicción? Que sabemos que el sol siempre ha salido en el pasado. Recordando al pollo preguntamos: ¿es nuestra razón una *buena* razón? Tal vez entonces contestemos que sí, que es una buena razón porque sabemos que en el pasado, el futuro siempre se ha parecido al presente; los pasados pasados siempre se han parecido a los pasados futuros.

Puede verse que la segunda razón se limita a repetir la primera razón de una forma nueva; por tanto, la «justificación» propuesta para la razonabilidad de la primera razón es estrictamente circular.

Intentos de solución

Russell y otros han esbozado y criticado varias soluciones posibles para el problema del modo siguiente.

La solución de las «leyes de la naturaleza»

Sabemos que el sol saldrá mañana porque sabemos que el sistema solar obedece a las leyes del movimiento planetario de Kepler, que son leyes de la naturaleza.

Russell objeta que las propias leyes de la naturaleza sólo se descubren por observación. Si no podemos estar seguros de que el sol saldrá mañana, entonces tampoco podemos estar seguros de que las leyes del movimiento planetario de Kepler seguirán funcionando mañana. El hecho de que el sol siempre haya salido hasta ahora es compatible con su no salida mañana: el hecho de que las leyes de Kepler siempre se hayan mantenido hasta ahora es compatible con que no se mantengan mañana.

La solución de la «uniformidad de la naturaleza»

Puede pensarse que la inferencia inductiva es errónea por ser incompleta. Si comparamos nuestros ejemplos de inferencia deductiva y de inferencia inductiva, vemos que la primera inferencia (deductiva) tiene tres partes:

1. Todos los hombres son mortales.
2. Sócrates es hombre.
3. Luego Sócrates es mortal.

Mientras que las inferencias inductivas tienen sólo dos partes, por ejemplo:

1. El sol ha salido siempre en el pasado.
2. Luego saldrá de nuevo mañana.

O, por ejemplo:

1. Las leyes del movimiento planetario se han mantenido en el pasado.
2. Luego se mantendrán en el futuro.

Russell sugiere que las inferencias inductivas pueden ser «completadas» añadiendo otra premisa, la *premisa de la uniformidad de la naturaleza*. Esto convertiría la inferencia inductiva en algo parecido a la inferencia deductiva. Pero las inferencias deductivas son preservadoras de la verdad. Por tanto, la premisa de la uniformidad de la naturaleza parece garantizar que las leyes de la naturaleza serán tan ciertas mañana como lo son hoy.

Las inferencias acerca de la salida del sol dicen ahora como sigue:

1. La naturaleza es uniforme.
2. El sol ha salido todos los días durante millones de años.
3. Luego el sol saldrá mañana.

O de un modo más sofisticado:

1. La naturaleza es uniforme.
2. Los planetas obedecen hoy las leyes del movimiento planetario de Kepler.

3. Luego los planetas obedecerán mañana las leyes del movimiento planetario de Kepler.

Esta solución tiene fallos. Parece abolir la inducción en conjunto, convirtiéndola en deducción. En segundo lugar, la premisa de la uniformidad de la naturaleza es sumamente vaga. No dice *cómo* de uniforme, ni explica qué hay que considerar que es la uniformidad. El tercer defecto es más complicado. Es éste:

Supongamos, en consideración al argumento, que la premisa de la uniformidad de la naturaleza es verdad. Ahora bien, puede deducirse de las comparaciones que, incluso siendo verdad, no es *evidentemente* verdad. «La naturaleza es uniforme» no es como «toda zorra es un zorro femenino», que es evidente y verdadera por definición. Ni es como «todas las cosas son ellas mismas, y no otra cosa», que es también evidente.

Se deduce que la uniformidad de la naturaleza debe de haber sido descubierta mediante la experiencia. Pero si fue descubierta mediante la experiencia, estaba basada en la inducción. Y si la inducción es errónea, entonces la premisa de la uniformidad de la naturaleza no puede sostenerse. Incluso reduciendo la inducción a deducción, sigue habiendo un elemento de circularidad en el razonamiento.

La solución de la «probabilidad»

La propuesta en este caso es introducir una premisa general sobre la probabilidad en el razonamiento. Si se hace esto, la inferencia sería algo así:

1. Cuando algo ha sucedido en tales y tales circunstancias un determinado número de veces, llamémosle *N* veces, entonces hay una probabilidad de que suceda de nuevo en las mismas circunstancias.
2. El sol ha salido *N* veces en el pasado.
3. Por lo tanto es probable, o más probable que lo contrario, que el sol salga mañana de nuevo.

La solución de la probabilidad es del mismo tipo general que la solución de la uniformidad de la naturaleza en el sentido de que corrige la inferencia inductiva con una premisa añadida. Está también abierta a todas las mismas objeciones, más algunas otras.

Una de estas objeciones nuevas es que la idea de probabilidad es aquí indeterminada y poco clara. Los únicos conceptos de probabilidad verdaderamente precisos son los de probabilidad matemática y probabilidad estadística.

Las probabilidades matemática y estadística se expresan como porcentajes o como fracciones. Por ejemplo, podemos calcular que la probabilidad de extraer un as de una baraja de cartas española es de 1 entre 12, y que la probabilidad de que un penique lanzado al aire caiga de cara es del 50 por ciento. Otro ejemplo de un tipo completamente diferente son los sondeos de opinión. Un sondeo de opinión sobre, por ejemplo, las intenciones de voto se hace preguntando a una «muestra típica» de un total conocido. Por ejemplo, en las elecciones al ayuntamiento de Cambridge, si se pregunta a una muestra típica de votantes, puede resultar que el 34 por ciento de los electores voten a los verdes, el 33 por ciento a los rojos y el 33 por ciento a los azules. Es importante señalar que no se podría saber si la muestra es típica, ni si es lo bastante amplia para fiarse de ella, si no se conociese el número total (en este caso, de electores en la ciudad).

Un concepto preciso de probabilidad requiere que se conozcan al menos dos magnitudes, pues de otro modo no se podría expresar la probabilidad como un porcentaje o como una fracción.

En nuestro primer ejemplo, las magnitudes eran: el número de ases por baraja y el número total de cartas por baraja. En nuestro segundo ejemplo, las magnitudes eran: el número de lados de un penique (dos) y el número de caras de un penique (una). En nuestro tercer ejemplo, las magnitudes eran: el número total de votantes, el número de la muestra típica y los números de los que, dentro de la muestra, dicen que pretenden votar a los verdes, a los rojos y a los azules, respectivamente.

Cuando generalizamos acerca de la salida del sol no tenemos dos magnitudes; en realidad, en este caso no tenemos *ninguna* magnitud. Creemos que el sol ha salido millones de veces, pero no sabemos el total exacto de las veces que ha salido, ni el total de las que saldrá. Obviamente, pues, no podemos saber si nuestra muestra es típica. No podemos decir que «probablemente el sol saldrá mañana», porque no sabemos por cuánto tiempo va a seguir la tierra dando vueltas y, por tanto, no sabemos cuántas veces va a salir el sol ni cuántas veces va a dejar de salir. Nuestra experiencia sólo puede ser la de una pequeñísima muestra no típica del comportamiento de los sistemas solares.

En estos contextos, la palabra «probabilidad» no tiene nada que ver con la probabilidad matemática o es-

tadística. Más probable es que tenga algo que ver con
las expectativas y con la psicología humanas. Sencillamente, no podemos evitar creer que el sol saldrá mañana. Esta tendencia no parece distinta de la tendencia
del pollo a creer en la benevolencia del granjero.

Fiabilismo

¿Cómo podemos entonces justificar o defender nuestra creencia de que verdaderamente es posible hacer
predicciones exactas acerca del sol y de los planetas, de
que el futuro tiene que parecerse al pasado en muchos
aspectos y de que generalizar a partir de la experiencia
es a menudo una forma perfectamente válida de adquirir conocimiento?

Algunos filósofos contemporáneos dicen que la
inducción no necesita justificación alguna, porque
cualquier tonto puede ver que es un modo *fiable* de
adquirir conocimiento. Esta respuesta se denomina
fiabilismo y recuerda en algunos aspectos a la solución del problema del conocimiento sugerida por
Ramsey (véase capítulo 6).

La solución fiabilista suscita al menos esta cuestión:
si la inducción es «el» método seguro para adquirir conocimiento acerca del mundo ¿dónde están los no seguros? Cuando tratamos de responder a esta pregunta
nos damos cuenta de que la inducción no tiene rivales.
No es un método en absoluto, sino un compendio de
todos los métodos que parecen tener éxito por ahora.
Como es un compendio o totalidad, es erróneo decir
que es «un», o «el», método seguro.

Para ilustrar esta cuestión, es preciso examinar algunas de las diferentes cosas a las que se denomina inducción y preguntar cuándo, cómo y si se podría renunciar a la inducción en favor de otro método.

Nuestra opinión es que no se puede renunciar a la inducción porque es un compendio de todo. No es que sea difícil renunciar a la inducción, es que es inconcebible. La teoría fiabilista es, por tanto, un tópico vacío, parecido al tópico de que algo es más que nada.

Fiabilidades comparadas

La generalización empírica no es siempre fiable. Muchas generalizaciones resultan ser falsas a la larga y muchas teorías científicas resultan ser falsas a la larga. La deducción por sí misma no es mejor, pues no todo razonamiento deductivo es válido; depende del razonador y de su elección de las reglas de inferencia. Si toda inducción y deducción fuesen fiables al cien por cien, esto significaría que el género humano es omnisciente.

«Inducción» es una palabra ambigua. Puede referirse a métodos determinados de investigación, tales como reunir muestras, utilizar un telescopio o inventar nuevos instrumentos científicos para objetivos especiales. O bien puede simplemente significar *cualquier método de investigación que no sea deductivo*.

Los métodos concretos, por supuesto, pueden ser comparativamente fiables o no fiables *vis à vis* unos con otros. Además, los investigadores concretos pueden ser más o menos fiables (exitosos) comparados unos con otros. Pero no tiene sentido decir que la deducción en sí es más (o menos) fiable que la inducción en sí. Si es fiable o no en un caso *concreto* depende, o bien de quienes la están haciendo y de cómo son de listos, o bien del método concreto que se utiliza o de las reglas de inferencia concretas que se aplican. Algunos métodos, algunas reglas de inferencia, son más dudosos que otros.

Qué sucede cuando fallan las teorías

Consideremos algunos ejemplos imaginarios. Primero, supongamos que alguien cree que puede predecir el futuro leyendo los posos del té. Esta teoría es probable que le falle bastante pronto. ¿Cuando ocurra dirá: «¡Oh!, así que la inducción no es fiable»? Por supuesto que no. En lugar de ello, dirá: «Después de todo, no hay ninguna relación entre los acontecimientos futuros y las formas de los posos del té».

También los científicos, como lectores de posos de té decepcionados, descubren a veces que cosas que ellos pensaban que estaban relacionadas *no* lo están. La ciencia descubre a veces que algunas formas sencillamente *no* están ahí. Semejante descubrimiento no es como formular generalizaciones sobre la base de los hechos; más bien lo contrario: es descubrir que algunas generalizaciones son falsas. Pero esto nunca se considera que indique que la inducción no es fiable; al contrario, el descubrimiento de una falta de relación (un descubrimiento de que una determinada generalización es imposible) es en sí considerado como un ejemplo de «el» método inductivo. En otras palabras, la inducción descubre regularidades y relaciones, pero también descubre irregularidades y falta de relaciones.

Imaginemos ahora que los científicos comienzan a fallar *una y otra vez* en todo tipo de campos distintos. ¿Dirán: «¡Oh!, así que la inducción no es un método fiable, después de todo»? En absoluto. Lo más probable es que digan: «El mundo es más complejo de lo que pensábamos», o «somos menos listos de lo que creíamos», o «tal vez necesitemos repensar completamente nuestros métodos», o incluso «tal vez haya algo en el misticismo oriental, después de todo; intentémoslo con él». E intentando otra cosa en su lugar –se trate del misticismo o de lo que sea, la experiencia, la observación...– tendrá que entrar nuevamente en juego de un modo u otro. Incluso las conjeturas son un tipo de inducción, y un tipo que a veces tiene éxito.

Ningún fallo de una generalización o de una teoría demostraría o podría demostrar que la inducción en sí es poco sólida o poco fiable.

No hay nada contradictorio en suponer que todas nuestras generalizaciones anteriores, toda nuestra ciencia anterior y todos nuestros métodos científicos concretos resultaran ser inexactos o fracasaran. Lo que es más, no es absurdo suponer que, si esto ocurriese, puede que no fuésemos capaces de formar ninguna nueva hipótesis ni generalización.

¿Qué demostraría esto? ¿Demostraría que la inducción *en sí* no está justificada? No. Si esto ocurriese, se consideraría que demuestra sólo que la raza humana no es, después de todo, lo bastante lista como para hacer ciencia. No podría demostrar que la naturaleza realmente carezca de uniformidad; tan sólo que la raza humana no puede descubrir (mucha) uniformidad.

Caos y descripción

Demostrar que el universo no tiene uniformidad es imposible. Es posible *decir*: «El universo es un caos», pero sólo si esta proposición es falsa. Sería imposible decir *verdaderamente* que el universo es un caos, porque si el universo fuese realmente caótico no podría haber lenguas en las que decirlo. La propia lengua depende de que las cosas y las cualidades tengan la suficiente persistencia en el tiempo como para ser fijadas con palabras, y esta misma persistencia es una clase de uniformidad. Por supuesto, esto no es ninguna garantía de que el universo no pueda convertirse en un caos, pero si lo hace no estaremos aquí para verlo.

Parte V
Lógica: la filosofía de la inferencia y del argumento

Parte V

20. El tema de la lógica

La lógica formal estudia la inferencia deductiva, no estudia el razonamiento inductivo. El tema de la lógica es aquel aspecto de la demostración estricta o deductiva que tiene que ver con su validez (su solidez).

Inducción, deducción y demostración

El razonamiento inductivo se basa en la observación y en el experimento. La inducción elemental consiste en reunir hechos y luego generalizar a partir de esos hechos.

La deducción, por otra parte, consiste en extraer las conclusiones que a ciencia cierta se siguen, o bien de axiomas o bien de exposiciones de la realidad que se supone que son ya sabidas.

Cuando los logicistas hablan de la demostración, se refieren a la *demostración deductiva*. Pero cuando la gente común, o los científicos, hablan de la demostración, normalmente se refieren a una evidencia *muy fuerte*. Estos dos sentidos de la palabra «demostración» encapsulan, en cierto modo, la diferencia entre deducción e inducción.

Esta diferencia, como apuntamos en el capítulo 19, tiene que ver con la «preservación de la verdad». Por muy abrumadora que sea la evidencia, la verdad de la conclusión de un razonamiento inductivo no está garantizada. Una inferencia inductiva razonable es *compatible* con la falsedad de su conclusión. Incluso si los hechos son indudables, sigue siendo posible que la conclusión de una inferencia inductiva resulte ser falsa. Esto es porque el razonamiento inductivo reúne cantidades finitas de datos del pasado y del presente, y luego extrae conclusiones en forma de generalizaciones universales. Tales generalizaciones abarcan un número indefinidamente elevado de hechos añadidos, y pueden perfectamente referirse al futuro, igual que al pasado y al presente.

Ya hemos hablado del razonamiento inductivo en el capítulo 19, por tanto no diremos aquí nada más sobre él.

La prueba deductiva es «preservadora de la verdad». La conclusión de una inferencia deductiva válida tiene que ser verdad si sus premisas son verdad. ¿Por qué es así? Sencillamente porque la palabra «válido» se define de este modo. La definición de «validez» es ésta: *una inferencia es válida si es imposible que sus premisas sean verdaderas y su conclusión falsa.*

A partir de ahora, cuando hablemos de pruebas nos referiremos a las pruebas deductivas.

La lógica estudia las inferencias deductivas en general, más que las pruebas deductivas. Las *pruebas* de-

ductivas son una subclase de las inferencias deductivas
válidas.

Las inferencias inductivas en sí pueden partir de
premisas verdaderas, de meras hipótesis o de premisas
falsas. Ahora bien, una inferencia deductiva puede ser
válida incluso si sus premisas son falsas, o ser errónea
incluso si sus premisas son verdaderas. Esto se puede
deducir de la definición de «válido» que dimos más
arriba.

He aquí un ejemplo de inferencia deductiva válida
que no es una demostración. Es válida, pero no prueba
nada porque parte de una premisa falsa sobre Napoleón:

Napoleón era japonés.
Todos los japoneses son asiáticos.
Luego Napoleón era asiático.

Si una inferencia deductiva válida parte de premisas
verdaderas, será una demostración [o prueba]. He aquí
un ejemplo tradicional:

Todos los hombres son animales.
Sócrates es hombre.
Luego Sócrates es un animal.

Técnicamente, cualquier inferencia deductivamen-
te válida con premisas verdaderas es una demostración, aunque en la práctica el título de «demostración»
se omita si la conclusión es ya conocida o es más verosímil que las premisas.

Las auténticas demostraciones ¿deben partir siempre de premisas verdaderas? No, puesto que hay una
importante excepción, a saber, las demostraciones por

reductio ad absurdum (RAA). Una demostración por RAA parte de una premisa que se sabe o se sospecha que es falsa, siendo el objetivo de la prueba, si se quiere, demostrar que es verdad que la premisa es falsa.

Las demostraciones por *reductio ad absurdum* no son infrecuentes en las matemáticas. Ponemos un famoso ejemplo al pie de la página*.

Los métodos de la lógica

¿Cómo estudia exactamente la lógica el razonamiento deductivo? Básicamente, dispone de reglas generales para comprobar su validez. Pero antes de disponer tales reglas generales clasifica las entidades lingüísticas e

* Euclides demostró que no hay ningún número primo que sea el más alto mediante una prueba de *reductio ad absurdum*, del modo siguiente:

Hay un número primo que es el más alto, llamémosle P.

Hay un número mayor, que es = $1 \times 2 \times 3 \times 5 \times 7 \ldots \times P$. Llamemos a este número Q.

Q evidentemente no es un número primo, pues es divisible por todos los números primos hasta P, inclusive.

Hay un número aún mayor, que es = $Q + 1$. Llamemos a este número R.

O R es primo, con lo que ya tenemos un primo mayor que P, o R es divisible por un primo mayor que P, ya que hay un primo que divide R y ha de estar entre P y R.

Evidentemente, este proceso puede repetirse eternamente, comenzando por:

Hay un número primo que es el más alto, R.

Hay un número mayor, que es = $1 \times 2 \times 3 \times 5 \times 7 \ldots \times R$.

(Etcétera, etcétera.)

Conclusión: no hay ningún número primo que sea el más alto.

introduce novedades lingüísticas. También puede introducir lenguas artificiales.

La lógica clasifica las entidades lingüísticas, es decir, las palabras y las oraciones, para hacer de esa manera más fácil la clasificación de las inferencias y los argumentos.

La lógica introduce novedades lingüísticas por varias razones: para eliminar la ambigüedad y la vaguedad, para hacer más fácil la expresión de ideas nuevas, y en tercer lugar, para tener una especie de taquigrafía que haga la expresión de inferencias complicadas menos incómoda.

La lógica también idea vocabularios técnicos o semitécnicos. El vocabulario técnico de la antigua lógica tradicional es sencillo y se usa principalmente para *describir* la estructura de las inferencias. Los vocabularios técnicos de la lógica moderna son mucho más complejos: son como lenguas artificiales completas. La idea es tener un medio para expresar las inferencias de tal manera que se *expongan* sus estructuras de un modo claro. Estas lenguas artificiales de la lógica moderna tienen que ser más simples y más exactas y precisas que las lenguas naturales comunes. La exactitud, la precisión y la claridad hacen más fácil detectar las falacias y más fácil distinguir entre los diferentes tipos de inferencia.

En los próximos capítulos vamos a esbozar las características básicas de la lógica tradicional así como de la lógica moderna. También explicaremos por qué la lógica tradicional dio paso en el siglo xx a la lógica moderna.

21. La lógica silogística

Comencemos con la definición general de validez: *Una inferencia o argumento es válido si es imposible que sus premisas sean verdaderas y su conclusión falsa.*

La palabra griega «silogismo» quiere decir simplemente «argumento válido». Pero hace mucho tiempo llegó a significar algo ligeramente distinto. Para los logicistas, el significado de esta palabra es más reducido que el del griego original en un aspecto y más amplio en otro.

Es más reducido porque «silogismo» ahora se refiere principalmente sólo a las inferencias o argumentos que se ajustan a un determinado modelo general; este modelo consta de dos premisas y una conclusión. Y es más amplio porque «silogismo» ahora se refiere, no sólo a los argumentos sólidos del modelo mencionado arriba, sino también a los no sólidos.

Este modelo aparentemente simple de silogismo admite, en realidad, una gran cantidad de variaciones. Un silogismo puede parecerse a éste:

Todos los hombres son mortales.
Sócrates es hombre.
Luego Sócrates es mortal.

Que, dicho sea de paso, es válido, dado que si las premisas son verdaderas, la conclusión no puede dejar de ser también verdadera.

O puede parecerse a éste:

Ningún cuervo es blanco.
Algunos cuervos tienen genes albinos.
Algunas cosas con genes albinos no son blancas.

Que también es válido: si las premisas fueran verdaderas, la conclusión tendría que ser también verdadera.

O bien, puede parecerse a éste:

Algunos animales son ciervos.
Algunos animales son carnívoros.
Luego algunos ciervos son carnívoros.

Que evidentemente no es válido: las premisas son verdaderas pero la conclusión es falsa.

La lógica silogística es denominada con frecuencia lógica aristotélica, porque el propio Aristóteles fue el responsable de ella en su mayor parte. Sin embargo, ciertos añadidos y desarrollos son debidos a filósofos posteriores, entre los cuales se encuentran Zenón, Cicerón y Boecio, y los autores medievales Abelardo, Duns Scoto y Guillermo de Occam.

Algunas inferencias tienen sólo una premisa; se dice entonces que son simples o directas. Un ejemplo: «todos los cisnes son de un blanco puro» (premisa), «luego ningún cisne es negro (conclusión)».

La lógica tradicional sostiene que todos los argumentos son, o bien simples y directos, o bien silogísticos. Supone que cualquier inferencia que parezca más complicada que un silogismo puede ser reducida a un silogismo o conjunto de silogismos. En los libros de texto de lógica del siglo XIX hay ejercicios en los cuales el alumno tiene que transformar inferencias aparentemente complicadas en silogismos o conjuntos de silogismos.

Símbolos, taquigrafía y términos técnicos

Es posible clasificar y formalizar hasta cierto punto los silogismos utilizando símbolos para ello. El simbolismo utilizado en la lógica silogística es bastante simple; incluye aproximadamente una docena de términos técnicos, no todos los cuales son esenciales para comprender el sistema. Sólo unos pocos de estos términos técnicos, o de los modos en que son utilizados, son posteriores a Aristóteles.

Las proposiciones y los cuantificadores

Una proposición se define como una oración que puede ser verdadera o falsa. Las proposiciones son contrastadas con las oraciones de otros tipos, por ejemplo, las preguntas, las súplicas y las órdenes, las cuales no pueden ser ni verdaderas ni falsas.

Las cuatro expresiones: «algunos/as», «todos/as», «ningún/a» y «algunos/as ... no son», se denominan cuantificadores.

La lógica tradicional clasifica las proposiciones en cuatro tipos. La diferencia entre un tipo de proposición y otro depende de cuál de los cuatro cuantificadores se use.

La taquigrafía utilizada para aludir a las cuatro clases de proposición se compone de letras del alfabeto, del modo siguiente:

A proposiciones que empiezan por «todos/as».
E proposiciones que empiezan por «ningún/a».
I   proposiciones que empiezan por «algunos/as».
O proposiciones que contienen la expresión «algunos/as ... no son».

Los términos técnicos para las cuatro clases de proposición son:

A universal afirmativa («todos/as»).
E universal negativa («ningún/a»).
I   particular afirmativa («algunos/as»).
O particular negativa («algunos/as ... no son»).

Ejemplo:

A Todos los sudaneses son perfectos.
E Ningún sudanés es perfecto.
I   Algunos sudaneses son perfectos.
O Algunos sudaneses no son perfectos.

Los términos

Las inferencias, por supuesto, son siempre *acerca de* algo: de los polacos, de los maníacos, de la perfección, de las ciudades, de los números primos, o de lo que sea. Los términos son palabras que se utilizan para aludir a los asuntos o temas de las inferencias. Tradicionalmente, las letras S, M y P son utilizadas como taquigrafía de los términos.

Hay tres términos en un silogismo. Empezando por la conclusión, estos términos son:

El sujeto (S) de la conclusión.
El predicado (P) de la conclusión.
El término medio (M), que aparece en las dos premisas pero no en la conclusión.

En nuestros ejemplos utilizaremos a partir de ahora palabras que comiencen por S, P y M para ayudar a recordar cuál es cuál.

Las premisas y la conclusión

Como ya hemos visto, un silogismo consta de tres proposiciones. Comienza con dos premisas, de las cuales tiene que ser inferida una tercera: la conclusión. La oración en la que aparecen S y M se llama la premisa menor, y la oración en la que aparecen P y M se llama premisa mayor. La oración que contiene tanto S como P es la conclusión y siempre se coloca la última, por supuesto. La conclusión va normalmente precedida por alguna palabra como «luego», «por lo tanto», o «así que».

He aquí dos silogismos, uno sólido, el otro no. La verdad de las premisas se dará por supuesta, «en favor del argumento». Pero la pregunta que nos hacemos es la siguiente: suponiendo la verdad de las premisas, ¿se deduce de ellas la conclusión? Que es lo mismo que decir: suponiendo la verdad de las premisas, ¿podría la conclusión ser falsa?

Ejemplo 1:

Todos los polacos son unos maníacos.
Ninguna persona sana es maníaca.
Luego ninguna persona sana es polaca.

Dada la verdad de las premisas, la conclusión no podría ser falsa, por lo tanto la inferencia es válida. Esto se comprende intuitivamente mediante un diagrama de Euler:

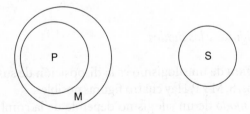

Ejemplo 2:

Algunos maníacos son peruanos.
Ningún maníaco está sano.
Luego ninguna persona sana es peruana.

Dada la verdad de las premisas, la conclusión podría ser verdadera (véase diagrama 2a) o podría ser falsa (véase diagrama 2b). Por lo tanto, la inferencia no es válida.

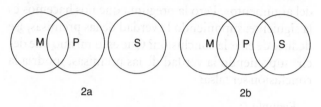

2a   2b

Clasificación de los silogismos en 256 formas

La lógica silogística clasifica los argumentos según sus distintas formas posibles. La clasificación proporciona modos de separar los válidos de los no válidos. Según la teoría del silogismo, la validez depende de dos aspectos: de la figura del silogismo y del modo del silogismo.

Las figuras y los modos

La *figura* de un silogismo es la disposición de sus términos, S, M y P. Hay cuatro figuras posibles.

El *modo* de un silogismo depende de la combinación de los cuantificadores, es decir, de la combinación de las proposiciones A, E, I y O. Hay 64 combinaciones posibles de A, E, I y O, es decir, 64 modos posibles. Por lo tanto, hay $4 \times 64 = 256$ formas posibles que pueden tomar los silogismos; 19 de éstas 256 formas posibles son válidas y «fuertes», 5 son válidas pero «subordinadas» o «débiles», y todas las restantes no son válidas.

Las figuras

Las cuatro disposiciones posibles de S, M y P (las figuras) son:

Primera figura:
MP
SM
SP

Segunda figura:
PM
SM
SP

Tercera figura:
MP
MS
SP

Cuarta figura:
PM
MS
SP

Los modos

Los modos del silogismo pueden señalarse mediante la taquigrafía alfabética mencionada antes (A, E, I, O).

Así, si las premisas y la conclusión de un silogismo empiezan por el cuantificador «todos/as», el modo del silogismo se denomina AAA. Esto significa que todas las proposiciones del silogismo son universales afirmativas.

Si la primera premisa empieza por «ningún/a», la segunda por «algunos/as» y la conclusión por «algunos/as ... no son», el modo del silogismo se denomina EIO. Esto significa que la primera premisa es una proposición universal negativa, que la segunda premisa es una proposición particular afirmativa y que la conclusión es una proposición particular negativa.

Como ya indicamos, hay 64 modos de silogismo: AAA, AAI, AII, III, IAA, EEE, EEA, EAA, y así sucesivamente, hasta el total.

Ejemplos (dos por cada figura):

(Si los lectores quieren intentar decidir cuáles de las inferencias siguientes son válidas y cuáles no, y a qué modos pertenecen, las respuestas están al final de este capítulo, pág. 310, al pie.)

Primera figura

MP	Todos los machos son pedantes.	Todos los machos son pedantes.
SM	Algunos soldados son machos.	Ninguna señora es un macho.
∴ SP	Luego algunos soldados son pedantes.	Luego ninguna señora es pedante.

Segunda figura:

PM	Ningún polaco es masculino.	Ningún párroco está casado.

| SM | Algunos soldados son masculinos. | Algunos serbios están casados. |
| ∴ SP | Luego algunos soldados son polacos. | Luego algunos serbios no son párrocos. |

Tercera figura:

MP	Ningún gángster es guapo.	Todos los gángsters son guapos.
MS	Algunos gángsters son amables.	Ningún gángster es amable.
∴ SP	Luego algunos hombres simpáticos no son pilotos.	Luego algunos hombres simpáticos son pilotos.

(Hemos partido del presupuesto de que todos los gángsters son hombres.)

Cuarta figura:

PM	Algunos pedantes son modestos.	Ningún pedante es modesto.
MS	Toda la gente modesta es sensible.	Toda la gente modesta es sensible.
∴ SP	Luego algunas personas modestas son pedantes.	Luego ninguna persona sensible es pedante.

La figura y el modo de un silogismo pueden ser representados simultáneamente combinando los símbolos de la figura con los símbolos del modo. Cualquier silogismo puede representarse de este modo. El número total de formas posibles, como ya hemos señalado, es de 256.

Así, esto:

MaP
SaM
∴ SaP representa a un silogismo de la primera figu-
ra en el modo AAA.

Y esto:

PeM
SiM
∴ SoP representa a un silogismo de la segunda figu-
ra en el modo EIO.

Diferenciar las formas válidas de las no válidas

Las formas válidas pueden ser diferenciadas de las no
válidas mediante un examen, mediante el uso de la
mnemotecnia, utilizando diagramas de Venn o formu-
lando y utilizando reglas generales.

Aristóteles comienza su estudio diferenciando varias formas válidas y no válidas mediante un examen
directo de los ejemplos.

Los sabios medievales idearon varios recursos mnemotécnicos para que los pudieran usar los estudiantes
y ayudarles así a diferenciar las 19 formas válidas fuertes de las 5 formas débiles y de las 232 formas no válidas restantes. Cada línea representa una figura. Las tres
primeras vocales de cada palabra representan un
modo.

1. BARBARA, CELARENT, DARII, FERIOQUE, prioris (primera figura, modos válidos: AAA, EAE, AII, EIO).
2. CESARE, CAMESTRES, FESTINO, BAROCO, secundae (segunda figura, modos válidos: EAE, AEE, EIO, AOO).
3. Tertia: DARAPTI, DISAMIS, DATISI, FELAPTON, BOCARDO, FERISON, habet (tercera figura, modos válidos: AAI, IAI, AII, EAO, OAO, EIO).
4. Quarta insuper addit: BRAMANTIP, CAMENES, DIMARIS, FESAPO, FRESISON (cuarta figura, modos válidos: AAI, AEE, IAI, EAO, EIO).

Estos recursos mnemotécnicos resultan muy fáciles de memorizar. Parece que están en una lengua extranjera, tal vez en latín, pero en realidad es sólo una jerga burocrática que suena a ese idioma. Así que pensamos en construir una versión moderna, pero en seguida nos dimos cuenta de que esta tarea ¡no es nada sencilla! Tal vez algunos lectores quieran probar a mejorar nuestra versión.

He aquí nuestra nueva propuesta mnemotécnica. Las tres primeras vocales de cada palabra indican el modo del silogismo; no se ha de tener en cuenta la «U», por supuesto. La regla «chicas 1, chicos 2, lugares 3, gente famosa 4» indica la figura.

1. Cuatro chicas
   BÁRBARA, BERNADETTE, HERMIONE y LAVINIA (AAA, EAE, EIO, AII),
2. conocieron a cuatro chicos
   ALFONSO, ELIOTT, GERVASE y LAWRENCE (AOO, EIO, EAE, AEE).

3. viajaron a seis lugares
   el ATLÁNTICO, el PACÍFICO, el ECUADOR; luego
   a ETIOPÍA, MIAMI y MÓNACO (AAI, AII, EAO,
   EIO, IAI, OAO),
4. en los que vieron a cinco personas famosas
   a CLARENCE en el tonel de vino, al rey MEL-
   CHIOR, a los profetas ISAÍAS y MALAQUÍAS y al
   sabio MELANCHTHON (AEE, EIO, IAI, AAI,
   EAO).

Ejemplo:
MELANCHTHON, EAO en la cuarta figura (PM, MS,
luego SP).

   Ningún príncipe es malo.
   Todos los hombres malos están enfermos.
   Luego algunos hombres soberbios no son príncipes.

Puede que los lectores quieran construir ejemplos de
las otras 18 formas válidas fuertes.

Formas débiles

Las cinco formas válidas débiles o subordinadas no son
mencionadas por Aristóteles, pero fueron descubiertas
bastante pronto, en el siglo I a. C.

   En pocas palabras, una forma subordinada extrae una
conclusión más débil de lo necesario. Todas tienen conclusiones «débiles» (I, O) en lugar de «fuertes» (A, E).

   Las formas débiles son: AAI en la primera figura
(que se corresponde con AAA), EAO en la primera fi-

gura (que se corresponde con EAE), EAO en la segunda figura (que se corresponde con EAE), AEO en la segunda figura (que se corresponde con AEE) y AEO en la cuarta figura (que se corresponde con AEE).

Ejemplo:
EAO en la primera figura

> Ningún maniqueo es pedante.
> Todos los solitarios son maniqueos.
> Luego algunos solitarios no son pedantes.

Puede verse que la validez de las formas subordinadas reside en la supuesta validez de la inferencia directa. Así, AAI depende de la supuesta validez de la inferencia «si *todos* los S son P, entonces *algunos* S son P» (por ejemplo, «si todos los solitarios son pedantes, entonces algunos solitarios son pedantes»), y EAO y AEO dependen de la validez de la inferencia «si *ningún* S es P, entonces *algunos* S *no* son P» (por ejemplo, «si ningún solitario es pedante, entonces algunos solitarios no son pedantes»).

Recapitulando, las formas más rápidas de averiguar si un silogismo es válido son: examinarlo; dibujar un diagrama de Venn; o memorizar las formas válidas y luego ver si el ejemplo concreto se ajusta a una de ellas.

Los lógicos medievales, sin embargo, querían encontrar reglas generales que englobaran las diferencias entre los silogismos válidos y los no válidos. Hay algunas discusiones en cuanto a si todas las reglas medievales son satisfactorias, como por ejemplo, la conocida como la «regla de distribución», que ha sido calificada de sin sentido por algunos lógicos.

El silogismo es el elemento principal de la lógica tradicional, pero no el único. La inferencia directa (véase más arriba) es un tema importante, como también lo es la cuestión relativa a la utilidad o no de las reglas para el silogismo, tales como la regla de distribución. Las discusiones sobre estos y otros temas relacionados pueden encontrarse en los libros que se indican en la bibliografía.

Respuestas a los ejemplos de págs. 304-305:

En los ocho ejemplos sobre las hembras, los militares, los polacos, etc., los modos eran:

En la primera figura: AII (válido) y AEE (no válido).
En la segunda figura: EII (no válido) y EIO (válido).
En la tercera figura: EIO (válido) y AEI (no válido).
En la cuarta figura: IAI (válido) y EAE (no válido).

22. La lógica moderna

El valor de la lógica de Aristóteles no fue cuestionado en serio durante más de dos mil años, y de hecho siguieron apareciendo libros que explicaban su sistema hasta bien entrado el siglo XIX (el gran libro de John Neville Keynes, *Lógica formal con ejercicios*, fue publicado en 1887).

La lógica aristotélica fue finalmente cambiada, principalmente porque es incompleta, es decir, abarca sólo unas cuantas de las variedades posibles de argumentos deductivos. Y además es ambigua en algunos aspectos.

Como hemos visto, la lógica silogística tradicional trata a todas las proposiciones como si determinasen una relación entre un sujeto y un predicado. El sujeto es cuantificado mediante palabras corrientes, a saber, «todos/as», «ningún/a» y «algunos/as». Sólo tres artículos o clases pueden ser tratados en un silogismo: aquellos descritos por el término sujeto, el término predicado y el término medio.

Se supone que todo argumento, todo razonamiento deductivo, puede ser expresado como una inferencia directa, como un silogismo o como un grupo de silogismos.

El tipo de lógica que se ha desarrollado durante los siglos XIX y XX puede sistematizar una variedad mucho mayor de tipos de inferencia deductiva. Es, sin embargo, más difícil de dominar que la lógica aristotélica.

La lógica moderna consta de dos partes principales: el cálculo proposicional, que trata de las relaciones entre proposiciones, y el cálculo de predicados, que trata de la estructura interna de las proposiciones. A partir de estos cálculos tipo se han desarrollado otros, por ejemplo, la lógica modal, que se ocupa de la necesidad, de la posibilidad y de la imposibilidad, y la lógica temporal, que se ocupa de las relaciones formales que atañen al tiempo (pasado, presente y futuro). Sin embargo, estos desarrollos sobrepasan el ámbito de este libro.

La necesidad de una nueva lógica puede comprenderse a partir de las consideraciones siguientes:

1. La lógica debería ser capaz de expresar argumentos que tengan cualquier número de premisas (no sólo dos) y cualquier número de términos (no sólo tres).

La lógica moderna cumple estos dos requisitos, porque el simbolismo del cálculo proposicional permite que se amontone cualquier número de proposiciones dentro de un argumento, y el simbolismo del cálculo de predicados permite que se amontone cualquier número de términos (nombres y predicados) dentro de una proposición. El cálculo de predicados permite también que se amontonen una y otra vez sus dos cuantificadores (el significado de esto se explicará en los capítulos siguientes).

2. La lógica tradicional abarrota una gran variedad de tipos de proposiciones dentro de un molde muy simple. Dice que todas las proposiciones pueden ser transformadas en uno de los cuatro tipos, A, E, I, O.

La lógica de predicados puede diferenciar entre muchos más tipos de proposición que éstos. La lógica de predicados no sólo puede diferenciar entre las proposiciones A, E, I, O; también puede diferenciar entre afirmaciones acerca de las propiedades de las cosas («todos los gatos son carnívoros»), afirmaciones que afirman o niegan la existencia («los caballos existen», «los centauros no existen»), afirmaciones de identidad («el "oro de los tontos" es exactamente el mismo material que la pirita de hierro») y afirmaciones que incluyen un número («el sistema solar tiene nueve planetas»).

3. Los términos de la lógica silogística no permiten que se establezca una distinción entre clases de cosas (por ejemplo, «cisnes») y de individuos (por ejemplo, «Sócrates»). Se considera que sus términos, en general, aluden a clases de cosas, y los nombres de individuos se toman como si significaran «parte de una clase», de modo que «Sócrates» es tratado como si significase «algunas cosas», «algunos hombres», «algunos griegos» o lo que sea. Por lo tanto, el silogismo:

Todos los hombres son mortales.
Sócrates es hombre.
Luego Sócrates es mortal.

es tratado como si fuese formalmente igual que el siguiente:

Todos los hombres son mortales.
Algunas cosas son hombres.
Luego algunas cosas son mortales.

El simbolismo de la lógica moderna, por otra parte, puede diferenciar entre clases e individuos.

4. La lógica silogística no puede referirse a las cosas de un modo no específico. Cada término se refiere a una clase específica de artículos; no hay términos que correspondan a «una cosa u otra», a «una persona u otra».

La lógica de predicados, por su parte, contiene variables que son usadas para referirse a las cosas de un modo no específico, por así decirlo. Por tanto, la lógica de predicados conserva algo de la complejidad y la variedad del lenguaje ordinario. Las variables (x, y) del cálculo nos permiten traducir los argumentos del lenguaje ordinario que contengan palabras como «cosa», «algo», etcétera.

El concepto de variable les resultará familiar a los lectores que hayan estudiado álgebra elemental. En álgebra, los símbolos x, y, z pueden significar, o bien «algún número», o bien «cualquier número». Por ejemplo, x representa un número concreto en la ecuación $x = 13 \times (5 - 8,25)$, a saber, la solución de esta ecuación; por otra parte, en la fórmula $(x + y)^2 = x^2 + 2xy + y^2$, los símbolos x e y representan cualquier número. Una variable en lógica es a grandes rasgos igual, pero no completamente igual, que una variable en álgebra. El modo como operan las variables en la lógica será explicado en el capítulo 24.

5. Los cuantificadores tradicionales de la lógica silogística («todos», «algunos», etc.) no son suficientes
para abarcar todas las posibilidades. Además, dos de
ellos (a saber, «algunos/as» y «algunos/as ... no son»)
son imprecisos. La lógica debería proporcionarnos los
medios para referirnos a cualquier cantidad que deseemos, por ejemplo, «al menos uno», «sólo dos», «más de
diez», etc. La lógica de predicados puede hacerlo.

6. Aunque los lenguajes naturales ordinarios tienen
sus propios medios –por lo general, bastante adecua-
dos– para deshacer las ambigüedades de ciertas oraciones, es útil tener un simbolismo o taquigrafía que pueda deshacer la ambigüedad de un modo económico. La
lógica moderna proporciona tal simbolismo.

Aunque la lógica moderna puede enfrentarse a muchas más variedades de argumento de las que abarca la
lógica silogística, hay que señalar que quedan tipos de
inferencia de los que no se ocupan ni el cálculo proposicional ni el cálculo de predicados.

En términos generales, cuando la validez de una inferencia depende de los significados específicos de los
nombres, verbos y adjetivos ordinarios, entonces no
puede ser captada por el simbolismo de la lógica formal moderna. Una inferencia de este tipo es:

El animal que hay ante nosotros es una zorra; por lo
tanto, es un zorro hembra.

Diremos algo más acerca de este ejemplo al final del
capítulo 24.

23. El cálculo proposicional

Repitamos la definición general de validez:

Una inferencia o argumento es válido si es imposible que sus premisas sean verdaderas y su conclusión falsa.

La lógica trata de las proposiciones, a las que hemos definido como *la clase de oraciones que pueden ser verdaderas o falsas.*

Mientras la lógica aristotélica utiliza principalmente el lenguaje ordinario, complementado con alguna taquigrafía sencilla, las operaciones de la lógica moderna son conducidas casi completamente con símbolos. Por esta razón, la lógica moderna se denomina a veces «lógica simbólica», «lógica formal», «lógica matemática», «cálculo» o «cálculos».

Desafortunadamente, los lógicos modernos no se han puesto de acuerdo en confeccionar un único grupo oficial de símbolos, lo cual puede resultar desconcertante para los estudiantes, ya que los grupos de símbolos que se usan coinciden en gran parte. Nosotros utilizaremos algunos de los símbolos más comunes, señalando de vez en cuando las alternativas.

Como hemos visto, los conceptos fundamentales de la lógica aristotélica son: los tres términos (S, M y P), los cuatro cuantificadores («todos/as», «ningún/a», «algunos/as», «algunos/as no son»), las proposiciones construidas a partir de los términos y los cuantificadores, y el silogismo y sus modos y figuras.

Los conceptos fundamentales de la lógica moderna son: las proposiciones básicas (o atómicas), los dos «valores de verdad» («verdadero» y «falso»), los cinco operadores utilizados para modificar las proposiciones básicas o para combinarlas en proposiciones complejas (o moleculares), el concepto de inferencia («luego»), los dos cuantificadores, equivalentes a grandes rasgos a «todos» y «algunos», y el concepto de variable, que mencionamos en el capítulo 22.

Los cuantificadores y las variables corresponden al cálculo de predicados y serán explicados en el próximo capítulo.

Proposiciones y valores de verdad

Las proposiciones son simbolizadas con P, Q, R, S, es decir, con letras tomadas de la parte final del alfabeto. Algunos lógicos utilizan letras mayúsculas y otros letras minúsculas.

Dado que todas las proposiciones son por definición, o bien verdaderas, o bien falsas, la lógica proposicional atribuye uno de estos dos valores (o «valores de verdad») a cada proposición. La abreviatura de «verdadero» es «v» o «V», y la abreviatura de «falso» es «f» o «F». Algunos lógicos utilizan, en lugar de ello, los símbolos 1 y 0.

El valor de verdad de P significa exactamente la verdad o falsedad de P, según sea el caso.

Los dos posibles valores de verdad de una proposición pueden ser representados en una tabla de verdad, del modo siguiente:

P
–
v
f

Proposiciones básicas, proposiciones complejas y operadores

Las proposiciones son por definición básicas si no contienen ningún operador.

Los operadores, que a veces se denominan conjunciones, son palabras o locuciones que pueden usarse para cambiar o para unir proposiciones simples, formando de este modo proposiciones diferentes, normalmente más largas. Se supone que todas las proposiciones complejas, es decir, no básicas, están hechas de proposiciones básicas y operadores. Una proposición se supone que es básica siempre que es tratada como básica para una operación concreta. Tratar a una proposición como básica es simplemente suponer, para una operación concreta, que no será dividida en proposiciones más cortas para esa operación.

Inventemos ahora algunos ejemplos de proposiciones básicas:

«Patrick es sabio», «Peter es tonto», «Mary está gorda» y «Leo está delgado». Llamémoslas P, Q, R y S.

Cada una de ellas puede ser verdadera o falsa.

Pueden ser manejadas de varias maneras:

Negación: «Patrick no es sabio», «Peter no es tonto», y así sucesivamente. Llamamos a estas negaciones no P, no Q, etcétera.La doble negación está permitida, pero se anula; así, «Mary no está no gorda» significa lo mismo que «Mary está gorda».

Conjunción: P, Q, R y S y sus negaciones pueden ser unidas por «y»:

«Patrick es sabio» y «Peter es tonto»: P y Q.

«Mary está gorda» y «Leo no está delgado»: R y no S.

Disyunción: P, Q, R, S y sus negaciones pueden ser unidas por «o». «O» en lógica siempre significa «cualquiera de los dos». Algunos lógicos leen «o» como «y/o», que desde luego es más claro:

«Mary está gorda o Leo está delgado», o ambas cosas: R y/o Q.

Condicional: P, Q, R, S y sus negaciones pueden ser relacionadas mediante la locución «si..., entonces...». Las proposiciones complejas creadas de este modo se denominan condicionales:

«Si Mary no está gorda, entonces Leo no está delgado»: si no R, entonces no S.

«Si Peter es tonto, entonces Patrick es sabio»: si Q, entonces P.

Un operador (o conjunción) se define como una palabra o locución que, cuando se aplica a una oración, crea una nueva oración. Esta definición nos permite decir que «no» es una conjunción; es, por decirlo así, una conjunción de un solo lugar. «No» es lo mismo que «y» o «si... entonces», dado que añadiéndolo a una proposición básica se obtiene una proposición nueva, diferente. No obstante, el término «operador» es más claro que el de «conjunción».

Las proposiciones complejas formadas utilizando operadores pueden irse llenando indefinidamente, produciendo oraciones cada vez más largas. Por lo tanto, ahora vemos cómo la lógica moderna tiene en cuenta cualquier número de premisas y cualquier grado de complejidad de las premisas.

Tomemos, por ejemplo, la siguiente inferencia:

«si usted ha nacido en la calle Gorbally, usted ha nacido en Glasgow; si usted ha nacido en Glasgow, entonces usted es escocés; si usted es escocés, usted es británico; y si usted es británico, puede obtener un pasaporte europeo».

Este argumento podría en realidad transformarse en un grupo de varios silogismos, pero es posible, y más sencillo, tratarlo como un único argumento. Podemos comenzar a hacer esto del modo siguiente:

P quiere decir «usted ha nacido en la calle Gorbally».

Q quiere decir «usted ha nacido en Glasgow».

R quiere decir «usted es escocés».

S quiere decir «usted es británico».

U quiere decir «usted puede obtener un pasaporte europeo».

Nuestro argumento puede representarse por tanto de la siguiente manera:

Si P entonces Q, y si Q entonces R, y si R entonces S, y si S entonces U: luego si P entonces U.

Paréntesis y ambigüedad de ámbito

El acumulamiento o la iteración tiene determinados problemas: crea ambigüedad de *ámbito*. El ámbito de una operación es a lo que se refiere. La ambigüedad de ámbito no es lo mismo que la ambigüedad de los significados de las palabras.

Pensemos en la operación «2 × 9 + 3». Es ambigua porque puede significar, o bien «(2 × 9) + 3», que es igual a 21, o bien «2 × (9 + 3)», que es igual a 24. El uso de los paréntesis muestra qué operación se quiere hacer: los paréntesis nos permiten deshacer la ambigüedad de la operación.

Para deshacer la ambigüedad en las proposiciones complejas del cálculo lógico usamos el mismo mecanismo que en las matemáticas: los paréntesis. Así, sin paréntesis, la proposición «P y Q o R» resulta ambigua, porque puede significar, o bien «P y (Q o R)», o bien «(P y Q) o R».

Los símbolos y definiciones de los operadores

En el cálculo proposicional, hay cinco operadores. Son éstos: *no, y, o, si... entonces, si y sólo si*. Cada uno tiene su propio símbolo:

Símbolo	Descripción		Significado
¬	Negación	=	no, no es el caso que
&	Conjunción	=	y
v	Disyunción	=	y/o
→	Condicional	=	si … entonces
≡	Bicondicional	=	si y sólo si

Los operadores son definidos en función de la verdad y la falsedad de las proposiciones complejas que suelen crear. Las definiciones pueden ser expresadas de de forma verbal o también pueden ser demostradas en tablas de verdad.

Definiciones verbales

Negación (¬): ¬P es verdadera cuando P es falsa, y falsa cuando P es verdadera.

Conjunción (&): P & Q es verdadera si y sólo si P es verdadera y Q es verdadera.

Disyunción (v): P v Q es verdadera si y sólo si P es verdadera, o Q es verdadera, o ambas son verdaderas.

Condicional (→): P → Q es verdadera si y sólo si Q es verdadera, o P es falsa, o ambas cosas.

Bicondicional (≡): P ≡ Q es verdadera si y sólo si P y Q son ambas verdaderas, o P y Q son ambas falsas.

Definiciones mediante tablas de verdad

Las tablas de verdad para las oraciones compuestas colocan los símbolos de verdad y de falsedad debajo de los componentes básicos, y después debajo de la conjunción u operador. El valor debajo del operador significa el valor del compuesto o proposición molecular.

En las siguientes tablas, los símbolos «v» y «f» son usados para los valores de verdad de las proposiciones básicas, y los símbolos «V» y «F» para los valores de verdad de los compuestos que definen los operadores. Esto se hace así para que de este modo el lector pueda ver fácilmente qué valores de verdad pertenecen a las partes y cuáles al todo, y no tienen ninguna otra significación.

Negación:
¬ P es verdadera cuando P es falsa, y falsa cuando P es verdadera.

P	¬ P
v	F v
f	V f

Conjunción:
P & Q es verdadera si y sólo si ambas, P y Q, son verdaderas.

P	&	Q
v	V	v
v	F	f
f	F	v
f	F	f

Disyunción:

P v Q es verdadera si y sólo si P es verdadera, o Q es verdadera, o ambas son verdaderas.

P	v	Q
v	V	v
v	V	f
f	V	v
f	F	f

Condicional:

P → Q es verdadera si y sólo si P es falsa o Q es verdadera.

P	→	Q
v	V	v
v	F	f
f	V	v
f	V	f

Bicondicional:

P ≡ Q si y sólo si ambas son verdaderas o ambas son falsas.

P	≡	Q
v	V	v
v	F	f
f	F	v
f	V	f

Expresemos la inferencia acerca de la calle Gorbally con este simbolismo. La inferencia era:

«si usted ha nacido en la calle Gorbally, entonces ha nacido en Glasgow; si ha nacido en Glasgow, entonces es escocés; si es escocés, es británico; y si es británico, puede obtener un pasaporte europeo».

El resultado es:

$$[(P \rightarrow Q) \,\&\, (Q \rightarrow R) \,\&\, (R \rightarrow S) \,\&\, (S \rightarrow U)], \text{ luego } (P \rightarrow U).$$

Fórmulas FBF y fórmulas confusas

Una FBF es una fórmula bien formada. Obviamente, no todas las series de símbolos tienen sentido; sólo aquellas que tienen sentido son FBF.

En castellano escrito, «Peter es tonto» es una FBF, pero «¡pfff!(((hasta/» no lo es.

En el lenguaje del cálculo proposicional, $(\neg P \rightarrow Q) \equiv (Q \vee P)$ es una FBF, pero QP((v&R no lo es.

En resumen: hemos dado hasta ahora los símbolos de las proposiciones básicas (es decir, P, Q, R y S) y los símbolos de los cinco operadores (es decir, $\neg, \&, \vee, \rightarrow, \equiv$).

También hemos dado las siglas (FBF), que significan «fórmula bien formada».

Necesitamos un símbolo para «luego». Este símbolo es $\vDash$, y se denomina torniquete.

El torniquete, $\vDash$, no es en realidad un operador. No opera con las proposiciones para hacer proposiciones nuevas más de lo que lo hace la palabra «luego». Más bien nos permite formar argumentos, expresar inferencias.

Éstos, junto con los paréntesis, son los símbolos principales del cálculo proposicional.

Comprobar la validez de los argumentos

Los argumentos o inferencias pueden representarse, por así decirlo, con proposiciones complejas que incluyan → (es decir, el condicional «si... entonces»). Construyendo tablas de verdad para estas proposiciones complejas, podemos comprobar la validez de nuestros argumentos.

Para construir una tabla de verdad compleja no se puede simplemente escribir uves y efes en cualquier orden, puesto que el valor de verdad del todo está determinado por los valores de sus compuestos más pequeños, que a su vez están determinados por las proposiciones básicas.

1. Se comienza insertando los valores de verdad de las proposiciones básicas, dondequiera que éstos aparezcan. Hay que tener en cuenta la coherencia: ¡si P es v al comienzo de una línea, debe ser v durante toda la línea!

2. Se insertan los valores de las negaciones (si las hubiere) de las proposiciones básicas.

3. Se insertan los valores de verdad del operador dentro del paréntesis situado más adentro, que en nuestro primer ejemplo más abajo es el primer →. Este valor es determinado por los valores de las proposiciones básicas P y Q (véase la tabla de verdad para →).

4. Se insertan los valores de verdad del operador dentro del siguiente paréntesis más exterior, que en el ejemplo es también el más exterior de todos. En el primer ejemplo más abajo, este operador es &, y su valor está determinado por las dos proposiciones del paréntesis más exterior, a saber, la proposición compleja (P → Q) y la básica P.

5. Se insertan los valores de verdad del condicional principal, el → fuera del paréntesis, que en nuestro caso es el segundo →.

Recordando que *un argumento es válido si y sólo si no pueden ser sus premisas verdaderas y su conclusión falsa*, examinamos la tabla de verdad para ver si hay condiciones bajo las cuales las premisas sean verdaderas y la conclusión falsa. En otras palabras, si hay alguna fila en la que la premisa sea verdadera y la conclusión falsa, entonces el argumento no es válido.

Primer ejemplo:

Si Richard Nixon fue el presidente de los Estados Unidos, entonces ha nacido en los Estados Unidos; Nixon *fue* el presidente de los Estados Unidos; luego debe haber nacido en los Estados Unidos.

P representa a «Nixon fue el presidente de los Estados Unidos».

Q representa a «Bush nació en los Estados Unidos».

Podemos exponer esta inferencia del modo siguiente:

Si [(si P entonces Q) y P], entonces Q.

O bien con los símbolos del cálculo:

$$[(P \rightarrow Q) \ \& \ P] \rightarrow Q.$$

La tabla de verdad de esta proposición compleja es como sigue:

P	Q	[(P → Q)	&	P] → Q
v	v	v V v	V	v V v
v	f	v F f	F	v V f
f	v	f V v	F	f V v
f	f	f V f	F	f V f

Si la línea vertical debajo del → principal no contiene ninguna F, entonces la proposición compleja se dice que es una *tautología*. Una tautología es una proposición que es verdadera cualesquiera que sean las circunstancias. Por ejemplo, cuando el conjunto de proposiciones básicas son todas falsas (como en la última línea de la tabla), la proposición compuesta es verdadera.

En un caso semejante, una inferencia hecha desde el lado izquierdo hasta el derecho de la proposición compuesta será una inferencia válida en el cálculo.

En este ejemplo, la línea vertical debajo de la conjunción principal (la segunda →) consta de uves; por tanto, la proposición compuesta es una tautología y la inferencia correspondiente, desde [(P → Q) & P] hasta Q, es válida.

En este punto podemos introducir el torniquete ⊨, el símbolo de «luego». Sustituyendo ⊨ por el último → en la fórmula, cambiamos la secuencia, y así, de una fórmula que representa una proposición compuesta («si... entonces») pasamos a una fórmula que representa una inferencia, en este caso una inferencia válida:

$$[(P \rightarrow Q) \& P] \vDash Q$$

La validez de la forma de inferencia anterior fue reconocida por los lógicos medievales, que la denominaron *modus ponendo ponens* (MPP), o *modus ponens*, para abreviar. El MPP es tratado como un axioma, o como una regla de inferencia, en la lógica proposicional moderna.

Segundo ejemplo:

Si Henry Kissinger es el presidente de los Estados Unidos, entonces ha nacido en los Estados Unidos ($P \rightarrow Q$); pero Kissinger *no* ha nacido en los Estados Unidos ($\neg Q$): luego Kissinger no es el presidente de los Estados Unidos ($\neg P$).

Lo reescribiremos como una proposición compuesta en los símbolos del cálculo (hay que tener en cuenta que «pero» puede ser traducido como &):

$$[(P \rightarrow Q) \& \neg Q] \rightarrow \neg P.$$

Tabla de verdad:

P	Q	[(P → Q)	&	¬Q] →	¬P
v	v	v V v	F	Fv V	Fv
v	f	v F f	F	Vf V	Fv
f	v	f V v	F	Fv V	Vf
f	f	f V f	V	Vf V	Vf

Esto es también una tautología (véase la línea vertical debajo de la segunda →). Por lo tanto, podemos presentar aquí también un modelo de inferencia válida. Es éste:

$$[(P \to Q) \& \neg Q] \vDash \neg P.$$

El nombre medieval de esta forma de inferencia era *modus tollendo tollens* (MTT), o *modus tollens* para abreviar. El MTT es tratado como un axioma, o como una regla de inferencia, en el cálculo proposicional.

Una falacia

Consideremos una falacia muy conocida, que ha sido apodada como *modus morons* por los lógicos contemporáneos. Su forma es:

$$[(P \to Q) \& Q] \vDash P.$$

Pongamos un ejemplo:

Si estamos en Toronto, entonces estamos muy lejos al norte de Sydney (P → Q); *estamos* muy lejos al norte de Sydney (Q); luego debemos de estar en Toronto (P).
   Esto puede reescribirse como una proposición compuesta, a saber:

$$[(P \to Q) \& Q] \to P.$$

Tabla de verdad:

P	Q	[(P → Q)	&	Q] → P
v	v	v V v	V	v V v
v	f	v F f	F	f V v
f	v	f V v	V	v F f
f	f	f V f	F	f V f

La línea debajo del segundo → contiene una F en la fila tercera, por lo tanto, hay una posibilidad de que las premisas sean verdaderas mientras que la conclusión es falsa. Luego el argumento *modus morons* no es válido.

Las tablas de verdad proporcionan un método para comprobar la validez de los argumentos; por tanto, en líneas generales desempeñan la misma función que la mnemotecnia para los silogismos.

Sin embargo, la mnemotecnia no *demuestra* que estas u otras formas silogísticas sean válidas o no, mientras que las tablas de verdad realmente *demuestran* que una forma de argumento es válida (o no válida, según sea el caso).

24. El cálculo de predicados

Cálculo de predicados y lenguaje ordinario

Las lenguas naturales ordinarias contienen varias clases de palabras distintas. Entre ellas se incluyen los nombres propios, como «Emma», los nombres comunes, como «gato», los verbos, como «correr», «pensar», «dar una paliza», y los adjetivos y sintagmas adjetivos, algunos de los cuales, como «rojo», significan propiedades, mientras que otros como «más alto que» significan relaciones.

Las lenguas ordinarias contienen también expresiones que cuantifican, por ejemplo «todos», «uno», «al menos dos», «algunos», etcétera.

Por último, las lenguas naturales tienen modos de referirse a las cosas de una manera indefinida. En español, cuando queremos referirnos a las cosas de una manera indefinida decimos «algo», «cualquier cosa», «alguien», «cualquier número», etcétera.

El cálculo de predicados se ocupa de estos distintos elementos de una manera precisa. Consiste en una especie de lengua artificial que está concebida para hacer evidentes aquellas características estructurales internas de las proposiciones ordinarias que se considera que son importantes en el razonamiento.

Los elementos del cálculo de predicados

Los elementos del lenguaje del cálculo de predicados son:

1. Los operadores del cálculo proposicional: los símbolos ¬, &, v, →, ≡.
2. Las partes de «maquinaria», es decir, los paréntesis y puntos, que están tomados del lenguaje ordinario.
3. Los nombres: por convención, los símbolos habituales para los nombres son letras minúsculas del principio del alfabeto; a, b, c.
4. Los predicados: los símbolos habituales son letras mayúsculas, tomadas de la parte media del alfabeto para las propiedades (F, G, H) y del final del alfabeto para las relaciones (R, S, T). (Nosotros haremos un cambio en el simbolismo convencional, de manera que el alfabeto pueda servir como mnemotecnia; por ejemplo, usaremos p para «Patrick», A para «ama», y así sucesivamente.)
5. Las variables: los símbolos habituales del álgebra, es decir, x, y, z.
6. Dos cuantificadores: el *cuantificador universal*, que es simbolizado mediante ∀ seguido de una variable, por ejemplo: (∀x), (∀y), (∀z); y el *cuantificador existencial*, que es simbolizado mediante ∃ seguido de una variable, por ejemplo: (∃x), (∃y), (∃z). El

cuantificador universal se lee «para toda x ...», mientras que el cuantificador existencial se lee «existe al menos una x ...».

El orden de los elementos de una oración en el cálculo de predicados difiere de varias formas del orden habitual en castellano. Las diferencias irán apareciendo sobre la marcha.

Acumulación: es posible tener en una oración del cálculo de predicados cualquier número de nombres, cualquier número de predicados y cualquier número de variables; además, los dos cuantificadores pueden utilizarse cualquier número de veces en tan sólo una oración.

Los operadores

Los operadores son utilizados del mismo modo que en el cálculo proposicional.

Nombres propios, nombres comunes y descripciones

Los nombres pueden ser de persona, de planetas, de animales, de días, etc. Se supone que cada nombre propio se aplica sin ambigüedad a aquello que nombra.

Los nombres comunes son expresados con la ayuda de predicados y de variables. Los nombres comunes, como «gato», son tratados como descripciones, de tal modo que «Tibbles es negro» y «Tibbles es un gato» son traducidos del mismo modo. «Tibbles es un gato» se supone que significa «Tibbles es como los gatos».

Los predicados

En el cálculo de predicados, «predicado» quiere decir toda la oración excepto los nombres, las variables y los cuantificadores. Contrástese con el castellano, donde el predicado gramatical (1) no incluye al verbo, y (2) puede contener nombres como objetos gramaticales. En el cálculo de predicados el verbo cuenta como todo el predicado o parte de él. La idea de objeto gramatical no se utiliza.

Algunos predicados, como por ejemplo «está gordo», solamente necesitan un nombre para convertirse en oraciones. Estos predicados de una sola plaza indican propiedades.

Ejemplo: «Peter está gordo».

Otros predicados necesitan dos o más nombres para convertirse en oraciones. Estos predicados de dos (tres, cuatro, etc.) plazas expresan relaciones.

Ejemplo: «Peter odia Mallorca».

El predicado «odia» es de dos plazas, y por tanto necesita dos nombres para formar una oración.

Los predicados de tres plazas necesitan tres nombres. Un ejemplo es el predicado «está entre ... y ...».

Ejemplo: «Chengdu está entre Pekín y Lhasa».

En principio, puede haber predicados de cuatro plazas, de cinco plazas, hasta cualquier número.

Al simbolizar los predicados, el símbolo del predicado se coloca en frente del nombre o variable.

Si p quiere decir «Peter», m quiere decir «Mary» y G quiere decir «está gordo», entonces «Peter está gordo» sería Gp, «Mary está más gorda que Peter» sería Gmp, y «Peter está más gordo que Mary» sería Gpm.

Acumulación: se pueden acumular los predicados.

Predicados básicos y compuestos

Los predicados compuestos se construyen acumulando predicados simples o básicos.

Los predicados básicos son términos de propiedades, como «es rojo», «está gordo», y términos relacionales, como «pega», «ama», «es más alto que».

Pongamos que a, b, etc., significan distintos nombres, como «Betty», «Ambrose», etc., y que C quiere decir «confía en». Entonces, «Ambrose confía en Betty» puede expresarse como Cab, y «Betty no confía en Ambrose» se expresa como ¬ (Cba), que se entiende como una negación de la proposición; es decir, quiere decir «no es el caso que Betty confíe en Ambrose».

«Ama» es un predicado básico. ¿Y el amor por uno mismo? Los lógicos difieren en esto, pero algunos dicen que «se ama a sí mismo» también es un predicado básico. Es decir, sostienen que «Basil se ama a sí mismo» significa exactamente «Basil ama a Basil», que es expresado como Abb, donde A quiere decir «ama».

Comparemos estos casos con las relaciones recíprocas, tales como la admiración mutua. La admiración mutua es un predicado compuesto que puede expresarse acumulando dos predicados simples. En el ejemplo siguiente, un predicado («admira a Philo») corresponde a Hume y el otro («admira a Hume») corresponde a Philo.

«Philo y Hume se admiran mutuamente» quiere decir, evidentemente, «Philo admira a Hume y Hume admira a Philo».

Pongamos que A significa «admira», h significa «Hume» y p significa «Philo».

Acumulando los dos predicados, se obtiene uno compuesto: Aph & Ahp.

El amor no correspondido es otro predicado compuesto.

«Andy ama a Bella sin ser correspondido» quiere decir:

«Andy ama a Bella y Bella no ama a Andy», que puede traducirse como: Aab & ¬ (Aba).

Los dos cuantificadores

El símbolo (∀x) puede leerse como «para cualquier x» o «para toda x», y se denomina cuantificador universal.

El símbolo (∃x) quiere decir «existe al menos una x», y se denomina cuantificador existencial.

Ni ∀ ni ∃ aparecen nunca solos; ∀ aparece siempre formando parte de las expresiones (∀x), (∀y), etc., y ∃ aparece siempre formando parte de las expresiones (∃x), (∃y), etc. Dado que (∀x), (∀y), (∃z), etc. son unidades que no pueden ser divididas, es mejor llamarlas cuantificadores, mejor que a ∀ y ∃.

Los cuantificadores aparecen por lo general al comienzo de la oración, excepto cuando la oración empieza por el operador de la negación.

Todo cuantificador «liga», es decir, se aplica a las variables que siguen en el resto de la oración. Así, ($\forall$x) liga a la variable x, y ($\forall$y) se aplica a la variable y.

Pongamos que C significa «tiene cuatro patas» y que Y significa «es una yegua». Entonces ($\forall$x)(Yx → Cx) quiere decir «para todo x, si x es una yegua entonces x tiene cuatro patas». La «x» de ($\forall$x) liga, o se aplica, a las equis de (Yx → Cx).

Cuando una oración está construida únicamente en torno a nombres propios, entonces no se necesitan cuantificadores, porque se supone que cada nombre designa sólo a un artículo. Por tanto, en cierto sentido los nombres propios llevan su propia cuantificación consigo. Pero cuando una oración contiene variables, entonces éstas deben ser cuantificadas.

Acumulación de cuantificadores: los cuantificadores pueden ser acumulados. (Véase a continuación, en «Ejemplos de traducción», los ejemplos 4, 7 y 8.)

Las variables

Los símbolos x, y, z representan objetos de una forma indefinida. Aparecen en las traducciones de las expresiones «algo», «cualquier cosa», «alguien».

La misma variable es utilizada para indicar que se está hablando del mismo objeto. Así, «x está gordo y x está de mal humor» se consideraría normalmente que se refiere a la misma persona. Utilizar variables distintas indica por lo general que se están mencionando distintas cosas, aunque podría significar también que la pregunta de cuántas cosas se están mencionando se ha dejado abierta a propósito.

Acumulación: las variables siempre tienen que ser cuantificadas. Cuando están cuantificadas pueden ser acumuladas todas las que se deseen en una sola oración. (Véase a continuación, en «Ejemplos de traducción», los ejemplos 4, 7 y 8.)

El paréntesis

Con los predicados simples no se necesitan paréntesis. Pero a veces hay ambigüedad de ámbito; es entonces cuando se utilizan los paréntesis para hacer frente a esa situación.

Ejemplos de traducción

1) *Nombres y propiedades*

Pongamos que

→→ significa «se traduce como».

G   significa «es gordo».

A   significa «es avaro».

p   significa «Peter».

Traducido por etapas:

«Peter es gordo y avaro» significa exactamente lo mismo que «Peter es gordo y Peter es también avaro». No se necesita aquí ningún cuantificador, porque «Peter» es un nombre propio.

«Peter es gordo y avaro»

→→ Gp & Ap.

2) Existencia

Pongamos que Y significa «yegua» y C significa «centauro».

«Las yeguas existen» se considera que significa «hay al menos una cosa que es una yegua (o como las yeguas)»

$\rightarrow\rightarrow (\exists x)(Yx)$.

«Los centauros no existen» se considera que significa «no es el caso que haya al menos una cosa que sea un centauro (o como los centauros)»

$\rightarrow\rightarrow \neg (\exists y)(Cy)$.

3) «Algo» y «alguien»

Supongamos que usted quiere alegar en el lenguaje del cálculo de predicados que alguien (usted no sabe quién), es gordo y avaro. La traducción necesitaría cuantificadores, porque «alguien» se refiere a las cosas de un modo indefinido. Sólo se necesita una variable, porque sólo hay un «alguien».

Traduciendo por etapas:

«Alguien es gordo y avaro»

$\rightarrow\rightarrow$ «Hay alguien tal que él/ella es gordo/a y tal que él/ella es avaro/a».

$\rightarrow\rightarrow$ «Existe al menos una x tal que x es gorda y x es avara».

$\rightarrow\rightarrow (\exists x)(Gx \ \& \ Ax)$.

4) *Acumulación de cuantificadores y de variables*

Pongamos que «x = y» significa que «x es la misma cosa/persona que y».

Consideremos la oración «alguien es gordo y alguien es avaro». Es ambigua, pues podría significar tanto «hay una persona que es ambas cosas: gorda y avara», como «hay dos personas: una gorda, la otra avara». La primera versión, por supuesto, significa lo mismo que «alguien es gordo y avaro», que ya ha sido traducida más arriba.

La segunda versión puede ser analizada como «hay alguien que es tal que es gordo, y hay alguien que es tal que es avaro, y el primer alguien mencionado no es la misma persona que el alguien mencionado en segundo lugar».

Dos variables se necesitan aquí, puesto que nuestra oración trata de dos «alguien» diferentes.

Traduciendo por etapas:

«Alguien es gordo y alguien (distinto) es avaro»

→→ «Hay alguien tal que es gordo y hay alguien tal que es avaro, y el alguien mencionado en primer lugar no es la misma persona que el alguien mencionado en segundo lugar».

→→ «Existe un x y existe un y, tales que x es gordo e y es avaro, y no es el caso que x = y».

→→ $(\exists x)(\exists y)[Gx \,\&\, Ay \,\&\, \neg\,(x = y)]$.

Aquí hemos acumulado $(\exists x)$ y $(\exists y)$.

5) Eliminar la ambigüedad

En contextos normales, la oración «alguien es gordo y alguien es avaro» puede perfectamente ser ambigua. Las secciones anteriores demuestran cómo los dos significados posibles de esta oración pueden ser separados y diferenciados mediante el simbolismo del cálculo de predicados. Sin embargo, también es posible, por supuesto, deshacer la ambigüedad del lenguaje ordinario a través del propio lenguaje ordinario.

He aquí un ejemplo muy conocido en inglés de ambigüedad de ámbito: *«everyone likes someone»*.

Esto podría significar, o bien que «todo el mundo se parece a una u otra persona (por ejemplo a su madre)», o bien que «a todo el mundo le gusta alguna persona (por ejemplo el príncipe Carlos)».

Pongamos que L significa *likes* (en español, «se parece» en el primer caso y «le gusta» en el segundo). Supongamos que las equis y las y griegas son personas.

La primera interpretación significa «para todo x hay una y tal que x se parece a y».

$$\to\to \ (\forall x)(\exists y)Lxy.$$

La segunda interpretación significa «hay alguna y tal que para toda x, a x le gusta y».

$$\to\to \ (\exists y)(\forall x)Lxy.$$

Las dos traducciones parecen más bien iguales, con tan sólo una diferencia de orden. Pero se puede ver la diferencia de significado volviéndolas a leer en el lenguaje ordinario.

6) Negación

«Ningún/a» (y «no», «nadie»...) es un cuantificador del lenguaje ordinario y también es uno de los cuantificadores de Aristóteles. El cálculo de predicados puede funcionar sin un cuantificador negativo especial, porque adopta el operador de la negación del cálculo proposicional. Utilizando éste, más $(\forall x)$ y $(\exists x)$, podemos construir los diversos sentidos de «ningún/a» que se encuentran en el lenguaje ordinario.

Examinemos dos ejemplos:

«No todo el mundo es malo» y «nadie es malo».

Pongamos que M significa «es malo».

«No todo el mundo es malo» quiere decir «no todas las personas son malas».

$$\rightarrow \rightarrow \neg (\forall x)Mx.$$

«Nadie es malo» quiere decir «no es el caso que haya alguien que sea malo».

$$\rightarrow \rightarrow \neg (\exists x)Mx.$$

7) Pluralidad y número

La pluralidad y la singularidad se traducen utilizando la idea de identidad. El símbolo = puede usarse para significar «idéntico a». Así, $x = y$ significa «x es idéntico a y», y $\neg (x = y)$ significa «no es el caso que x sea idéntico a y».

En español, «algunas cosas son horrorosas» significa normalmente que «al menos dos cosas son horroro-

sas». Supongamos que necesitamos expresar el sintagma español «algunas cosas son horrorosas», es decir,
«al menos dos cosas son horrorosas», en el lenguaje del
cálculo de predicados.

Pongamos que H significa «es horrorosa».

En el cálculo, el símbolo (∃x) significa «hay al menos una x». Esto tendría que utilizarse para expresar el
sintagma «al menos dos cosas son horrorosas».

Lo que necesitamos decir se reduce a «hay al menos
una x y al menos una y tales que x es horrorosa e y es
horrorosa, y x no es y».

Acumulamos cuantificadores e introducimos la negación, y obtenemos:

$$(\exists x)(\exists y)(Hx\ \&\ Hy\ \&\ \neg\ [x = y])$$

que significa «hay al menos una x y al menos una y tales que x es H e y es H, y x no es y».

Que es lo que necesitábamos.

El mismo principio puede utilizarse para expresar
sintagmas como «al menos tres cosas son horrorosas»,
«al menos cuatro cosas son horrorosas», etc. Del mismo modo que se necesitan dos variables para expresar
«al menos dos cosas», así también se necesitarán tres
variables para «al menos tres cosas», etc. (Puede que
los lectores quieran intentar traducir «al menos cuatro
cosas son horrorosas».)

8) «Sólo una»

¿Cómo decimos «sólo una cosa es horrorosa»?

Esta proposición es equivalente a «al menos una cosa
es horrorosa y como mucho una cosa es horrorosa»,

que es equivalente a «al menos una cosa es horrorosa y no es el caso que al menos dos cosas sean horrorosas».

Esta proposición se traduce como:

$$(\exists x)Hx \;\&\; \neg \,[(\exists x)(\exists y)(H\,x \;\&\; Hy \;\&\; \neg\,\{x=y\})].$$

O puede también expresarse como:

$$(\exists x)Hx \;\&\; [(\forall y)(Hy \rightarrow y = x)].$$

La lógica y el lenguaje ordinario

Hay una similitud importante entre las inferencias expresadas en los lenguajes de la lógica y las inferencias expresadas en las lenguas naturales ordinarias. Consiste en que el modelo general para la validez de las inferencias deductivas es el mismo en los dos casos. Puede exigirse de cualquier argumento deductivo que apruebe el examen de la validez, que es: *Una inferencia o argumento es válido si es imposible que su(s) premisa(s) sean verdaderas y su conclusión falsa.*

Esta similitud es importante por más de una razón.

En primer lugar, las inferencias válidas expresadas en una lengua natural ordinaria no tienen un tipo inferior de validez, ni una clase peor de invalidez, que las expresadas en las lenguas de la lógica formal; es posible razonar de un modo lógico sin haber estudiado lógica.

En segundo lugar, aunque la lógica moderna puede ocuparse de muchos más tipos de argumento que la lógica aristotélica, hay algunas clases de inferencia válida de las que no se puede ocupar. Aunque las definiciones precisas de las palabras especiales (caso de las constantes lógicas y los cuantificadores) son esenciales para los argumentos de la lógica formal, los significados de cada uno de los nombres ordinarios, de los adjetivos, de los adverbios, etc., no toman parte en ello. Por tanto, cuando la validez de un argumento depende de los significados de las palabras ordinarias concretas, entonces no puede ser captada por el simbolismo de la lógica formal moderna. La lógica formal se ocupa de las estructuras de las proposiciones o de las relaciones entre las entidades lingüísticas que indican la estructura o relacionan las oraciones. Así, define por ejemplo «paréntesis», «nombre», «predicado», «variable», «operador», pero no define por ejemplo «zorra», «yegua» o «centauro».

Consideremos de nuevo la inferencia acerca de la zorra, mencionada en el capítulo 22:

El animal que está ante nosotros es una zorra; por lo tanto, es un zorro hembra.

La validez de esta (bien es cierto que trivial) deducción depende de los significados de las palabras castellanas «zorra», «zorro» y «hembra»; de aquí que su validez no pueda ser demostrada por medio de la lógica formal. Por ejemplo, las tablas de verdad no podrían utilizarse para demostrar su validez. Pero es, por supuesto, válida, a pesar de todo. Es válida porque es imposible que «este animal es un zorro hembra» sea falso si «este animal es una zorra» es verdadero.

Parte VI
La filosofía y la vida

25. El sentido de la vida

Hay tres preguntas filosóficas distintas que podemos plantear acerca del sentido de la vida:

¿Tiene la vida humana un sentido, un objetivo?
¿Es la vida humana feliz en su conjunto? ¿Deberíamos ser pesimistas u optimistas?
¿Tiene la vida humana valor en sí misma?

Tiempo, eternidad y objetivo

En la novela de Dostoyevski *Los hermanos Karamazov*, el personaje Iván Karamazov, un ateo, dice que, a menos que haya una perspectiva de inmortalidad, la vida humana no puede tener ningún sentido, pues sin la posibilidad de una vida eterna y sin la recompensa y el castigo divinos todo está permitido. En la mente de Iván, el sentido, el objetivo, la significación están relacionados con la moralidad y el valor, y la moralidad y el valor están relacionados con la vida eterna. Éste es el motivo por el cual él cree que la finitud de la vida es una prueba de que no tiene ningún objetivo.

Sin embargo, algunos han afirmado que una vida eterna carecería también de un objetivo. En el *Tractatus logico-philosophicus,* Wittgenstein se pregunta: «¿No es el enigma de la vida eterna de por sí tan enigmático como nuestra vida actual?»

¿Qué tienen que ver el tiempo y la eternidad con el objetivo? ¿No son el tiempo, la eternidad y el objetivo cosas completamente distintas? ¿Por qué razón debería suponerse que las cosas eternas tienen más sentido que las cosas finitas? Que sepamos, el universo puede ser eterno, la materia puede ser eterna, la energía puede ser eterna, pero no podemos decir si tienen un objetivo, ni cuál puede ser semejante objetivo. Preguntar por el objetivo de la vida, por la razón de Dios para crear la vida, es más o menos lo mismo que preguntar por la razón de la existencia de la materia y de la energía. Aunque algunas personas han afirmado ser capaces de dar respuesta a estas cuestiones, nosotros las dejaremos a un lado por ser en conjunto demasiado difíciles.

Hay una diferencia entre los posibles objetivos de un creador y los objetivos conocidos del género humano. Incluso si supiéramos con seguridad que la vida no fue producida por un creador para alcanzar sus propios objetivos, la humanidad podría tener, seguiría teniendo, sus metas y objetivos propios.

¿Puede una vida humana individual, tomada como un todo, tener un objetivo, un sentido? Es posible que un individuo adulto tenga un sólo objetivo principal en la vida. Sin duda, una vida dedicada a la religión puede ser así. La vida de Schubert, dedicada por completo a la música, fue también probablemente así. Sin embargo, la mayoría de la gente ha asignado varias metas distintas a momentos distintos de sus vidas.

¿Puede la raza humana como totalidad tener un objetivo en la vida? Es difícil pensar en algún objetivo semejante. Por supuesto, los seres humanos tienen objetivos en común unos con otros, como seguir vivos, tratar de ser felices, etcétera, y también tienen objetivos comunales, por ejemplo, construir ciudades.

Hay que decir ahora algo más acerca de los objetivos humanos individuales, porque existe una diferencia entre los objetivos y los objetivos significativos. Tener una meta no es necesariamente lo mismo que tener una meta significativa. Algunas metas humanas son bastante triviales y, en tal caso, pueden perfectamente calificarse de carentes de sentido. Las metas y los objetivos, por su parte, deben ser no triviales, deben ser significativos si han de dar sentido a la vida. Hay un lugar para el juego, para las cosas triviales, en la vida humana, pero esto sucede tanto si un individuo tiene metas serias como si las tiene alegres.

¿Qué es una meta no trivial? ¿Qué es un objetivo significativo? Cuando se aplica el término «significativo» a las metas y objetivos quiere decir valioso, que merece la pena.

(¿Hace falta poner ejemplos? Bueno, la mayoría de la gente estará sin duda de acuerdo en que ayudar al pobre y al oprimido es un objetivo que merece la pena, y que ayudar a los crueles opresores es un objetivo desdeñable. Cocinar para una familia es significativo, mientras que ordenar series de números es un simple juego, y un juego adecuado sólo para niños. Aprender a leer y escribir es significativo, aprender a jugar a las cartas lo es menos. Y así sucesivamente.)

El personaje de Dostoyevski, Iván Karamazov, piensa que toda moralidad, todo valor, procede de Dios; por eso ninguna meta puede merecer realmente la pena a menos que Dios exista para hacerlo así. Sin Dios no hay ninguna diferencia entre ayudar al pobre y al oprimido y ayudar a sus crueles opresores.

Dostoyevski describe cómo el nihilismo moral conduce a Iván a la depresión y a su hermanastro Smerdyakov al asesinato y al suicidio. De modo que puede parecer que el personaje de Iván expresa la propia convicción del autor de que sólo la creencia en Dios puede dar sentido a la vida.

Sin embargo, hay dos modos de interpretar esta novela. La primera interpretación demuestra que «la muerte de Dios» conduce inexorablemente a «la muerte del valor». La segunda interpretación demuestra que ni siquiera la catástrofe definitiva, «la muerte de Dios», no destruye el valor. El valor sobrevivirá al menos tanto tiempo como sobreviva la raza humana, crean o no los seres humanos en un dios.

Esta segunda interpretación se basa en la habilidad con que Dostoyevski induce a sus lectores (creyentes y no creyentes por igual) a valorar las consecuencias del nihilismo de Iván. El lector juzga a Iván, y a su soberbia, al mismo tiempo que siente compasión de su difícil situación. Y seguramente es imposible no sentir admiración y tristeza por el destino de Smerdyakov. La descripción que hace Dostoyevski de la última entrevista de éste con Iván y del subsiguiente suicidio tiene casi una fuerza bíblica, en buena parte, sin duda, por su ambigua semejanza con la historia de Judas. El Judas de esta historia no es Smerdyakov, sino Iván, el cual está traicionando a la humanidad cuando traiciona a su despreciado, débil y epiléptico hermano.

Para los no creyentes, la segunda interpretación de la novela de Dostoyevski tiene sentido porque, a diferencia de Iván, la mayoría de ellos no se encuentra en un estado de desesperación ante «la muerte de Dios». A diferencia de Iván Karamazov, es posible, e incluso muy común, que los no creyentes, así como los creyentes, amen la justicia, odien la crueldad, respeten a la humanidad y crean en la santidad de la vida. Pocos budistas creen en un dios, pero todos ellos creen en la santidad de la vida. No todos los miembros de la profesión médica moderna creen en un dios, pero la mayoría de ellos, esperamos, respeta a la persona humana y la autonomía de la persona humana, y la mayoría de ellos, esperamos, no siente que la bondad y la crueldad sean indistinguibles moralmente.

Vida y felicidad: el pesimismo

Negar de un modo general que la vida puede ser feliz es ser un pesimista filosófico. El pesimista más famoso en la filosofía es Arthur Schopenhauer. En su gran libro *El mundo como voluntad y representación*, parece decir que habría sido mejor si el mundo nunca hubiese existido, y nos da dos tipos de razones, una metafísica y otra empírica.

La principal razón metafísica, que se desarrolla en el primer volumen de su libro, tiene que ver con la idea de que la existencia se basa en la voluntad. Las múltiples necesidades y deseos que experimenta todo animal y todo ser humano son manifestaciones de la voluntad, y estas necesidades y deseos son una fuente perpetua de desgracia, pues si un deseo no es satisfecho, entonces ese estado de cosas es intrínsecamente desgraciado; por otra parte, cuando los deseos *son* satisfechos, son inevitable e inmediatamente sustituidos por otros deseos, que probablemente no serán satisfechos. La misma vida es una especie de anhelo a largo plazo, un estado de perpetua frustración.

La razón empírica para el pesimismo, que desarrolla Schopenhauer en el segundo volumen, radica en el hecho de que dondequiera que miremos, vemos mucho dolor e infelicidad. Schopenhauer enumera con todo detalle las muchas cosas terribles que afligen a los seres humanos y a los demás animales. El hombre sabio, concluye, reconocerá que la vida es terriblemente desgraciada. El hombre sabio tratará de renunciar a todo deseo, pues los deseos son el origen de su frustración y de sus otros males. El hombre sabio no debe desear ni siquiera la muerte, aunque sabrá que la muerte es mejor que la vida. El hombre sabio se resigna a estar vivo y acepta la muerte con sosiego.

El pesimismo empírico como el defendido en el segundo volumen del libro de Schopenhauer parece presuponer que se pueden hacer comparaciones, no sólo entre lo posible y lo real, sino también entre la existencia y la no existencia de algunos o de todos los seres humanos, tanto de un modo abstracto como también

desde varios puntos de vista. ¿Son estas suposiciones
correctas?

Aquí tenemos que contestar a cinco preguntas:

1. ¿Podemos imaginar mundos meramente posibles?
2. ¿Puede alguien imaginar su propia no existencia?
3. ¿Es posible *comparar* lo real con lo meramente posible?
4. ¿Es posible comparar la existencia de un individuo
   con su posible no existencia *desde su propio punto de
   vista*? Por ejemplo, ¿puede alguien comparar su
   propia existencia con su propia no existencia *desde
   su propio punto de vista*?
5. ¿Es posible comparar lo real con lo posible de un
   modo puramente abstracto, como si dijéramos desde *ningún* punto de vista?

1. Es fácil *imaginar* situaciones meramente posibles, pues es fácil imaginar un mundo posible en el
cual alguna persona, el presidente de Perú, por ejemplo, nunca haya existido.

2. Es también posible imaginar un estado de cosas
en el cual uno mismo no exista. Siempre que uno imagina el pasado o el futuro remoto de la tierra está ima-
ginando un estado de cosas sin su persona.

3. También somos capaces de *comparar* lo real con
lo posible en la imaginación. Por ejemplo, puede que
alguien compare imaginativamente el mundo real con
un mundo posible que no contenga el virus del sida y
decida que el mundo actual es menos bueno de lo que
sería el meramente posible.

Uno puede comparar la existencia con la posible no
existencia de alguien, incluida la suya propia, desde el

punto de vista de otra persona. Por ejemplo, la gente dice a veces que si no hubiese nacido nunca un malvado dictador como Stalin, el mundo habría sido un lugar comparativamente mejor. Esto no quiere decir que hubiese sido mejor para el propio Stalin, sino mejor para las demás personas.

4. Pero a veces se dice de las personas muy desafortunadas que sería mejor para *ellos*, para las propias personas, si nunca hubiesen existido. ¿Tiene sentido esto?

Esta afirmación no puede ser una comparación entre dos estados de una persona, pues la no existencia no es un estado de la persona. En este contexto, el uso del comparativo «mejor para el propio individuo» debe de ser un modo de hablar.

Sin embargo, ¿no es igualmente posible desear que uno nunca hubiese nacido? ¿Para quién, entonces, sería esto mejor?

Como hemos visto, es posible comparar, en la imaginación, un mundo del que uno mismo forme parte con un mundo del que no forme parte, desde el punto de vista de alguna otra persona. Sin embargo, alguien que se lamenta diciendo «¡desearía no haber nacido nunca!», normalmente no está pensando en el bien de los demás.

¿Debemos concluir que esta lamentación es irracional o que su sentido es un misterio? Su sentido no es en realidad un misterio, porque es posible hacer deseos sin hacer comparaciones. El deseo es real, la comparación no. Si se considerase que el deseo expresa una *comparación entre dos estados de uno mismo*, entonces se crearía una confusión.

5. El deseo de que Stalin (por ejemplo) no hubiese nacido nunca está basado en una comparación, hecha en la imaginación, entre un estado de cosas real (un mundo con Stalin) y un posible estado de cosas distinto (un mundo sin Stalin). La comparación no es puramente abstracta, sino que está hecha desde el punto de vista de las víctimas de Stalin.

¿Puede el mundo real ser comparado con un mundo meramente posible desde ningún punto de vista, puramente en la abstracción, por así decirlo? Parece que si una comparación es abstraída de todos los posibles puntos de vista, entonces debe ser *intrínsecamente irracional*. La vida es buena para aquellos que la viven. Si la vida tiene un valor intrínseco, lo tiene para los vivos.

Vida y felicidad: el optimismo

No hay muchos filósofos que se preocupen por defender el optimismo como un credo, aunque naturalmente esto no quiere decir que todos ellos sean pesimistas.

Bertrand Russell, sin embargo, sí defiende el optimismo en su libro *La conquista de la felicidad*. Él está de acuerdo en que la vida humana a menudo es infeliz, pero afirma que puede ser feliz, ya que no hay ninguna razón metafísica en contra de esta posibilidad. Gran parte de la infelicidad es absolutamente innecesaria, dice, y está ocasionada por acuerdos económicos insensatamente avaros o simplemente porque la gente no sabe cómo ser feliz. Una enorme cantidad de gente corriente es desgraciada pura y simplemente porque no sabe cómo ser feliz. Russell escribe:

En la multitud, a la hora del trabajo se encontrará ansiedad, concentración excesiva, disepsia, falta de interés en nada que no sea el esfuerzo, incapacidad para el juego, inconsciencia del prójimo.

Por lo que se refiere a los ricos, dice lo siguiente:

Se afirma que la bebida y las caricias son las puertas que conducen al placer, así que la gente se emborracha rápidamente y trata de no darse cuenta de cuánto asco les dan sus parejas.

Ni siquiera los grandes reyes son felices. Russell cita al rey Salomón:

Los ríos desembocan en el mar; pero el mar no está lleno.
No hay nada nuevo bajo el sol.
No hay ningún recuerdo de cosas anteriores.
Yo odiaba todo el trabajo que había realizado bajo el sol,
    porque habría de dejarlo al hombre que viniese tras de
    mí.

Russell observa que estos hechos, como ya indicamos, no son motivos suficientes para un pesimismo general. Pensemos por ejemplo en el hijo del rey Salomón: desde su punto de vista, esos árboles frutales no son ninguna razón en absoluto para sentirse infeliz.

Russell da consejos sobre cómo ser feliz. Hay muchas fuentes de felicidad, dice, como el entusiasmo, el afecto, la familia, el trabajo, los intereses impersonales (tales como la arqueología, el teatro o los libros) y la habilidad para encontrar uno mismo el justo medio entre el esfuerzo y la resignación. Para evitar la infelicidad se debería intentar liberarse de la envidia, de la competencia exagerada, de la manía persecutoria y del miedo a la opinión pública.

El consejo de Russell probablemente parezca trivial, pero hay muchas cosas bastante sensatas en él, y con su pequeño libro tal vez haya ayudado a algunas personas infelices a sentirse más felices.

El valor intrínseco de la vida

Los optimistas y los pesimistas por igual parecen adoptar la teoría utilitarista de que la felicidad es el valor más importante y es lo que da a la vida humana su valor. Algunos filósofos contemporáneos han llegado a afirmar que cuando un ser humano no tenga ninguna esperanza de felicidad ni pueda contribuir a la felicidad de los demás, entonces debería «ayudársele a morir».

El utilitarismo clásico (véase el capítulo 10) se basa en la tesis de que todo el mundo desea la felicidad por encima de cualquier otra cosa. Pero el comportamiento habitual de la gente corriente contradice esta tesis: la gente corriente desea seguir viviendo incluso cuando es muy infeliz. En realidad, la gente se comporta como si creyera que el simple hecho de estar vivo es intrínsecamente bueno, como si la propia vida fuese el valor más importante.

Semejante comportamiento puede perfectamente ser instintivo, pero esto no demuestra que sea irrazonable. El deseo de estar bien, de tener salud y felicidad, es también instintivo. Al atribuir el valor más importante a la felicidad, el utilitarismo empieza la casa por el tejado. No deseamos instintivamente seguir vivos

para ser felices y estar sanos; más bien queremos instintivamente estar sanos y felices porque esto nos ayuda a seguir vivos.

Philippa Foot es una de las pocas filósofas que han
tratado el problema del valor intrínseco de la vida, afirmando, en contra del utilitarismo, que tiene perfectamente sentido creer que la vida sin felicidad merece la
pena vivirla. Es sólo en casos extremos cuando morir
es la mejor opción, e incluso entonces no es una opción que una tercera persona tenga ningún derecho a
elegir por otra. En su artículo «Eutanasia», explica
cómo y por qué es posible considerar que incluso una
vida infeliz tiene valor.

Foot comienza haciendo la importante puntualiza-
ción de que una vida que merezca la pena vivirse debe
significar una *vida que merezca la pena vivirse para la
persona que la está viviendo.* El que su vida merezca o
no la pena para otra persona (o para el Estado, por
ejemplo) no debe permitirse que vaya en contra del valor que tiene para la persona que está viviendo esa vida.
(Podemos señalar, además, que la idea de que el valor
de cada vida individual radica sólo en su utilidad para
otra persona conduce a un retroceso infinito y es, en el
fondo, absurda.)

¿Qué hace que una vida merezca la pena vivirla?
Philippa Foot dice acertadamente que la gente por lo
general desea seguir viviendo, incluso cuando su infelicidad supera con mucho a su felicidad; y habla de algunas vidas de este tipo.

Así, la vida en cautividad puede ser buena, es decir,
mejor que la muerte prematura; la vida con una pro-
longada enfermedad puede ser buena, es decir, mejor

que una muerte prematura; y una vida de constantes
carencias (de comida, de hogar, de cuidados sanitarios)
es por lo general considerada mejor que una muerte
prematura por aquellos que la viven. Escribe:

¿Y las personas muy minusválidas? ¿Puede la vida ser un bien
para ellas? Evidentemente lo puede ser, pues incluso si alguien [...] está viviendo en un pulmón de hierro [...] nosotros no le rechazamos si dice que algún *benefactor* ha salvado
su vida [la cursiva es nuestra].

Y prosigue:

Y no es distinto el caso de la minusvalía mental. Hay muchas
personas realmente muy disminuidas –como las que pade-
cen el síndrome de Down– para las cuales es posible una vida
sencilla y cariñosa.

Philippa Foot concluye que la vida humana es un bien
en sí misma. Sin embargo, hay algunos tipos de vida
que son tan horribles que sería razonable desear la
muerte. Por tanto, aunque podemos decir que la vida
humana es un bien en sí mismo, es preciso añadir que
debe ser en algún sentido *una vida auténticamente humana*. Debe ser una vida humana «normal», del modo
siguiente:

La idea que necesitamos parece ser la de una vida que sea una
vida humana normal en el sentido siguiente: que contenga
un mínimo de bienes humanos básicos. Lo que es normal en
la vida humana –incluso en vidas muy duras– es que un
hombre no sea obligado a trabajar muy por encima de su capacidad; que tenga el apoyo de una familia o de una comu-

nidad; que pueda más o menos esperar satisfacer su hambre; que tenga esperanzas para el futuro; que pueda tumbarse a descansar por la noche.

Foot afirma que esta descripción de la vida humana «normal» pone de manifiesto una relación entre el concepto de *vida* y el concepto del *bien*. Una vida humana «normal» como la descrita más arriba es buena en sí misma y no tiene que ser feliz para que merezca la pena vivirla. Quizás haya que señalar de paso que su idea de lo que significa la palabra «normal» es algo inusual. Sus «vidas normales» incluirían a muchas que desde otro punto de vista son muy extraordinarias. Por ejemplo, la vida de Beethoven fue extraordinaria en muchos aspectos, pero fue también «normal» en el sentido que da Foot a esta palabra. Igualmente, la vida de un hombre con un pulmón de hierro es inusual en varios aspectos, pero parece que podría ser «normal» en el sentido que da Foot a la palabra «normal».

La conclusión de Philippa Foot acerca del valor intrínseco de la vida se ajusta a los sentimientos que la mayoría de la gente tiene acerca de sus propias vidas, pues al mismo tiempo que explica una relación conceptual entre la *vida* y el *bien*, se está también dejando guiar por el sentido común, lo cual no es una mala cosa en filosofía.

Resumiendo:

El concepto de objetivo no tiene ninguna relación especial con el concepto de eternidad.

Si Dios existe, sus objetivos son diferentes de los nuestros, y no es cierto que sin Dios no pueda haber ningún objetivo humano, ninguna moralidad. «La muerte de Dios» no es la muerte de los valores.

El pesimismo parece basarse en parte en la suposición de que podemos comparar lo mejor con lo peor desde cualquier óptica; en parte en la idea de que es posible comparar la existencia de un individuo con su no existencia, desde su propio punto de vista; y en parte en la idea de que la felicidad es el valor más importante. La tercera de estas presuposiciones está, en el mejor de los casos, sin probar; las dos primeras son sencillamente falsas.

El optimismo de Russell no es tan filosófico como de sentido común, pero algunos de los consejos que da a la gente infeliz son buenos consejos.

Por último, tiene sentido considerar que la vida, tanto si es feliz como si es infeliz, tiene valor en sí misma; y así es, en efecto, como la mayoría de la gente suele considerar su propia vida.

26. La influencia de la filosofía en la vida

¿Está la filosofía relacionada con los problemas de la vida real?

Sí, y de varias formas.

La filosofía deshace la ambigüedad de los problemas, y esto es útil cuando se hace frente a las elecciones que se plantean en la vida real.

La filosofía analiza las ideas complejas, y aclararse respecto a ideas complejas es con frecuencia un preludio necesario para tomar decisiones bien informadas y racionales.

La filosofía se ocupa de pensar posibles explicaciones de diversas cosas abstractas, como el razonamiento válido y el no válido, la justicia y la injusticia, el sentido y el valor. Llegando a comprender mejor conceptos abstractos como éstos, uno puede aumentar su comprensión de la vida y de las posibilidades de vivir.

La filosofía también plantea viejas preguntas que han sido olvidadas y otras nuevas que no se han planteado antes. La relación, o falta de relación, con la vida de las preguntas olvidadas y de las nuevas no se puede determinar de antemano simplemente examinando estas preguntas.

Visiones amplia y restringida de la filosofía

En algunas épocas de la historia los filósofos han tenido una visión amplia de su materia, y en otras una visión más bien restringida; éste fue el caso durante la primera mitad del siglo XIX. Da la casualidad de que las teorías del positivismo vienés y los métodos del análisis lingüístico, la llamada «filosofía de Oxford», parecen ambos haber fomentado esta visión restringida. Tal vez esto ocurrió en parte como consecuencia del desarrollo de la ciencia en el siglo XIX, que puede haber producido sentimientos no confesados de intimidación intelectual en el ánimo oculto de algunos filósofos.

La insatisfacción con las visiones restringidas de la filosofía está destinada a producirse de vez en cuando. En 1959, una considerable insatisfacción con la visión restringida fue expresada en un libro negativo y destructivo, aunque entretenido, de Ernest Gellner, llamado *Palabras y cosas*. Gellner afirmaba que los filósofos profesionales de Oxford y de cualquier otro sitio ya no seguían percibiendo que su materia tuviese alguna relación ni con las grandes preguntas de la metafísica, ni con las decisiones de la vida real que tengan que ver con la moral y con la política. Según Gellner, estos académicos, estos supuestos filósofos, estaban malgastando todos sus esfuerzos en analizar infinitamente proposiciones del «lenguaje ordinario» que en esencia carecen de interés alguno.

Filosofía aplicada

Parecía que las críticas de Gellner habían caído en saco roto. Recientemente, sin embargo, los filósofos analíticos han vuelto a las «grandes» preguntas tradicionales de la metafísica, y no pocos han pensado y escrito sobre problemas de la «vida real».

En la década de 1970, el australiano Peter Singer publicó una defensa de los derechos de los animales no humanos en un libro titulado *La liberación animal.* Éste es quizás el primer libro de filosofía en la historia del universo que contiene fotografías de mataderos, por no hablar de una serie de recetas (sin carne); rápidamente convirtió a varios lectores al vegetarianismo.

Otros filósofos que escriben sobre filosofía aplicada son G. E. M. Anscombe (sobre la anticoncepción), Sisela Bok (sobre la mentira y el secreto en la vida pública y privada), Stephen Clark (sobre los derechos de los animales), Philippa Foot (sobre la eutanasia), Judith Jarvis Thompson (sobre el aborto), Mary Midgley (sobre los animales, la maldad, el feminismo y la teoría de la evolución), Roger Scruton (sobre los políticos conservadores y sobre la sexualidad), Amartya Sen (sobre la filosofía y la economía) y Bernard Williams (sobre la obscenidad). Se han creado además nuevas revistas de filosofía que se centran en la discusión de problemas de la vida real; es el caso de la revista estadounidense *Philosophy and Public Affairs.* En la década de 1980 se fundó la Sociedad Británica para la Filosofía Aplicada, junto con su publicación asociada: *The Journal of Applied Philosophy.*

La filosofía en la vida pública

De vez en cuando se pide a filósofos que formen parte de los organismos que se ocupan de trazar las pautas de actuación para los legisladores en áreas que incluyan cuestiones morales. No se puede afirmar que la entrada de filósofos haya sido siempre un éxito, pues éstos no siempre están libres de falta de claridad y de ofuscación, y en ocasiones tienen prejuicios sociales e intereses personales. Además, a veces muestran determinadas actitudes profesionales, en especial actitudes de escepticismo filosófico, que pueden invadir el terreno del sentido común. Gran parte del pensamiento del siglo XX sigue bajo la influencia de Hume, y no pocos filósofos contemporáneos aceptan, consciente o inconscientemente, el escepticismo del filósofo inglés acerca de la causalidad (véase el capítulo 17). Cuando se enfrentan a problemas sociales, estos filósofos son capaces de quedarse de brazos cruzados afirmando que nadie sabe si la propaganda racista o sexista (por ejemplo) produce malos efectos, pues (suponen ellos calladamente) nadie sabe si en realidad alguna cosa es la causa de alguna cosa.

Y lo que es más importante, con demasiada frecuencia se ha dado el caso de que los organismos constituidos por el gobierno para investigar cuestiones morales han tenido que afrontar misiones y cuestiones imposibles. Por ejemplo, puede que, en efecto, se invite a los filósofos a calcular las consecuencias de volver a redactar las partes de la legislación que materializan antiguos principios éticos. O bien, puede que se espere de ellos que piensen argumentos en favor de romper tabús profundamente arraigados. A los filósofos no necesariamente se les da bien hacer valoraciones de las consecuencias prácticas (por ejemplo, qué consecuencias prácticas tendría dejar de prohibir la pornografía dura), ni necesariamente se les da mejor que a cualquier otra persona decidir cuáles deberían ser nuestros tabús fundamentales.

A pesar de estos inconvenientes ocasionales, los filósofos pueden hacer un buen trabajo en la vida pública. Una filosofía «pública» aplicada es preferible que pueda partir de algún principio central que sea aceptado más o menos por toda sociedad civilizada; por ejemplo, los principios de la Carta de las Naciones Unidas relativos a los derechos humanos. Si se acepta partir de algún principio básico semejante, un comité o una comisión con mentalidad filosófica puede proceder a clarificar aquellos conceptos que sean importantes y que estén relacionados con la cuestión que se investiga, y posiblemente también pueda comenzar a desarrollar modos prácticos para implantar sus decisiones.

Un buen ejemplo es el «Borrador del documento sobre el consentimiento informado», publicado en 1989 por el Consejo de Salud del Partido del Trabajo de Nueva Zelanda. Es un ejemplo sacado de la vida real de cómo la filosofía puede aplicarse de un modo útil a las decisiones públicas que afectan a mucha gente; lo describimos a continuación.

El Partido del Trabajo tenía entre sus afiliados a doctores, enfermeras y juristas, además de profanos en estos temas que representaban a todos los pacientes, a la comunidad maorí y al resto del público en general. Uno de ellos era un filósofo profesional retirado, desconocido fuera de Nueva Zelanda, pero con una cabeza con todos los tornillos en su sitio.

El borrador pasa fácil e inconscientemente del análisis y la clarificación desde un punto de vista filosófico a los modos y medios prácticos, y viceversa. Abarca cuatro áreas principales de discusión:

1. El documento comienza explicando por qué es importante ese asunto. Dice:

El consentimiento informado es un problema legal y ético fundamental. Concierne a la autonomía del individuo, al derecho del individuo a tomar decisiones sobre las medidas que le afectan que estén en consonancia con sus propios objetivos y valores, y a su derecho a la libertad y a la protección de las intromisiones de otros.

La insistencia moderna en el consentimiento informado se deriva del Código de Núremberg de 1947 (el cual, por su parte, surgió de los juicios contra los nazis después de la Segunda Guerra Mundial) y del Acuerdo de Helsinki de 1964. Éstos identificaron claramente la obligación de obtener el consentimiento de una persona para su participación en la investigación terapéutica y en la no terapéutica [...] El principio subyacente es que la integridad física de una persona debe ser protegida de toda manipulación o invasión no autorizada.

2. Una vez fijados los principios fundamentales, el documento prosigue enumerando y clasificando los

diferentes modos en que el consentimiento informado
aumenta el control que uno tiene sobre su propia vida.
El consentimiento informado fomenta la confianza
entre la profesión médica y sus pacientes; la toma racional de decisiones por parte de los doctores y de los
pacientes; protege a las personas de los tratamientos y
del proceder médico innecesarios; contribuye al éxito
del tratamiento al aumentar la probabilidad de que los
pacientes participen de buena gana y plenamente en el
mismo, y asegura que los pacientes no sean coacciona-
dos y manipulados para participar en proyectos experimentales provechosos desde el punto de vista comer-
cial. El consentimiento informado también asegura
que los valores de los profesionales de la salud siguen
siendo humanos y están en consonancia con los deseos
de los pacientes y con los valores de toda la comunidad, incluidos los valores de los grupos minoritarios;
por último, protege al profesional de la medicina si las
cosas salen mal.

3. El borrador analiza muchas ideas secundarias relacionadas. Al hacerlo, utiliza la filosofía para aumentar la comprensión de cuestiones prácticas importantes. Las ideas que en este sentido examina pueden
quizás parecer muy rutinarias, pero, a menos que sean
traídas al primer plano de la conciencia y que sean cla-
rificadas, los grandes principios adoptados no pueden
ser puestos en práctica. Entre estos conceptos significativos e importantes se incluyen: el consentimiento explícito, el consentimiento implícito, el consentimiento
general, el consentimiento específico, el consentimiento escrito, el consentimiento hablado; la emergencia y
la no urgencia; el riesgo, el alto riesgo, el bajo riesgo y

los efectos secundarios; la competencia (es decir, la competencia para decidir), la responsabilidad, la información; la diferencia lingüística, la diferencia cultural.

4. Por último, el documento estudia los modos y los medios que se requieren para aplicar sus conclusiones. Contesta a las preguntas relativas a cómo asegurarse realmente *en la práctica* de que los pacientes (que son, por otra parte, muy variados en cuanto a la lengua, la edad, la mentalidad, etc.) sean siempre adecuadamente informados de los tratamientos, incluidos sus posibles efectos secundarios y riesgos. Queda claro en esta parte del documento que el Partido del Trabajo tenía un carácter práctico y nada ostentoso, además de ser filosóficamente astuto.

Los efectos de la filosofía

Este capítulo comenzó preguntando si la filosofía puede tener alguna relación con la vida real. Hemos dado algunas respuestas, primero en términos generales y luego en forma de ejemplos de los modos en que se está aplicando actualmente la filosofía a los problemas de la vida real. Pero la influencia de la filosofía en la vida no es algo nuevo. Las ideas filosóficas han tenido a menudo profundos efectos a largo plazo en las sociedades humanas, se den éstas cuenta de ello o no. Unas veces su influencia ha sido, y es, buena, y otras veces, sin duda, ha sido mala; pero esto es otra cuestión.

Las sociedades de hoy se han visto profundamente afectadas por ideas filosóficas que poco a poco han ido surgiendo de muchas fuentes distintas. Unos cuantos ejemplos históricos nos mostrarán rápidamente cómo esto es así.

Ejemplos de épocas antiguas: los hebreos y los griegos

Se ha dicho muchas veces, pero se puede seguir insistiendo en ello, que toda la civilización occidental está basada en la ética de los antiguos hebreos y en la ciencia y la metafísica de los antiguos griegos.

Ni a los escribas y sabios de Jerusalén, que plasmaron los Diez Mandamientos y el saber del pueblo hebreo, ni a Jesús de Nazaret se les puede considerar meros filósofos. Estos grandes maestros enseñaban algo más que filosofía. (Entre otras cosas, en aquellos tiempos nadie diferenciaba la teología de la filosofía o la ética de la metafísica. Pero éste es un motivo comparativamente menor.)

No puede haber ninguna duda acerca de la influencia general de las leyes morales fundamentales expuestas en el Antiguo Testamento, ni tampoco puede haber ninguna duda sobre la enorme influencia de la personalidad y de la doctrina de Jesús, quien reinterpretó y explicó, a menudo por medio de parábolas, esas leyes éticas. La doctrina judeocristiana, de carácter fundamentalmente filosófico, constituye la base de las leyes nacionales e internacionales y en general del pensamiento moral de la civilización occidental. El hecho de que los pueblos y sus gobiernos falten con demasiada frecuencia a estas normas no significa que las normas en sí no puedan ser aceptadas como teóricamente correctas.

En cuanto a los griegos, se admite generalmente que su filosofía y su ciencia crearon una base de «metodología intelectual» que es aplicable no sólo a la filosofía y a la ciencia, sino también a otros muchos ámbitos de la investigación. Los griegos nos dieron nuestras primeras –y, en algunos aspectos, más fundamentales– ideas sobre cómo hacer filosofía, cómo estudiar la naturaleza y la sociedad, cómo hacer ciencia...; cómo pensar, en suma.

Lo mejor es que nos centremos en Aristóteles, pues es, sin duda, el profesor de filosofía más influyente de la historia, además de uno de los más influyentes pensadores que haya vivido nunca. No es posible dar una breve visión general del pensamiento de Aristóteles debido a la extensión y variedad del mismo, pero tal vez sí podemos dar una idea de esta extensión y variedad. Aristóteles no sólo inventó la lógica (como ya hemos visto), también escribió obras maestras de la metafísica, de la ética y de muchas ramas de lo que hoy en día se denomina ciencia, incluidas la mecánica, la biología y la psicología. Escribió, además, importantes tratados de política, de religión y de literatura.

En el siglo XIII Santo Tomás de Aquino se propuso reconciliar las redescubiertas obras –hasta entonces perdidas– de Aristóteles con la teología de la Iglesia cristiana. Y lo consiguió, para satisfacción de las autoridades eclesiásticas de la época; el resultado fue que el aristotelismo se convirtió en la filosofía oficial de la cristiandad. Debido a esto ha seguido manteniendo su influencia en las ideas y el pensamiento de Europa hasta el día de hoy.

John Stuart Mill

Aquellos que en los países de habla inglesa defienden
los principios de la libertad de prensa y de la libertad
de expresión, siempre terminan citando con frecuencia, más tarde o más temprano, las ideas de John Stuart
Mill. También las feministas deben sus mejores argumentos a Mill y a su esposa Harriet.

El positivismo lógico

En la década de 1920, los componentes del Círculo de
Viena (positivistas lógicos) fomentaron la ciencia
como el más importante de todos los empeños de la
humanidad. Los gobiernos contemporáneos también
admiten que la ciencia tiene un papel sumamente importante que desempeñar en la vida moderna, y no
sólo por ser comprendida como creadora de salud. El
positivismo provee a los defensores profesionales y gu-
bernamentales del «ideal científico» de un cierto grado
de justificación teórica de su postura, de modo que a
veces pueden oírse en las discusiones públicas sobre la
ciencia, y sobre las inversiones en ella, versiones más o
menos ortodoxas de los principios positivistas.

La lógica y la industria de la informática

Los lectores que sepan algo de informática posiblemente encontraron el capítulo 22 de este libro extraña-
mente familiar. Esto se debe a que algunos de los in-

ventores del ordenador eran matemáticos que habían estudiado lógica formal moderna. El sistema binario incluido en el ordenador es básicamente el mismo sistema binario («verdadero/falso») que vimos operando en las tablas de verdad del cálculo proposicional. La gigantesca industria de la informática ha sido posible por las ideas de matemáticos e ingenieros..., pero también por las de los filósofos.

¿Influye la filosofía en la vida real? Por supuesto que sí. Ésta es una de las razones por las que merece la pena estudiarla.

Apéndices

I. Los grandes filósofos

Sócrates y Platón. Sócrates nació en Atenas el 469 a.C. y fue ejecutado en el 399 a. C. No escribió ningún libro y prácticamente todo lo que se sabe de su vida, sus enseñanzas y su personalidad ha llegado hasta nosotros a través de los escritos de su alumno Platón.

Platón (427-347 a. C.) escribió unas 35 obras filosóficas de diversa extensión, todas en forma dialogada. En la mayoría de ellas es Sócrates el principal protagonista; se le representa como un hombre físicamente feo, aunque admirable y encantador, además de valiente, modesto, sabio, ingenioso, optimista e intelectualmente honesto.

Los primeros diálogos de Platón se consideran bastante próximos en estilo y contenido al propio filosofar de Sócrates. Tratan principalmente de la naturaleza y la posibilidad del conocimiento, especialmente del conocimiento acerca de la virtud, y de cuestiones relativas al alma.

Los últimos diálogos de Platón se cree que representan su propia filosofía. Entre sus temas se incluyen el conocimiento, la percepción, la gramática, las paradojas, la inmortalidad y las enseñanzas de otros filósofos. Platón elabora una teoría, la teoría de las formas, que utiliza para explicar, entre otras cosas, la posibilidad del conocimiento, la importancia del bien y la diferencia entre particularidad y generalidad. Dos de sus diálogos más largos –*La República* y las *Leyes*– tratan de filosofía política y describen estados ideales. En el primero de ellos, afirma que nunca habrá un buen gobierno hasta que los reyes se conviertan en filósofos o los filósofos se conviertan en reyes.

A la edad de setenta años, Sócrates fue procesado en Atenas, acusado de haber «corrompido a la juventud de Atenas». Declarado culpable y condenado a muerte, se negó a cooperar en los intentos de sus amigos de sacarle de la cárcel. La sentencia de muerte se ejecutó mediante envenenamiento (con cicuta). Platón, que entonces tenía veintiocho años, parece que no estuvo presente en la ejecución, pero escribió un conmovedor relato de la escena. Después de la muerte de Sócrates, Platón fundó una escuela en Atenas, la Academia, uno de cuyos estudiantes fue Aristóteles.

Platón murió a los ochenta años, durante una fiesta.

Zenón de Elea. Este Zenón vivió en el siglo v a. C. Inventó varias paradojas que todavía a veces se mencionan al enseñar matemáticas. Las paradojas más famosas de Zenón son «Aquiles y la tortuga» y «La flecha voladora».

Zenón el Estoico. Este Zenón posterior (342-270 a. C.) enseñó que los objetos de deseo terrenal son sólo relativamente buenos, si es que lo son y que uno debería reducir sus propios deseos todo lo posible. Se suicidó a la edad de veintidós años.

Aristóteles. Aristóteles nació en el año 384 a. C. en Estagira, Macedonia. Su padre era médico de la corte del rey de Macedonia. Con diecisiete años, fue a Atenas, donde permaneció durante veinte años como alumno y colega de

Platón. Fue uno de los tres candidatos a director de la Academia cuando murió éste, en el 347 a. C., sin embargo obtuvo el cargo el sobrino de Platón, Espeusipo. Aristóteles marchó de Atenas, llevándose a unos cuantos de sus estudiantes con él, y vivió algunos años en distintas partes de Asia Menor y Macedonia. Durante un breve período fue tutor de Alejandro Magno, que entonces tenía catorce años. Regresó a Atenas en el 335 a. C. y fundó una escuela llamada el Liceo. En el 323 a. C. hubo disturbios antimacedónicos en Atenas y Aristóteles fue acusado falsamente. A diferencia de Sócrates, no esperó al juicio, y abandonó la ciudad tan pronto como pudo. Murió en Eubea a la edad de sesenta y dos años.

Aristóteles, más o menos, inventó la lógica, dio clases de asignaturas que se convertirían en la metafísica, la ética y la psicología, y llevó a cabo investigaciones en materias que más tarde darían lugar a la mecánica, la biología y las ciencias políticas. Alentaba a sus estudiantes del Liceo a reunir material para él y puede decirse, por tanto, que inventó la idea de un programa de investigación.

Se han hecho cientos de comentarios sobre Aristóteles, entre ellos las extensas obras de Averroes, Maimónides y Santo Tomás de Aquino (véase más abajo). Muchos siglos después de su muerte, la Iglesia cristiana adoptó la doctrina aristotélica como base de su propia filosofía. Ésa fue la razón de que durante la Reforma se produjera una reacción filosófica en su contra. Esta postura antiaristotélica persistió durante bastante tiempo, pero los últimos años del siglo XX han visto una reacción en contra de ella.

Euclides. Euclides fue un matemático griego que vivió en Alejandría alrededor del año 300 a. C. Su geometría ha ejercido una importante influencia en el pensamiento filosófico sobre el método.

Cicerón. Marco Tulio Cicerón (106-43 a. C.) era un estadista romano y un hombre de letras. Escribió varios tratados filosóficos, entre ellos ensayos sobre la naturaleza de los dioses, sobre el deber y sobre la amistad.

Andrónico. Andrónico de Rodas fue un filósofo griego que vivió en Roma alrededor del año 60 a. C. Reunió y editó las obras de Aristóteles.

San Agustín. Este filósofo y teólogo africano nació en lo que hoy es Argelia en el año 354 de nuestra era y murió en Hipona (norte de África) en el 430. Su madre le educó como cristiano.

Abandonó su casa con unos diecisiete años y vivió primero en Cartago, luego en Roma y en Milán, donde estudió la Biblia y las obras de Platón. Después de varios años en Italia, regresó a África y fundó una comunidad monástica; fue posteriormente nombrado obispo de Hipona.

En la época en que vivió, el Imperio Romano estaba siendo invadido por los godos, los hunos y los vándalos. Cuando la propia Roma fue invadida por los godos, él predijo que un nuevo imperio cristiano («la ciudad de Dios») sustituiría un día al paganismo y la herejía de los invasores bárbaros. Sus propios escritos contribuyeron a desarrollar la ideología del Estado cristiano que sí llegaría a formarse con el tiempo.

Durante 800 años aproximadamente, San Agustín fue considerado como la máxima autoridad en la doctrina cristiana; la consecuencia de ello fue que cuando las obras de Aristóteles se redescubrieron en el siglo XIII, fueron prohibidas en la Universidad de París. Fue Santo Tomás de Aquino quien se las arregló para fraguar una especie de síntesis entre la filosofía de Aristóteles y la teología de San Agustín, lo que permitió levantar la prohibición a Aristóteles.

En el año 430, los vándalos sitiaron Hipona y San Agustín murió durante el cerco.

Boecio (475-524). Boecio era un filósofo romano que vivió en una época en la que el Imperio Romano estaba gobernado por los godos. Como consecuencia de un enfrentamiento con el rey godo, éste le encarceló y después le mandó ejecutar. En la cárcel, Boecio escribió su obra más famosa: *De consolatione philosophiae*. Sabía griego y tradujo algunas de las obras de Aristóteles al latín.

San Anselmo (1033-1109). San Anselmo nació en el Piamonte y llegó a ser arzobispo de Canterbury durante los reinados de Guillermo II Rufo y Enrique I. Es conocido por los historiadores por sus disputas con estos reyes, y por los filósofos, a causa de su argumento ontológico para demostrar la existencia de Dios (véase el capítulo 2).

Abelardo (1079-1142). Pedro Abelardo, que nació en el seno de una familia de nobles bretones, es probablemente recordado hoy sobre todo por a su catastrófica historia de amor con su alumna Eloísa.

Abelardo escribió sobre teología, lógica, ética y metafísica, y a lo largo de su vida fue considerado uno de los más grandes pensadores de la época. Su teología, sin embargo, fue condenada por varias personalidades, como San Bernardo de Claraval, un fundador de monasterios y defensor de las cruzadas. En 1142 Abelardo partió hacia Roma para defenderse de una acusación de herejía. Murió durante el viaje.

Averroes (1126-1198). Averroes nació en Córdoba, hijo del cadí (juez musulmán) de dicha ciudad, llegó a ser él mismo cadí de Córdoba, Sevilla y Marruecos.

Averroes escribió comentarios sobre Aristóteles y explicó el Corán en términos aristotélicos; esto le hizo merecedor del apodo de «el comentarista». Su filosofía influyó en el desarrollo de la teología cristiana medieval y también se convirtió en el fundamento de algunas herejías musulmanas.

Maimónides (1135-1204). Maimónides nació en España en 1135 y murió en Egipto en 1204. Su biógrafo A. J. Heschel dice de él: «Maimónides tuvo una alta posición política [como jefe de la comunidad judía]; fue considerado el principal médico de su tiempo, el más importante talmudista del milenio, un filósofo de los que hacen época, un matemático sobresaliente, un científico y un jurista; era admirado por las masas, honrado por los príncipes y celebrado por los sabios».

Maimónides escribió comentarios sobre Aristóteles que, junto con los de Averroes, fueron al final los responsables de la integración de la doctrina de Aristóteles en la filosofía cristiana y en la filosofía occidental en general. Su famoso libro *Guía de los descarriados* sigue siendo hoy leído después de 850 años.

Santo Tomás de Aquino (1225-1274). Santo Tomás de Aquino nació en Italia en el seno de una familia noble. Su padre se negó a darle el permiso para entrar en la orden de los dominicos, pero él lo hizo a pesar de todo; después fue apresado por sus hermanos y encarcelado en el castillo de su familia durante dos años. Finalmente escapó y viajó a Francia, donde fue profesor de filosofía. Entre sus numerosas obras se encuentra la *Suma Teológica*, que pretendió ser un sistema completo de teología. Hoy sigue siendo una autoridad oficial en teología dentro de la Iglesia católica.

Duns Scoto (1265-1308). Juan Duns Scoto, o Juan Duns de Escocia, era un monje franciscano. Estudió en Oxford, donde posteriormente enseñó filosofía. Scoto escribió comentarios sobre Aristóteles, sobre la Biblia y sobre Santo Tomás de Aquino, con quien se mostraba en desacuerdo.

Ockham (1300-1349). Guillermo de Ockham, u Occam, nació en Surrey. Entró en la orden de los franciscanos y estudió en Oxford y en París. Discutió con el Papa, quien le encarceló en Avignon, pero escapó de allí y huyó a Baviera, donde se convirtió en el favorito del rey. Afirmaba que los gobernantes temporales tienen una autoridad divina independiente de cualquier autoridad que les haya conferido el Papa. También escribió tratados de lógica y comentarios sobre Aristóteles. Su famosa máxima, llamada «la navaja de Occam», dice: «No hay que multiplicar los entes sin necesidad».

Grocio (1583-1645). Hugo Grocio fue un jurista y teólogo holandés, autor de una gran libro de filosofía del Derecho: *De iure belli et pacis (Sobre el Derecho [la ley] de guerra y de paz)*. La «ley» del título se refiere a la ley natural o ley moral, no a la ley hecha por el hombre. Hobbes y Locke fueron influidos por la obra de Grocio.

Hobbes (1588-1679). El filósofo inglés Thomas Hobbes, que nació en el año del desastre de la Armada Invencible, vivió la guerra civil inglesa, una experiencia que influyó fuertemente en su filosofía política.

La teoría del gobierno de Hobbes incluye la tesis de que al rey o jefe del Estado debe serle concedido un poder absoluto, pues un poder limitado puede conducir a la guerra civil. Sus ideas entraron naturalmente en conflicto con las ideas de quienes, con el tiempo, ordenarían la decapitación de Carlos I. Hobbes huyó a París en las primeras etapas del conflicto entre el rey y el Parlamento (1640), y permaneció en Francia doce años, aprovechando la ocasión para enzarzarse en una discusión y una polémica con Descartes. Durante algún tiempo fue tutor del joven Carlos II, también exiliado. En la época de la Restauración de la monarquía, Carlos II le concedió una pensión.

Su libro más importante, *Leviatán,* fue escrito en 1651.

Descartes (1596-1650). El «método de la duda» o el «escepticismo metodológico» de René Descartes, cuyas líneas generales traza en sus *Meditaciones metafísicas,* ha ejercido una profunda influencia en el pensamiento moderno. En el mismo libro construye varios argumentos para probar la existencia de Dios, incluida su propia versión del argumento ontológico (véase el capítulo 2). Descartes es también el inventor de la geometría cartesiana.

Locke (1632-1704). El filósofo inglés John Locke pasó una parte considerable de su vida en Oxford. Es el fundador del empirismo británico, una filosofía que basa toda teoría en la experiencia. Locke afirma que la mente humana es una *tabula rasa,* o un papel en blanco, donde la experiencia escribe la información, por así decirlo.

Sus *Dos ensayos sobre el gobierno civil* influyeron en los autores de la Constitución de Estados Unidos, pero hay un desacuerdo entre los especialistas sobre si él mismo era o no un defensor de las ideas democráticas. Su obra principal es su *Ensayo sobre el entendimiento humano.*

Spinoza (1632-1677). Baruch Spinoza nació en Amsterdam, hijo de una familia de judíos españoles emigrados. Fue excomulgado de la sinagoga cuando tenía veinticuatro años, parece que por su interés en estudios no talmúdicos, como la astronomía y la óptica.

Hombre poco mundano, construyó también lentes esmeriladas.

La *Ética* de Spinoza está inspirada en los *Elementos* de
Euclides. Comienza, igual que los *Elementos*, con «axiomas», y desarrolla «teoremas» a partir de ellos. Entre sus
otros escritos se encuentran sus comentarios sobre la geometría de Descartes y el *Breve tratado sobre Dios, el hombre y su felicidad.*

Leibniz (1646-1716). Gottfried Wilhelm Leibniz, cuyo padre era profesor de filosofía en Leipzig, destaca por su
enorme actividad polifacética: creó una máquina calcula-
dora, desarrolló un plan para una invasión francesa de
Egipto (consultado cien años después por Napoleón), y
otro para la reconciliación de católicos y protestantes,
además de muchos tratados filosóficos. Matemático además de filósofo, descubrió el cálculo infinitesimal independientemente (se cree) de Newton. Su máxima «éste es
el mejor de todos los mundos posibles» fue satirizada por
Voltaire en *Cándido.*

Berkeley (1685-1753). George Berkeley (el obispo Berkeley), nacido en Kilkenny, era el miembro irlandés de los
empiristas británicos, junto a John Locke (véase más arriba) y el escocés David Hume (véase más abajo).

Berkeley afirma que el mundo está hecho de espíritus
(personas y Dios) e ideas. Las ideas humanas son efímeras
y no permanentes, mientras que las de Dios son permanentes y ordenadas. Su doctrina se expresa en el eslogan
esse est percipi, es decir, «ser es ser percibido». Sus principales obras filosóficas son *Ensayo sobre una nueva teoría
de la visión, Tratado sobre los principios del conocimiento
humano* y *Diálogos entre Hylas y Philonus.*

Hume (1711-1776). David Hume publicó libros sobre historia británica, en los que mostró su apoyo a los Estuardo.
Sin embargo, es recordado sobre todo como filósofo.

En sus años jóvenes, Hume trabajaba para vivir, primero como diplomado juvenil, luego como tutor de un joven noble loco, y más tarde como bibliotecario. Ahorró e invirtió con éxito su dinero, por lo que pudo dedicar la mayor parte del final de su vida a escribir.

Hume expone su escéptica descripción de la naturaleza de la causalidad (véase el capítulo 17) en su *Tratado sobre la naturaleza humana* y nuevamente en la primera de sus tres *Investigaciones*. En los *Diálogos sobre la religión natural* examina y critica el famoso «argumento del diseño» (véase el capítulo 2). Sus *Ensayos* tratan de una gran variedad de temas filosóficos, históricos y generales.

Kant (1724-1804). Immanuel Kant nació en Königsberg, Alemania, y de él se dice que nunca viajó a más de veinte kilómetros de distancia de allí en toda su vida.

Kant cuenta que fue leyendo a Hume como se produjo su «despertar del sueño dogmático». A partir de entonces trató de encontrar maneras de defender las ideas que parecían estar amenazadas por el escepticismo de Hume. Así, intenta probar que la necesidad causal dirige el mundo empírico y que la libertad y la moralidad dirigen el mundo de la voluntad humana. Discute todas las pruebas tradicionales de la existencia de Dios, para concluir que la razón humana no puede abarcar a Dios, a la eternidad o a la infinitud. Sus libros más importantes son *La crítica de la razón pura* (sobre metafísica) y *La crítica de la razón práctica* (sobre ética).

Wollstonecraft (1759-1797). Mary Wollstonecraft, filósofa política y feminista, fue descrita por uno de sus contemporáneos como «una hiena en enaguas». Aún hoy sigue despertando animadversión, e incluso ha sido criticada (por el historiador Richard Cobb) por su extraño apellido.

Wollstonecraft comenzó su carrera como autora en 1790 con la publicación de *Reivindicación de los derechos del hombre*, que es fundamentalmente una réplica de una radical a las antirradicales *Reflexiones sobre la Revolución Francesa* de Edmund Burke. En 1792 publicó *Reivindicación de los derechos de la mujer*, su obra más importante, que la hizo tan popular como impopular. Comienza con una demoledora crítica a Rousseau, cuyo sistema de educación propuesto (descrito en su *Emilio* y en *Emilio y Sofía*) aspiraba expresamente a subordinar la mujer al hombre desde la más temprana niñez. Las otras obras de Wollstonecraft incluyen *Visión de la Revolución Francesa*, un relato muy agudo, y un volumen de novelas cortas basadas en la vida real.

Murió de sobreparto.

Hegel (1770-1831). Georg Wilhelm Friedrich Hegel es probablemente el más notable constructor de sistemas en la historia de la filosofía. Afirma que todo conocimiento puede ser organizado sistemáticamente bajo los tres apartados de la lógica, la filosofía de la naturaleza y la filosofía de la mente. Hegel introduce además una nueva concepción de la «dialéctica». En su opinión, la historia es una progresión ocasionada por un enfrentamiento entre «tesis» y «antítesis», al que le sigue una «síntesis». Los elementos de esta progresión son espirituales o intelectuales, no materiales.

Hegel fue de joven un defensor de la Revolución Francesa y de Napoleón, pero bastante pronto desarrolló un odio hacia todas las instituciones democráticas y una gran admiración por el autoritario Estado prusiano. Según él, «el Estado es la marcha de Dios sobre la tierra». Sus obras principales son su *Lógica* (así llamada), la *Enciclopedia de las ciencias filosóficas* y su *Filosofía del derecho*.

Ricardo (1772-1823). David Ricardo es un economista inglés. Hijo de un agente de bolsa, logró reunir una gran fortuna personal cuando sólo tenía cuarenta y dos años. Cinco años después, en 1819, entró en el Parlamento como radical.

Su obra principal, en la que se basa su reputación y que ejerció una considerable influencia sobre Marx, es *Principles of Political Economy and Taxation (Principios de economía política e impuestos)*. Este libro contiene importantes análisis de varios conceptos económicos, como el valor, el salario y la renta.

Schopenhauer (1788-1860). Arthur Schopenhauer consideraba que Hegel no era sino un impostor y el hegelianismo, algo completamente fatuo y sin sentido: esto lo dice en el segundo volumen de su libro *El mundo como voluntad y representación*. De joven, daba sus clases a la misma hora del día que Hegel, pero no logró apartar a los estudiantes del filósofo dictador. Schopenhauer dejó de enseñar en 1821 y dedicó el resto de su vida a escribir.

Fue uno de los primeros europeos en estudiar las religiones de la India y sus ideas muestran la influencia del pensamiento indio. Para Schopenhauer, la mente y la voluntad son reales, en contraste con el universo material, que es en cierto sentido una fantasmagoría. La realidad no es buena, sino mala, porque los deseos y la voluntad sólo causan la desgracia. El pesimismo es la única filosofía racional de la vida.

James Mill y John Stuart Mill. James Mill (1773-1836), el padre de John Stuart Mill, era un hombre de letras que trabajó como periodista y después para la Compañía de las Indias Orientales. Sus principales escritos tratan sobre jurisprudencia y filosofía política: políticamente, era un radical. Se hizo cargo completamente de la educación de su hijo, quien afirma en su *Autobiografía* que comenzó sus estudios, incluido el del griego, con sólo tres años.

John Stuart Mill (1806-1873) se ganaba la vida como funcionario en el Ministerio de la India. Sus obras de filosofía más conocidas son *Utilitarismo,* su *Sistema de lógica, La servidumbre de las mujeres* y el ensayo *Sobre la libertad.*

Además de filósofo y funcionario, John Stuart Mill se mostró como un activo reformador político. Fue arrestado en 1824 por distribuir entre los pobres folletos publicitarios a favor del control de la natalidad. Apoyaba la educación universal y la ampliación del sufragio (incluyendo el voto para las mujeres). Contribuyó a la fundación del Newnham College de Cambridge, uno de los primeros *colleges* para mujeres en Inglaterra. Y en 1865 se presentó, con éxito, al Parlamento por el distrito de Westminster como «el candidato de los trabajadores». Dedicó la mayor parte de su estancia en el Parlamento a hacer campaña en favor del sufragio para las mujeres, pero como ésta no era una causa muy popular entre los votantes, perdió su escaño en las siguientes elecciones.

Marx (1818-1883). Karl Marx, hijo de un abogado, fue el fundador del comunismo internacional moderno. Estudió en Bonn y en Berlín, y se interesó por el hegelianismo, alguno de cuyos postulados aplicó a la historia económica y a la política radical.

Como refugiado político, Marx se trasladó a vivir a Londres, donde él y su familia fueron mantenidos por Friedrich Engels, un rico industrial.

La filosofía de Marx es una especie de hegelianismo al revés. Así, mientras Hegel dice que el Estado es la marcha o progreso de Dios en la tierra, Marx afirma que los Estados y los gobernantes son meramente instrumentos de opresión. Y mientras para Hegel las «fuerzas dialécticas de la historia» consisten en un enfrentamiento de ideas, Marx afirma que estas fuerzas dialécticas son materiales.

Su filosofía no es importante como tal, sino en particular por su tremenda influencia sobre la historia política del siglo xx, algo que a él le hubiera gustado, pues escribió que «la cuestión no es comprender el mundo, sino transformarlo».

James (1842-1910). William James, psicólogo y filósofo estadounidense, y hermano del novelista Henry James, fue educado primero en Nueva York y más tarde en Harvard, donde estudió medicina.

James era un conductista psicológico, que sostenía que las emociones son la percepción de los cambios psicológicos, y un pragmatista filosófico al afirmar que las creencias no funcionan porque sean verdad, sino que son verdad porque funcionan.

Nietzsche (1844-1900). Friedrich Nietzsche, hijo de un pastor luterano, estudió en Bonn y en Leipzig, y era considerado tan brillante que se le ofreció, y él aceptó, la cátedra de filología clásica en la universidad de Basilea antes de haber completado sus estudios. Tenía veinticuatro años. En su juventud admiraba enormemente a Schopenhauer (al que nunca conoció) y a Richard Wagner (al que sí), pero finalmente se desilusionó de ambos.

Nietzsche dejó el trabajo académico para servir como enfermero en un hospital durante la guerra franco-prusiana; muy poco tiempo después lo dejó para vivir una vida nómada, sustentado por una pensión por enfermedad que le dio la universidad. Se cree que contrajo la sífilis durante su época en el ejército prusiano. Doce años antes de su muerte se volvió loco.

Nietzsche se propone minar los valores morales tradicionales y sustituirlos por una especie de egoísmo aristo-

crático (véanse los capítulos 7 y 8). Pero su proyecto general es minar la metafísica, la lógica y, así lo parece, la propia racionalidad, además de la moralidad. A menudo escribe como si creyese que la religión, la filosofía, la ciencia
y, en realidad, todos los sistemas de pensamiento no fuesen sino fraudulentos intentos por parte de diversas pro-
fesiones de tomar el poder.

Las doctrinas de Nietzsche fueron adoptadas con entusiasmo por los nazis, que fueron alentados a ello por su
hermana Elisabeth, amiga de Hitler.

Frege (1848-1925).   Gottlob Frege fue un matemático y lógico alemán que daba clases en Jena. Varios especialistas
lo consideran el lógico más importante desde Aristóteles.
En 1879 trazó las líneas generales de un sistema completo
de lógica simbólica, que, sin embargo, contenía una contradicción o paradoja acerca de las clases, de la que se per-
cató Russell, que trató de resolverla.

En su teoría del significado, Frege traza una distinción
entre sentido y referencia, distinción que ha desempeñado un importante papel en la filosofía moderna.

El mejor modo de explicar la distinción sentido-refe-
rencia es por medio de ejemplos. Así, las dos expresiones
«el lucero del alba» y «la estrella vespertina» tienen la misma referencia (puesto que ambas se refieren al mismo
planeta, es decir, a Venus), pero tienen diferentes sentidos
(o significados).

II. La filosofía en el siglo xx

Husserl (1859-1938). Edmund Husserl fue nombrado en 1916 profesor titular en la Universidad de Friburgo. Es el inventor de la «fenomenología», una teoría o escuela de pensamiento adoptada hoy en muchas de las academias de la Europa continental, India y Japón. Husserl volvió a introducir el término *epojé* en la filosofía, dando así nombre a un proceso que forma una parte importante del método fenomenológico. *Epojé*, palabra tomada de los escépticos de la antigua Grecia, significa «juicio suspendido» o, mejor dicho, «puesto entre paréntesis». El principio fundamental de la fenomenología se resume en la frase de que para descubrir la verdad sobre algunas cosas es necesario suspender el juicio de otras.

Dewey (1859-1952). John Dewey fue profesor de la universidad de Columbia (Nueva York) en 1904. Ejerció una influencia considerable en la pedagogía de los Estados Unidos, sosteniendo que los principales objetivos de la educación deberían asegurar que el niño se desarrolle social y psicológicamente y se convierta en un miembro bien adaptado de su comunidad.

También inventó el sistema decimal de Dewey, utilizado para clasificar los libros de las bibliotecas.

Russell (1872-1970). Bertrand Russell compite con Frege por el título de lógico más importante desde Aristóteles. Estudió matemáticas y filosofía en Cambridge y economía en Berlín, y mantuvo correspondencia con Frege. En 1910 publicó (junto con A. N. Whitehead) *Principia Mathematica,* considerado como un hito en la lógica moderna. Su «teoría de las descripciones» es también considerada un hito. Durante la segunda mitad de su vida, escribió muchos libros y ensayos famosos, como *La conquista de la felicidad, Matrimonio y moral, Por qué no soy cristiano* y *Sobre la educación.*

Russell fue un polemista político de cierto renombre. En 1907 se presentó al Parlamento (sin éxito) como partidario del voto para la mujer. Durante la Primera Guerra Mundial adoptó la causa del pacifismo y fue encarcelado por distribuir panfletos sobre la anticoncepción. Después de la Segunda Guerra Mundial escribió varias cartas a los dirigentes del mundo acerca de los peligros de la guerra nuclear. Ya mayor, fue encarcelado de nuevo por obstruir en Londres la carretera en frente del Ministerio de Defensa.

Wittgenstein (1889-1951). Ludwig Wittgenstein nació en Viena, estudió ingeniería en Berlín y Manchester y luego se interesó por la lógica matemática. Visitó a Frege, que le recomendó que contactara con Russell. En 1912, fue a Cambridge y se hizo alumno de Russell, quien, impresionado con el joven Wittgenstein, hizo mucho para fomentar su reputación como filósofo.

Wittgenstein sirvió como oficial de artillería en el ejército austríaco durante la Primera Guerra Mundial. Fue capturado por las tropas italianas y escribió su primer libro, el *Tractatus logico-philosophicus*, mientras estaba prisionero. El libro se publicó en 1921 y propone una teoría que Russell denominó «atomismo lógico».

Las ideas de Wittgenstein cambiaron radicalmente en los años treinta. Llegó a creer que las preguntas y los problemas filosóficos surgían de malentendidos que tienen que ver con el lenguaje o se derivan de él. Sin embargo, como él recuerda en un prólogo, se vio incapaz de construir un libro coherente a partir de estos conceptos nuevos. Después de su muerte, sus manuscritos fueron editados y traducidos por G. E. M. Anscombe, G. H. von Wright y Rush Rhees. Entre ellos se encuentran *Los cuadernos azul y marrón, Investigaciones filosóficas, Observaciones sobre los fundamentos de las matemáticas* y *Sobre la certeza*.

Los positivistas lógicos o el Círculo de Viena. El Círculo de Viena, que surgió en los primeros años de la década de 1920, era un grupo de científicos, matemáticos y filósofos que se reunían periódicamente para discutir cuestiones lógicas y filosóficas. Entre sus miembros se incluían Moritz Schlick (el fundador), Kurt Gödel, Rudolf Carnap, Otto Neurath, Herbert Feigl, Friedrich Waismann y Philip Frank.

En 1929 el Círculo de Viena publicó una especie de manifiesto citando a un número de pensadores anteriores y contemporáneos que se consideraban ejemplos de una postura positivista. La lista incluía a Hume, Mill, Einstein, Russell y Wittgenstein. Los positivistas creían que estaban haciendo filosofía de un modo «científico» y, en general, parecían pensar que el objetivo de la filosofía en sí era proporcionar a la ciencia fundamentos sólidos.

El grupo se disolvió en los años treinta, después del asesinato de Schlick (1936) y de la llegada del nazismo.

Marcuse (1898-1979). Herbert Marcuse nació en Berlín, estudió en las universidades de Berlín y Friburgo, y contribuyó a fundar el Instituto de Investigación Social de Francfort. Cuando el Instituto fue cerrado por los nazis, Marcuse se trasladó a Estados Unidos, donde ejerció como catedrático de filosofía, primero en Massachusetts y después en California. Su obra consiste fundamentalmente en amplias críticas de la sociedad moderna y de la cultura contemporánea.

Heidegger (1899-1976). El filósofo alemán Martin Heidegger, seguidor del nazismo, sucedió a Edmund Husserl como profesor de filosofía en Friburgo. Fue destituido de su puesto académico en 1945 debido a su relación con el régimen de Hitler.

La obra de Heidegger se ocupa fundamentalmente del estudio de la existencia o del ser, que él considera una especie de propiedad superior. Su filosofía está, pues, en conflicto directo con el análisis de Russell de la existencia, según el cual la existencia no es en absoluto una propiedad (véase el capítulo 1).

Los escritos de Heidegger son abstrusos y parecen difíciles de traducir del alemán. Así, la traducción de algunas de sus proposiciones, como la afirmación «la Nada nadea», parecen incomprensibles.

Adorno (1903-1965). Theodor Adorno fue un miembro prominente del Instituto de Investigación Social de Francfort. Cuando el Instituto se cerró nada más llegar Hitler al poder, Adorno se trasladó primero a Oxford y luego a Estados Unidos.

Fue un notable profesor y contó durante la postguerra con alumnos, algunos de los cuales se convirtieron en grandes nombres de la filosofía alemana. El interés principal de Adorno reside en la crítica de la cultura y en la es-

tética, especialmente la estética musical; estudió compo-
sición con Arnold Schoenberg, y él mismo escribió una
considerable cantidad de música.

Popper (1902-1994). Karl Popper, también profesor de
economía en la London School, es conocido sobre todo
como filósofo de la ciencia. Es el autor de *La lógica de la
investigación científica*, obra que, en buena parte, es una
crítica al positivismo lógico. Ha escrito también una importante obra de filosofía política: *La sociedad abierta y
sus enemigos.*

Sartre (1905-1980) y Simone de Beauvoir (1908-1986).
Jean-Paul Sartre y Simone de Beauvoir, que vivían juntos,
eran miembros destacados de la escuela existencialista
francesa y figuras principales de los servicios de espionaje
de izquierdas en París durante los años que siguieron a la
Segunda Guerra Mundial.

Sartre, casualmente discípulo de Heidegger, afirma que
el hombre no es nada más que la suma de sus elecciones,
las cuales son tan falibles como libres. Insistía en que es
importante no ser acusado de «mala fe», pues eso es una
especie de doble pensamiento. Durante muchos años,
Sartre fue miembro del Partido Comunista Francés.

Simone de Beauvoir estudió filosofía en la Sorbona,
donde fue profesora durante algún tiempo. En 1949 publicó una importante obra de filosofía feminista, traducida al español con el título *El segundo sexo*. Sus otros escritos incluyen novelas y memorias.

Hasta muy recientemente se suponía que Sartre era con
mucho el filósofo más importante de los dos. Sin embargo, los análisis actuales, por parte de filósofos feministas y
otros, han arrojado algunas dudas sobre esta suposición.
Pero probablemente la obra de Sartre no sea comparable
con la de Beauvoir: la de él se fundamenta en la metafísica

de Heidegger, mientras que la de ella se encamina hacia una nueva dirección; su obra se considera fundamental en el feminismo filosófico moderno.

Ryle (1900-1976). La vida adulta de Gilbert Ryle, sin contar los años que estuvo en el ejército durante la Segunda Guerra Mundial, la pasó en Oxford enseñando y escribiendo filosofía. Su libro *El concepto de mente*, publicado en 1949, es un *best-seller* que nunca ha dejado de imprimirse. Ryle dio clases a varios filósofos famosos, entre ellos, A. J. Ayer.

Rand (1905-1982). Ayn Rand nació en Rusia. Emigró a América, donde estudió filosofía. No era profesora de filosofía de profesión, sino una escritora famosa que creó una revista periódica en la que expresaba sus ideas filosóficas y políticas (*Ayn Rand's Newsletter*).

Fuerte defensora del capitalismo, tuvo alguna influencia en el ambiente político de los Estados Unidos. Filósofa entrenada y poseedora, además, de un estilo literario lúcido y a veces agudo, fue capaz de proporcionar a los ejecutivos americanos de derechas justificaciones teóricas de sus actividades.

Los escritos metafísicos de Rand materializan un robusto sentido común, basado en parte en Aristóteles. Ella es una especie de dualista con sentido común; describe a los idealistas (como Berkeley) como «los místicos del espíritu» y a los materialistas modernos como «los místicos del músculo». Su filosofía moral pone de relieve su profunda fe en la superioridad ética del capitalismo.

Ayer (1910-1989). Alfred Jules Ayer estudió filosofía en Oxford con Gilbert Ryle, quien le aconsejó en 1932 que visitase Viena para hablar con los positivistas lógicos. El resultado fue el libro más conocido de Ayer, *Lenguaje, verdad y lógica*, una introducción a las ideas del Círculo de

Viena. La filosofía del positivismo lógico ha dado hoy paso a otros desarrollos, pero *Lenguaje, verdad y lógica* continúa siendo una de las obras filosóficas más famosas del siglo.

Este libro toma el concepto de verificación científica como clave: la idea central es el «principio de verificación», que afirma que ninguna proposición tiene significado a menos que (a) pertenezca a las matemáticas o a la lógica, o (b) pueda ser verificada mediante los métodos de la ciencia, que se supone que están basados en la experiencia sensible directa.

Ayer, profesor de filosofía primero en la universidad de Londres y más tarde en Oxford, escribió muchos otros libros, siempre dentro de la tradición del empirismo británico y considerándose a sí mismo como heredero de David Hume y Bertrand Russell.

Murdoch (1919-1999). La novelista Dame Irish Murdoch fue también una destacada filósofa, dando clases durante algunos años en el St Anne's College de Oxford. Entre sus obras filosóficas se incluyen *La soberanía del bien* y *La metafísica como guía a la moral*

III. La filosofía hoy

He aquí una breve lista de filósofos contemporáneos, la mayoría de los cuales trabajan dentro de la tradición analítica, que nos parecen influyentes, bien como profesores, bien como autores o bien como ambas cosas. Naturalmente, semejante lista no puede pretender ser completa. Es tan sólo una selección. La lista está por orden alfabético.

Anscombe. G. E. M. Anscombe (Elizabeth Anscombe), profesora de filosofía en Cambridge, estudió en Oxford y después con Wittgenstein en Cambridge. Es la principal traductora al inglés de los últimos escritos de Wittgenstein (posteriores al *Tractatus*). Anscombe ha publicado, asimismo, muchas obras sobre una gran variedad de cuestiones filosóficas.

Davidson. El filósofo estadounidense Donald Davidson ha dado clases en Princeton y en otros lugares de los Estados Unidos, y es famoso por sus aportaciones a la metafísica analítica. Entre ellas se deben destacar sus ensayos sobre la naturaleza de los sucesos y sobre la naturaleza de la mente.

Dummett. Michael Dummett, profesor en Oxford, es una autoridad mundial en Frege.

Foot. Philippa Foot estudió y dio clases en Oxford, y ahora trabaja en California. Interesada fundamentalmente en la ética, es una crítica del utilitarismo y de las teorías semi-subjetivistas, tales como el prescriptivismo. Muchos de sus artículos están publicados en su libro *Virtudes y vicios*.

Gettier. Edmund Gettier inventó «el problema de Gettier» o «la mina de sal de Gettier», que consiste en ingeniosos ejemplos contrarios a la clásica definición tripartita del conocimiento.

Goodman. Nelson Goodman inventó «el nuevo problema de la inducción». Imagina un nuevo concepto, *«grue»* (*«green»* –verde– ahora, pero *«blue»* –azul– en el futuro), y sostiene que ahora es imposible saber si las esmeraldas corrientes son verdes o *«grue»*. Concluye que cualquier predicción basada en la inducción es problemática.

Kripke. Saul Kripke es autor de artículos seminales sobre lógica filosófica y sobre Wittgenstein.

Kuhn. La obra sobre filosofía de la ciencia de Thomas Kuhn es considerada por todo el mundo como un gran avance en esta materia.

Lewis. El filósofo estadounidense David Lewis inventó la «teoría de los mundos posibles».

MacIntyre. Alasdair MacIntyre ha escrito libros muy leídos sobre ética y sobre filosofía medieval. Educado en Oxford y en Francia, es actualmente profesor en la universidad de Notre Dame.

Midgley. La filósofa británica Mary Midgley es una autora con plena dedicación que escribe libros de filosofía aplicada para lectores profanos en la materia.

Nagel. Thomas Nagel enseña filosofía en Nueva York. Su último libro, *The View from Nowhere*, sostiene que una filosofía materialista inevitablemente falla al intentar describir la experiencia subjetiva, y por tanto no puede proporcionar una descripción completa del mundo.

Nozick. Robert Nozick, discípulo de la filósofa de derechas Ayn Rand, escribió un influyente libro, *Anarquía, estado y utopía*, en el cual ataca el liberalismo americano y las ideas del *New Deal*.

Place. El filósofo y psicólogo británico U. T. Place impartió clases durante algún tiempo en Australia, donde formuló lo que desde entonces se conoce como «la teoría de la identidad mente-cerebro», también llamada «fisicalismo». Es aclamado por sus colegas (por ejemplo J. J. C. Smart, véase más abajo) como el creador de la escuela materialista de filosofía en Australia.

Quine. Willard van Orman Quine es uno de los grandes de la filosofía americana. Trabaja en especial sobre lógica y sobre la naturaleza de la existencia. Ha escrito también una autobiografía.

Sainsbury. Mark Sainsbury, de la London University, trabaja en metafísica, lógica y la naturaleza de laa paradojas, y es editor de la revista *Mind*. Fue el encargado de realizar una edición satírica de *Mind* para celebrar la llegada del año 2000.

Sen. El profesor indio Amartya Sen, antes en Harvard y luego rector del Trinity College, Cambridge, es filósofo y economista. Los temas que plantea en sus escritos incluyen la naturaleza y causas de la pobreza, la definición de bienestar y el significado de los derechos humanos como concepto. En 1998 recibió el Premio Nobel de Economía

Singer. El australiano Peter Singer introdujo en el debate filosófico el vegetarianismo. Utilitarista radical, considera que evitar el dolor es el único deber ético fundamental; defiende la eutanasia como una política social.

Smart. El filósofo anglo-australiano J. J. C. Smart ha sido profesor en Adelaide, Latrobe y Canberra. Es un antiguo colega de U. T. Place y un exponente de la teoría fisicalista de la mente. Su filosofía es materialista y cientifista.

Strawson. Peter Strawson, anteriormente profesor en Oxford, es conocido por sus escritos de lógica filosófica y metafísica, y por su ataque a la «teoría de las descripciones» de Russell. Ha escrito también un importante artículo sobre el libre albedrío, y es una autoridad en Kant.

Bibliografía y lecturas adicionales

En esta sección se presentan los títulos de la mayoría de los libros y ensayos directa o indirectamente aludidos en el texto, junto con una pequeña cantidad de otras obras relacionadas. Cada sección puede tomarse como una guía de lectura adicional sobre los temas de los correspondientes capítulos.

Los libros están ordenados siguiendo los capítulos de la obra y alfabéticamente, según los nombres de sus autores. Se indican las ediciones modernas cuando ha sido posible.

Un asterisco (*) significa que el libro así marcado es fácil de leer y no muy técnico. Un doble asterisco (**) significa que la obra fue escrita originariamente para principiantes y para estudiantes.

1. Algunos enigmas acerca de la existencia

ARISTÓTELES: *Categorías*, Madrid, Aguilar, 1962.

LLOYD, G. R.: *Aristotle: The Growth and Structure of his Thought***, Cambridge, 1968.

RUSSELL, B.: «Conferencias sobre el atomismo lógico»**, en su *Lógica y conocimiento*, Madrid, Taurus, 1981.

2. La existencia de Dios

DESCARTES. *Meditaciones metafísicas y otros textos,* Madrid, Alianza Editorial, 2009.

HICK, John: *Philosophy of Religion***, New Jersey, 1973.

HICK , John y McGILL, Arthur (ed.): *The Many-Faced Argument,* Londres, 1967.

HUME, David: *Diálogos sobre la religión natural,* Madrid, Alianza Editorial, 1999.

3. La existencia e identidad de las personas

LOCKE, J.: *Compendio del ensayo sobre el entendimiento humano,* Madrid, Alianza Editorial, 2002.

STRAWSON, P.: *Individuals,* capítulo 3, Londres, 1959.

TEICHMAN, J.: «How to define "Person"», en *Philosophy,* 1985.

TOOLEY, M.: «A defense of abortion and infanticide», en *The Problem of Abortion* (ed. Joel Feinberg), California, 1973.

4. El problema del libre albedrío

HOLLIS, M.: *Invitación a la filosofía***, Barcelona, Ariel, 1986.

HUME, D.: «Libertad y necesidad», en su *Tratado sobre la naturaleza,* 3 ver., Barcelona, 1985.

KANT, I.: *Fundamentación para una metafísica de las costumbres,* Madrid, Alianza Editorial, 2008.

SKINNER, B. F.: *Más allá de la libertad y la dignidad,* Madrid, Mr Ediciones, 1986.

5. La existencia del mal

HECKSEL, A. J.: *Maimonides***, Nueva York, 1982.

HUME, D.: *Diálogos sobre la religión natural,* Madrid, Alianza Editorial, 1999.

MAIMÓNIDES: *Guía de los descarriados,* Barcelona, Obelisco, 1997.
VOLTAIRE: *Cándido y otros cuentos,* Alianza Editorial, Madrid, 1990.

6. El problema del conocimiento

ARMSTRONG, D. M.: *Belief, Truth and Knowledge,* parte III, Cambridge, 1973.
GETTIER, E.: «Is justified true belief knowledge?», en *Analysis,* 1973.
PLATÓN, *Menón*,* (en *Apología de Sócrates; Menón y Crátilo),* Madrid, Alianza Editorial., 2008
RAMSEY, F.: *Foundations of Mathematics* (ed. H. Mellor), Cambridge, CUP, 1990.

7. Escepticismo antiguo y nuevo

BERKELEY, G.: *Teoría de la visión y Tratado sobre el conocimiento humano,* Espasa-Calpe, Madrid.
BERKELEY, G.: *Philosophical Writings* (ed. D. M. Armstrong), Nueva York, Collier Books.
HAACK, S.: *Manifesto of a Passionate Moderate,* Chicago, Chicago University Press, 1998.
HUME, D.: *Tratado de la naturaleza humana: autobiografía,* Tecnos, Madrid, 2002 .
KIMBALL, R.: *Tenured Radicals,* Nueva York, Harper and Row, 1991.
LOCKE, J., *Compendio del ensayo sobre el conocimiento humano,* Alianza Editorial, Madrid, 2002.
PLATÓN: *Protágoras; Gorgias; Carta séptima,* Alianza editorial, Madrid, 2009.

8. Moralidad e ilusión

AYER, A. J.: *Lenguaje, Verdad y Lógica,* Universidad de Valencia, 1991.
MACKIE, J.: *Ética: la invención de lo bueno y lo malo,* Barcelona, Gedisa, 2000.

NIETZSCHE, F.: *La genealogía de la moral**, Madrid, Alianza Editorial, 1991.
TEICHMAN, J.: *Ética social*, Cátedra, Madrid, 1998

9. Egoísmo y altruismo

DAWKINS, R.: *El gen egoísta*, Barcelona, Salvat, 1986.
NIETZSCHE, F.: *Más allá del bien y del mal**, Madrid, Alianza Editorial, 1990.

10. Utilidad y principios

KANT, Immanuel: KANT, I.: *Fundamentación para una metafísica de las costumbres*, Madrid, Alianza Editorial, 2008.
MILL, J. S.: *El utilitarismo**, Madrid, Alianza Editorial, 1991.
MOORE, G. E.: *Ética**, Madrid, Taurus, 1969.
SMART, J. J. C.: *Utilitarismo: pro y contra*, Tecnos, 1981

11. La vida y la muerte

ASCOMBE, G. E. M.: «War and Murder», en sus *Collected Papers III*, Oxford, Blackwell.
HOBBES, T.: *Leviatán: la materia, forma y poder de un Estado eclesiástico*, Madrid, Alianza Editorial, 1989.
HOLLAND, R.. «Suicide», en *Moral Problems* (ed. J. Rachels), Nueva York, Harper and Row, 1979.
KENNY, A. J. P.: *A Path from Rome**, Oxford, OUP, 1985, cap. XIII.
NAGEL, T.: *Mortal Questions***, Cambridge, CUP, 1991.

12. Autoridad y anarquía

ANSCOMBE, E. (G. E. M. Anscombe), «On the source of the authority of the state», en sus *Collected Papers*, vol. III, Oxford, 1981.

AUBREY, J.: *Brief Lives**, Londres, Penguin Books, 2000.

HOBBES, T.: *Leviatán: la materia, forma y poder de un Estado eclesiástico*, Madrid, Alianza Editorial, 1989.

LOCKE, J.: *Dos ensayos sobre el gobierno civil*, Madrid, Espasa Calpe, 1989.

PROUDHON, P. J.: *The General Idea of the Revolution in the 19th Century*, Londres, 1923.

13. Libertad

JEFFERSON, T.: *Selections: the Portable Jefferson** (ed. Merrill Peterson), Penguin Books.

LOCKE, J.: *Dos ensayos sobre el gobierno civil*, Madrid, Espasa Calpe, 1989.

MILL, J. S.: *Sobre la libertad*, Madrid, Alianza Editorial, 1991.

MILTON, J. *Aeropagitica*, Madrid, Torre de Goyanes, 2001 o *Prose Selections* (ed. C. A. Patrides), Penguin Books.

PAINE, T.:*El sentido común y otros escritos*, Madrid, Tecnos, 1990].

14. Igualdad

AYN RAND, *The Ayn Rand Lexicon** (ed. de Howard Binswanger), Nueva York, Meridian, 1986.

DIXON, K.: *Freedom and Equality*, Londres, 1986.

NOZICK, R.:*Anarchy State and Utopia**, Oxford, 1984.

WALZER, M.: *Spheres of Justice: a Defence of Pluralism and Equality*, Oxford, 1983.

15. Marx y el marxismo

ADORNO, T. W.: *Problems of Modernity* (ed. A. Benjamin), Londres, Routledge, 1989.

LENIN, V. I.: *¿Qué hacer?*, Alianza Editorial Madrid, 2010
MARCUSE, H.: *El hombre unidimensional: ensayo sobre la ideología de la sociedad industrial avanzada*, Barcelona, Ariel, 2005.
MARX, K. y Engels, F.:*Maanifiesto comunista*, Madrid, Alianza Editorial, 2008.

16. Política y sexo

BEAUVOIR, S. de: *El segundo sexo*, Madrid, Cátedra, 2005.
MEAD, M.: *Masculino y femenino**, Madrid, Minerva Ediciones, 1984.
MILLETT, K.: *Política sexual**, Madrid, Cátedra, 1995.
SHELLEY, M. W.: *Vindicación de los derechos de la mujer**, Madrid, Istmo, 2005.
TOMALIN, C.: *Vida y muerte de Mary Wollstonecraft**, Barcelona, Salvat, 1995.

17. Los métodos de la ciencia

FEYERABEND, P.: *Contra el método*, Barcelona, Azul, 1989.
HEMPEL, C.: *La explicación científica*, Barcelona, Paidós Ibérica, 1988.
POPPER, K.: *La lógica de la investigación científica*, Madrid, Tecnos, 2004.

18. La causalidad

GASKING, D. A. T.: «Causes and recipes», en *Mind*, 1955.
HUME, D.: *Tratado de la naturaleza humana*, Madrid, Tecnos, 2008.
MILL, J. S.: *A System of Logic**, tomo I, libro 3, capítulos 4-6 y tomo II, libro 3, capítulo 21, Londres, 1891.
RUSSELL, B.: «La noción de causa», en *Misticismo y lógica*, Barcelona, Edhasa, 1987.

19. La inducción

RUSSELL, B.: *Los problemas de la filosofía**, Barcelona, 1991.

20. La lógica silogística

ARISTÓTELES: *Tratados de Lógica*, Madrid, Gredos, 1988.
KEYNES, J. N.: *Formal Logic With Exercises***, Londres, 1887.

23 y 24: El cálculo proposicional y El cálculo de predicados

GUTTENPLAN, S.: *The Languages of Logic***, Oxford, 1986.
LEMMON, E. J.: *Beginning Logic***, Londres, 1965.
NEWTON, W. y SMITH, H.: *Logic***, Londres, 1985.

25. El sentido de la vida

COPLESTON, F.: *Arthur Schopenhauer, Philosopher of Pesimism**, Nueva York, 1975.
DOSTOYEVSKI, F.: *Los hermanos Karamazov**, Madrid, Cátedra, 1987.
FOOT, P.:«Euthanasia», en *Virtues and Vices*, Oxford, 1977.
RUSSELL, B.:*La conquista de la felicidad**, Madrid, Espasa Calpe, 1991.
SCHOPENHAUER, A.: *El mundo como voluntad y representación*, Barcelona, RBA, 2 vols., 1985.

26. La influencia de la filosofía en la vida

BOK, S.: *Lying**, Sussex, 1978.
MIDGELEY, M.: *Evolution as a Religion**, Londres, 1985.
New Zealand Health Council Working Party, *Informed Consent**, Wellington, 1989.
RODD, R.: *Biology, Ethics and Animals*, Oxford, 1990.
SCRUTON, R.: *Sexual Desire*, Londres, 1988.

Índice analítico

Índice